富春真古邑

——己亥雅集作品汇编

刘九洲　主编

中国美术学院出版社

编委会成员

序　言

2018年12月，富阳雅好文艺的几位贤达，召集吾辈数人，聚会银湖书院，谈书论艺。恰逢大雪，入夜之后庭院银装素裹，“积雪空明”，宛如苏东坡《记承天寺夜游》所述之状，真是奇遇。

酒酣之际，众人约“来年相聚”。转眼之间，就到了己亥年夏天，大家开始陆续考虑“富春己亥雅集”了，商定由成立于芝加哥的书法团体“四海书院”与“羲献门徒”“水墨情怀”等书法诗词社团，以及富阳诸贤联合办“己亥雅集”。

雅集并非无益之事，在当前社会发展中，传统文化的重新辨识、认定，自然是文化复兴中首要之事，重新辨识，就需要各方反复交流。

雅集是汇聚各方人士，谈天说地、交流文艺的聚会，参加人士多是深爱书法的人，富阳本地的专家，如王小丁、徐松泉、宋剑雄、方爱龙、胡云法、吴庆胜等，是这一次雅集的主导者。特别之处在于，这一次的参与者不少任职于美国科学、教育等行业，如李跃林、陈迎庆、王广宇、高翔、陆暘诸友，他们都是各自领域的专家，业余时间，忘情于文艺。参加雅集的，还有长期关注古代书画的“武英书画”学术团体，如吴斌、赵华、杨岩松等朋友，李跃林与我也是一直属于这个学术团体的。文森、王晓冬、南风等词人汇集了雅集诗词。

讨论之后，都说雅集当有“文集”，那么按照2018年出版《岸芷尚青》的前例，2019年也要出版，大家推来推去，就让我来操办这个集子。推辞不掉，我只好努力完成所命。雅集的内容也较为宽泛，围绕古代文化这一主题，文章、诗词、书法都要有，这样一来，边界清楚，作品很快汇集而来。

汇集之后，发现这是一次很有特色的“非文艺圈的文艺雅集”，所写文章，都是主题有趣的文章，不论“学术含量”多少，都是“意在笔先”，并非被迫写来，所以读起来有味道。文章之道，首先不能被迫写文章，此调多年无人论述了。

本集中学术性较强的文章，在研究方法上多有革新，材料上多有跨界之举，估计也是因为作者不是文艺家，而是科学家，是局外人，所以动作反而毫无顾忌、精确迅猛，观之令人神往。反观一般学术刊物，并非皆如此。

本书所收书法，有很多是二十世纪八九十年代的大学生、后来成为科学家与学者之作，所收书法，有顶级书法家，也有初学者，但是大家共同之处，都在于“意在笔先”，有一个审美追求，然后才动笔，且用笔普遍较为轻松自如，并非笔笔求全，这显然是书法正道。

古人书法，都是余事，书以人传居多，人以书传极少。书法一事，古今议论纷纷，但是以今日观之，不论什么流派，面对《集王羲之圣教序》，一样会发现自身差距。如果写字的人，都能体会王羲之的不容易，又能于事功之余，勤于临池，不忘法书，那么拿出来的书法，也应该是面无愧色了。

雅集一事，古已有之，兰亭一会，《兰亭序》千古留名；到了北宋，“西园雅集”盛传一时，但是这是一个“事实上没有发生的雅集”，而是把多次发生的雅集，凑在了一起。北宋人懂得这是怎么回事，后人就不明白了，此事模糊八百年，方有梁庄爱伦（Ellen Johnston Laing）教授，发现这是一个带有虚构成分的故事，当时并没有这么多名人，于一天之内集于“西园”。虽然带有虚构成分，但是李公麟《西园雅集图》，却已成为一代名画了。

更加神奇的是，宋人不仅自己营造雅集，还帮古人“凑雅集”，他们营造了一个“莲社雅集”，后人仔细分析史料，发现传说中的莲社雅集，是一群不同时期的东晋人构成的，莲社雅集居然是宋人“凑”出来的。不止于此，宋人还一本正经为这雅集，印了一册《莲社高僧传》，玩成这样，也是没谁了。

今人有幸，可以集合全球精英，不必虚构，不用忘情。唯今日之汇编，不及《兰亭序》《西园雅集图》之万一也。

刘九洲

目 录

第二编：雅集诗词

第三编：雅集书法

第四编：古代书法欣赏

第一编：雅集论文

由离婚而引发的一纸名帖——《伯远帖》试释读

陆 晹

学书的人常常听老师讲要"究魏晋之法",也往往听到"魏晋之法殆尽"的抱怨,我就在想,这魏晋之法不传,多少是因为笔法字法不传?又有多少是因为心胸风度迥异?或许熟读《世说新语》比临魏晋名帖百遍对"究魏晋之法"更有帮助?反过来,读魏晋遗帖是不是就如读书法写就的《世说新语》?

说到读帖,我个人是重墨本而轻碑拓,不过原因完全不是"帖学"与"碑学"之争,而是因为我是一个躲避高级趣味的人,对于碑刻上"居庙堂之高"的文字虽然有崇敬之心,但是难以发自内心地喜爱。而"处江湖之远"的私人信札、便签短笺、诗文草稿,因为其本不是给公众阅读的私密性与随意性,则极大地满足了我的偷窥欲望。"隔壁老王送老张一大筐橘子,霜降前的,好吃得很!""老王跟隔壁嗷嗷乱哭,出啥事儿了?哦,他姨妈过世了"等,这些毫无雕饰的文字,一下就把我带回到千年前那烟云水气的南朝岁月,无限贴近那直逼本心的魏晋之法。

但是读墨本魏晋名帖又有一令人为难之处,那就是晋代墨迹或者如《平复帖》字迹斑驳漫漶不可辨识,或者如《快雪时晴帖》(图 1)及《中秋帖》一样,为后人所临所摹,字句缺失,揣摩其义如同猜谜。而唯一的例外,就是晋王珣之《伯远帖》(图 2)。有史可查的《伯远帖》最早踪迹,是为北宋徽宗内府收藏,录述于《宣和书谱》中:

王珣字符琳,导之孙,洽之子也,与弟瑉俱有名。官芋尚书令。殉三世以能书称。晋孝武帝雅好典籍，珣与殷仲堪、徐邈、王恭、郗恢等并以才学文章被遇。尝梦人以大笔如椽与之，既觉，语人曰："此当有大手笔。"于是殉词翰为当时宗师。然当时以弟瑉书名尤著，故有"僧弥难为兄"之语。僧弥，瑉之小字也。则知珣之所以见知者不在书，盖其家范世学乃晋室之所慕者，此珣之草圣亦有传焉。今御府所藏有二，草书：《三月帖》。行书：《伯远帖》。

此后不知经过怎样的辗转流传，《伯远帖》从北宋内府流入民间，最后与董其昌遇于长安。董其昌果断判定《伯远帖》为晋代真迹。

大家都知道乾隆有一个三希堂，藏三件稀世名帖，但可怜的乾隆，却不知"三希堂"所藏，唯一没有争议的晋代真迹，只得"伯远"一帖而已。"三希"其实是一希。

不过乾隆也不算太冤，因为能够真正再现晋人风度的法帖不是"快雪时晴"，更不是"中秋"，而是"伯远"。《伯远帖》结构开张，意态萧散，奇正相生，风神俊朗。董思翁称《伯远帖》为尤物，评之："王珣潇洒古澹，东晋风流，宛在眼前。"此评算是道出我心声之六七。姚鼐赞《伯远帖》"如升初日，如清风，如云，如霞，如烟，如幽林曲洞"算是道出我心声之另三四。

如此"尤物"，读帖自然不能放过，不料《伯远帖》虽然篇幅不长，想读明白却颇为不易。查遍资料，对《伯远帖》的诸多释义或者含糊不清，或者前后矛盾，没有令人满意的结论。但是，许巍的《蓝莲花》的音乐在此刻响起：没有什么能够阻挡，我对八卦的向往。于是我决定自己动手，一字一句弄清楚《伯远帖》字面上与字面下的故事。

我做的第一件事是重读《世说新语》。重读《世说新语》原因之一当然是重新体会王珣其人，原因之二就是为了寻找"伯远"是何许人也。搞清楚人物关系向来是读懂帖的最重要的钥匙。

可惜我翻遍《世说新语》，都没有找到"伯远"这个人。遍查资料，有人认为王珣和伯远是堂兄弟，有人认为是叔侄，但这些都是猜测，其中理由，谁也没有说出个所以然来。

首先将猜测见之于文章的是启功，他说："按伯远不知否王珣的弟兄，'群从'也可能指伯远的弟兄，他在弟兄之间特别优秀。'此出'不知是说王珣远游，还是伯远外出。'分别'当然是王珣与伯远分别，'畴古'，如云'古昔'，说伯远作了古人。当时的语言环境，我们无法了解，所以只能看帖文表面大意了。"

启功对《伯远帖》做了个大致猜测就不了了之了。直到 2010 年初，郑春松和迟庆元在《书法报》上各自发表了一篇文章，以更充实的论据，要为伯远定身份。

两人无独有偶地从帖中的"群从"二字开始解谜。

郑春松自打在《平复帖》和《快雪时晴帖》释读中两度挑战启功之后，意气风发，于是再次挑战启功的"群从"可能指伯远的弟兄的说法。其证据之一是《辞源》对"群从"的注解为：指诸子侄辈。证据之二是引《世说新语·贤媛》中谢道韫的话："一门叔父则

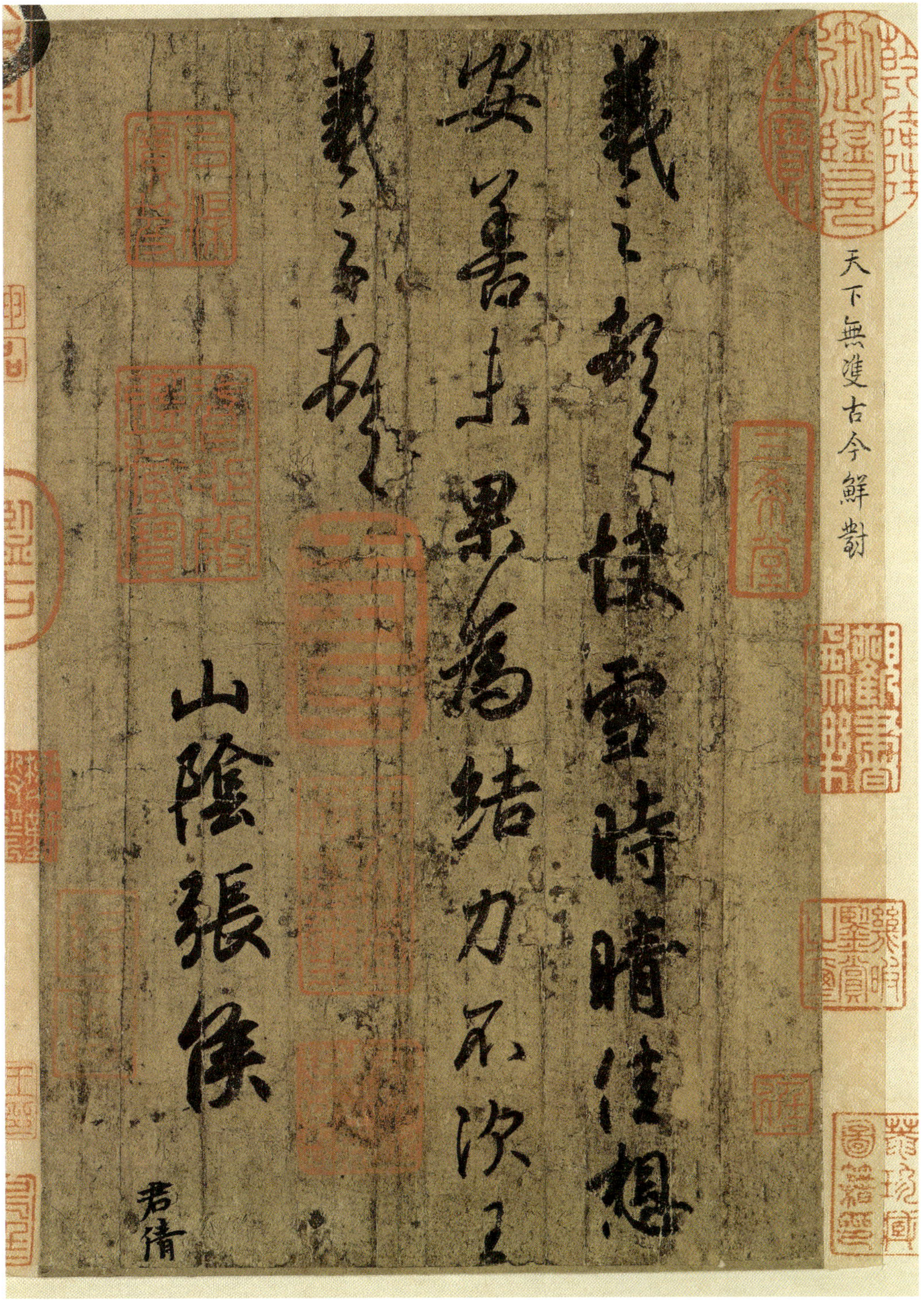

图 1 《快雪时晴帖》

有阿大、中郎，群从兄弟则有封、胡、遏、末，不意天壤之中，乃有王郎。”

迟庆元的反驳文章开始就“王珣顿首顿首”为线索，说王珣不可能给子侄辈顿首，所以伯远必为长辈或者平辈。（我在此小议一下：迟先生一开始就犯了个先入为主的错误，谁告诉他这封信就是写给伯远的？）

不过迟先生接下来的反驳就有力些了，他先指出郑先生所引谢道韫骂老公的话里的“群从兄弟”正是指“兄弟”之意（封（谢韶）、胡（谢朗）、遏（谢玄）、末（谢渊）都是谢道韫的叔伯兄弟）。然后迟先生又给出了《晋书》中的两个例子：

陛下未能少垂顾眄，畅臣微怀，云导顷见疏外，所陈如昨，而其萌已著，其为咎责，岂惟导身而已。群从所蒙，并过才分。导诚不能自量，陛下亦爱忘其短。（《晋书·卷九十八·列传第六十八·王敦》第2556页）

王导之父王裁与王敦之父王基是兄弟关系，王导与王敦即为从父兄弟，所以，“群从”当指诸从兄弟。“群从所蒙，并过才分”这句话是说，诸从兄弟蒙皇帝恩泽，已超过了他们的才能。

（敦）既素有重名，又立大功于江左，专任阃外，手控强兵，群从显贵，威权莫贰，遂欲专制朝廷，有问鼎之心。（《晋书·卷九十八·列传第六十八·王敦》第2557页）

“群从显贵”指王敦诸从兄弟皆得显贵。

郑春松先生当然不会作罢，称迟先生“所发之论多显突兀”。他的反驳理由是“一门叔父”对“群从兄弟”正说明叔父对子侄。（我又小议一下，谢道韫的话里的“叔父”和“群从”当然是针对自己的辈分所指，所谓叔父对子侄的解释，显得牵强，这里又不是对对子。）然后以臣子对皇上自称“奴才”为例，说王敦、王导上疏君王所以自称是晚辈。（又小议一下，这个辩解更加牵强。）

两个回合下来，我倾向于迟先生。迟先生对“伯远”到底是王珣的哪个堂兄弟的推断也很有趣，且有道理。在这里转帖一下：

伯远与王珣既是从父兄弟关系，那么，王珣此从兄弟是谁？《晋书》载王导有六子：悦、恬、洽、协、劭、荟，长子悦及四子协无出，分别以恬子琨和劭子谧为嗣，恬子混（见《宋书》），洽子珣、珉，劭子穆、默、恢，荟子廞、谌。在已知的王珣群从十人中，《晋书》没有记载有字为伯远者。

古代男子取字是有一定规则的，即字是根据名而来的。班固《白虎通义》说：“闻名

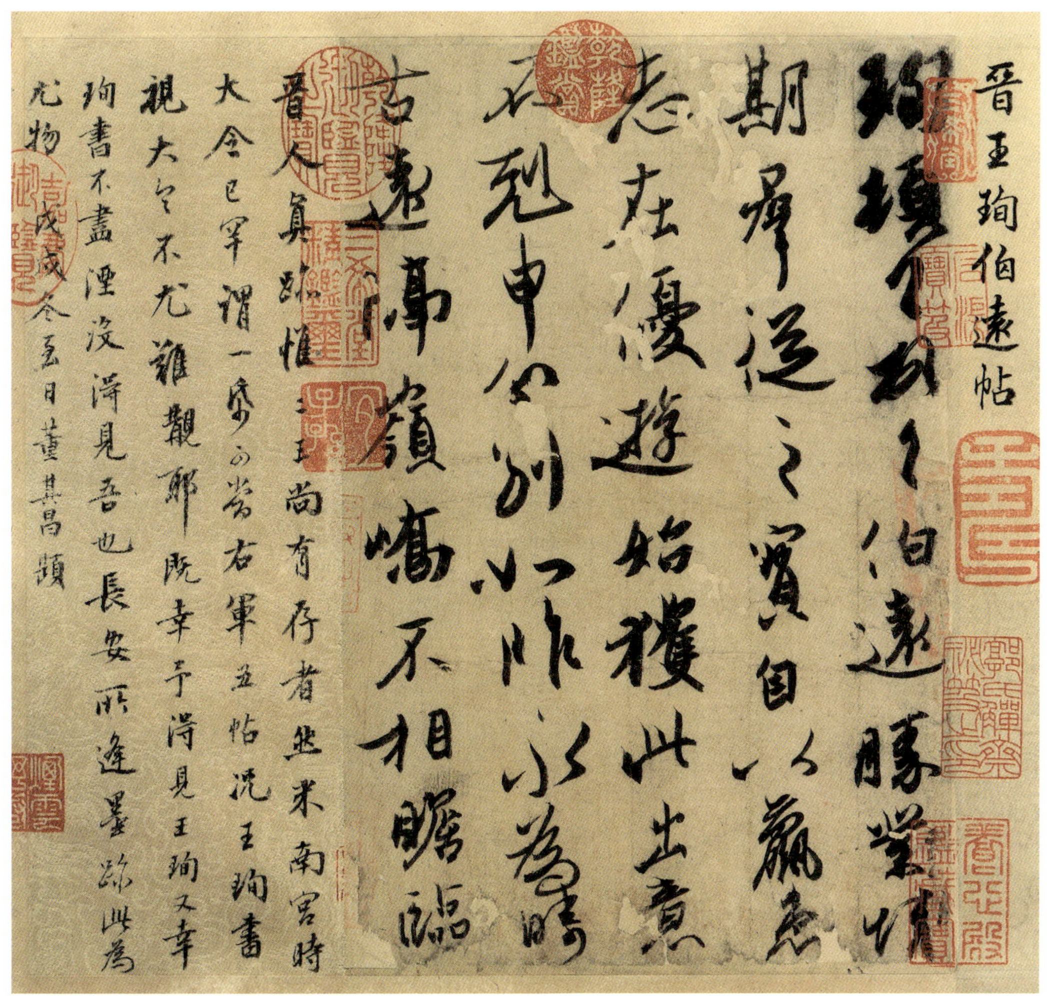

图 2　《伯远帖》

即知其字，闻字即知其名。”字和名或意义相同，或相反，或相辅相协。除此之外，还有在字的前面加伯、仲、叔、季（或稚）用来表示排行的。

由此可知，伯远在兄弟中排行为大。再查，王珣从兄弟十人中又有谧字稚远者，本为劭子，与协为嗣，稚即指其排行为小，其上则有穆、默、恢三胞兄。由此推知，伯远者穆也。其弟兄四人的字则分别为伯远、仲远、叔远、稚远。

试析如下：就谧字稚远而言，谧有宁、静之义，其字为远，是取宁静致远之义，谧、远属意义相协。穆、默都含静义；恢，大也，大、远相协。所以，穆、默、恢取远为字是在情理之中。据此断定，伯远就是王穆，王珣所致信者即其从弟王穆。

本来以为这场论战，将以“无定论”而不了了之，却不想有“好事者”在整理敦煌文献《常何墓碑》时发现了这么一段话：“倾产周穷，捐生拯难。嘉宾狎至，侠侣争归。名亚于信陵，事逾于伯远。”这是把墓主常何和信陵君与伯远相比。信陵君大家都知道是谁，这伯远又是何人。该“好事者”顺藤摸瓜，终于在唐人李延寿所著《南史》中发现一段：

（王）球字蒨玉，司徒（王）谧之子。”“王彧字景文，（王）球从子也。祖（王）穆，字伯远，司徒（王）谧之长兄，位临海太守。

这基本上算是肯定了迟庆元先生的推断。

由于对伯远身份的不同理解，郑春松先生和迟庆元先生对《伯远帖》断句，尤其是释义大不相同。

郑春松的断句是：珣顿首顿首，伯远胜业，情期群从之实。自以羸患，志在优游。始获此出意，不剋申分别如昨，永为畤古。远隔岭峤，不相瞻临。

释义：伯远有美好的业绩，真情期待侄子之成就（“实”应解为结实，春花秋实是也。奋斗努力之结果，可引申为成就）。虽因疾病，但意愿长远。方获悉乃出乎意料，不刻（未一刻，时间十分短促）在申时，分别于昨天。永远作为古人，宛如遥隔岭峤（五岭），不能上下相视。

迟庆元的断句是：珣顿首顿首，伯远胜业情期，群从之宝。自以羸患，志在优游。始获此出，意不剋申。分别如昨，永为畤古。远隔岭峤，不相瞻临。

释义：伯远不管是在事业上还是和兄弟的情谊上，都是我们兄弟的楷模。我的身体多病，有去官之念。现在你去临海做了太守，我心绪复杂。虽然分别不久，却像是做了古人，中间隔着五岭，难以相见。

我认为两人的释义都有问题。

郑春松先生的辨识断句和释义至少有两处硬伤。首先他识“寶”字为“實”字，并把“實”理解为“结实”“成就”之意。又为了照顾这个意思，他断句为“情期群从之實”，并把“情期”理解为“真情期待”。不知道为什么郑先生没有查一下词典，“情期”就是“情谊”之意。（《南史·王昙首附孙王俭传》：“赵充国犹能自举西零之任，况卿与我情期异常。”）

郑先生的第二个硬伤是对“不剋申”的牵强附会。在郑先生笔下，“不剋”变成了“不刻”，“申”则表示“申时”，这也造成了他的断句“始获此出意”，并把这句译为“方获悉乃出乎意料”。

如果说郑先生对“群从”的考据有失偏颇，那么他的释义就错得有些严重了。

迟庆元先生相较郑先生在考据上要仔细了许多，但是愚以为迟先生的一个重大问题是在没有任何证据的情况下，认定《伯远帖》是王珣写给伯远的书信。所以“始获此出”他便理解为是指伯远出临海太守这件事，但紧接着的“意不剋申”这句迟先生含糊其词，没有做任何有依据的解释。

迟先生还由“自以羸患，志在优游”这两句推测写《伯远帖》时王珣已在暮年，得出

“隆安四年前，王珣从兄弟十人中已有混、琨、珉、廞、谌去世。所以，其在致书伯远时，既为伯远出为临海太守感到高兴，又有失去弟兄的伤感，还有对自己病情的哀叹，心情复杂”的结论来。

我初读《伯远帖》，就对很多人持《伯远帖》是王珣写给伯远的书信这一论断存有疑问。晋人虽然多以行为乖张为荣，但细思大抵脱不了常理人情。

首先，“珣顿首顿首”几个字就透露出收信的对方当或是位尊，或是年长。且不说“顿首顿首”是郑重其事的敬语（有人会辩称“顿首”二字已经成为书信开头的习惯用法），单是看“伯远胜业情期，群从之宝”这两句就有些异样。不管是《晋书》《世说新语》还是晋人的书信杂帖里，都看不见这样露骨地夸对方的辞句，这样的话，或有拍马屁之嫌疑，或者有讽刺之动机，都不是什么好意。而且从伯远的寂寂无闻不见于史传来看，他应该是当不起“胜业情期，群从之宝”这八个字的。然而，如果是夸第三方，就不管如何褒奖也不为过。所以我基本上可以肯定，《伯远帖》一定不是写给伯远的。

再看“自以羸患，志在优游”两句，和上面句意是个大转折，颇有对比之意，要不然前面才说是众兄弟的榜样，后面就突然说身体多病，不合情且不合理。所以“自以羸患，志在优游”应当说的不是伯远。

最难揣摩的还是“始获此出，意不剋申”这两句，这两句的释读是把握全文的关键。经过考虑，窃以为“出”在这里的意思无非有两种可能：一是指“出仕”，二是指“出门远宦为官”。伯远寂寂无闻，未必有资格玩“托病不仕”这一套，而王珣少年得志，弱冠之年就为权臣桓温所重，后又以才学文章受知于孝武帝，历任要职，应该也和“不仕”沾不上边。那么看来当是指伯远远宦临海太守这件事了？

“意不剋申”这句的关键是要了解“申”是何指。“剋”是“克”的异体，“不剋”即为“不克”，应该是“不敌”之意，那么意不敌什么东西呢？乱翻词典，发现“申”可做约束讲：

申，束身也。——《说文》

约车申辕。——《淮南子·原道》。注：“束也。”

畏忌自申。——《汉书·韦元成传》。注：“言自约束也。”

勒兵申教令。——《汉书·元帝纪》

朱绿带申加大带于上。——《礼记·杂记》

申体防以自持。——曹植《洛神赋》

一下子豁然开朗，“始获此出，意不剋申”当是说“当伯远知道要远宦临海时，自己的意愿（优游之志）得服从规矩（为人臣的规矩）的约束”。这么说来，前面的“自以羸患，志在优游”确实是说伯远？

这样解，总觉得有点不对头，但一时也无其他解释，所以一度我几乎就认为释义大致是：伯远不管是在事业上还是在为人上，都是我们兄弟的榜样。他本来称病，无意于仕途，但是当要求他出任临海太守时，他还是放弃个人意愿服从了组织决定。虽然和他分别不久，但已宛如隔世，我和他之间山重水复，估计再难相见。

但是，终于有一天，我在《晋书·王珣列传》里突然读到一段话，才恍然大悟！

珣兄弟皆谢氏婿，以猜嫌致隙。太傅安既与珣绝婚，又离珉妻，由是二族遂成仇衅。时希安旨，乃出珣为豫章太守，不之官。

这段话是说，王珣兄弟本来都是谢安的女婿，后来因为闹矛盾（不知道是翁婿矛盾，还是夫妻矛盾），王珣兄弟都和谢家女儿离了婚，于是王谢两家成仇。后来有人照谢安的意思，排挤王珣，让他去远地豫章做太守，但是王珣并没有到任（“不之官”就是没到任的官）。

原来王珣也被“出”了那么一回，而且最后估计被他以“羸患”为由给推脱了而没有到任。原来《伯远帖》里的“出”是王洵的“出”，非伯远的“出”。难怪帖中是“此出”二字而非“彼出”二字。

那么，事情的发生当是这样的：因为王谢两家矛盾，谢安排挤王珣，准备把他发到江西南昌去做太守。王珣当然不干了，于是托病不出。于是谢安（或者是本人，或者是另托一德高望重的人）写信给王珣和他摆事实，讲道理，信中大概说了：“王珣你看你兄弟王穆就不像你这样，让他去临海做太守他高高兴兴地就去走马上任了，你怎么不服从安排呢？”

于是，王珣回信了（就是我们今天看到的《伯远帖》）：大人啊，王珣先给您鞠躬再鞠躬（您别把我跟伯远比啊），伯远他为人做事在兄弟间都是出类拔萃的，而我疾病缠身，只想退休养养清闲。当我接到让我远宦豫章的调令，我虽然知道应该服从组织命令，但我与您女儿才离婚不久，已宛若隔世。您又何必再弄个五岭逶迤来相隔，老死不相往来呢？

所以，说白了《伯远帖》就是王珣不服从工作调动的牢骚信，而且很可能就是回给谢安本人的。

有人可能会怀疑，既然王谢两家成仇，还会这样通信吗？古人，尤其是晋人之间虽有嫌隙，可不像我们今天，他们仍然会保持风度翩翩，而且实事求是。

《世说新语·赏誉》中有一则：

谢公领中书监，王东亭有事应同上省。王后至，坐促，王、谢虽不通，太傅犹敛膝容之。王神意闲畅，谢公倾目。还谓刘夫人曰：“向见阿瓜，故自未易有。虽不相关，正是使人不能已已。”

翻译成白话大概就是：谢安监管中书监，一日王珣也要去中书省办事，王珣去搭谢安的便车。王珣上车后，车上显得座位狭挤。虽然王谢两家有嫌隙，但是谢安还是收膝腾出些地方，让王珣在身边挤着坐下了。在上班路上，王珣意态悠然，谢安忍不住注目看了他好几次。谢安回到家对夫人说：这个阿瓜，确实是少有的人物，虽然和我们家没啥关系了，却还是让我不得不称赞。

上面这则看到的是两家交恶后，谢安对王珣的态度。下面这则，是王珣对谢安的态度。

《世说新语·伤逝》第十七：

王东亭与谢公交恶。王在东闻谢丧，便出都诣子敬道："欲哭谢公。"子敬始卧，闻其言，便惊起曰："所望于法护。"王于是往哭。督帅刁约不听前，曰："官平生在时，不见此客。"王亦不与语，直前哭，甚恸，不执末婢手而退。

也翻译一下：王珣和谢安交恶。王珣听到谢安去世的消息，就找到王献之说："我要去给谢公吊孝。"王献之本来躺在床上，听到王珣此言，惊得立马爬了起来，说："这正是我所期望你做的。"王珣于是就跑到谢安灵堂去吊孝，谢安生前帐下的督帅刁约不让他靠前，说："我家大人生前根本就不会召见这个人。"王珣也不答话，径自向前痛哭，非常悲哀，完事后都没有向谢安家属致哀就走了。

看来王珣此人果然是姿态了得，也难怪他写得出《伯远帖》这样神意闲畅的字迹，《伯远帖》就像是王珣的自画像，再读《伯远帖》，就想起桓玄评王珣的那几句话：

珣神情朗悟，经史明彻，风流之美，公私所寄。虽逼嫌谤，才用不尽；然君子在朝，弘益自多。时事艰难，忽尔丧失，叹惧之深，岂但风流相悼而已！

东晋风流，宛在眼前。

字作《丧乱》意彷徨

陆　暘

《倚天屠龙记》第四回有如下一段文字：

只见张三丰走了一会，仰视庭除，忽然伸出右手，在空中一笔一画地写起字来，张三丰文武兼备，吟诗写字，弟子们司空见惯，也不以为异，张翠山顺着他手指的笔画瞧去，原来写的是“丧乱”两字，连写了几遍，跟着又写“荼毒”两字。张翠山心中一动：师父是在空临“丧乱帖”（图 1）。他外号叫作“银钩铁划”，原是因他左手使烂银虎头钩、右手使镔铁判官笔而起，他自得了这外号后，深恐名不副实，为文士所笑，于是潜心学书，真草隶篆，一一遍习。这时师父指书的笔致无垂不收，无往不复，正是王羲之“丧乱帖”的笔意。

这“丧乱帖”张翠山两年前也曾临过，虽觉其用笔纵逸，清刚峭拔，总觉不及“兰亭诗序帖”“十七帖”各帖的庄严肃穆，气象万千，这时他在柱后见师父以手指临空连书“羲之顿首：丧乱之极，先墓再离荼毒，追惟酷甚”这十八个字，一笔一画之中充满了拂郁悲愤之气，登时领悟了王羲之当年书写这“丧乱帖”时的心情。

王羲之是东晋时人，其时中原动荡，沦于异族，王谢高门，南下避寇，于丧乱之余，先人坟墓惨遭毒手，自是说不出满腔伤痛，这股深沉的心情，尽数隐藏在“丧乱帖”中。张翠山翩翩年少，无牵无虑，从前怎能领略到帖中的深意？这时身遭师兄存亡莫测的大祸，

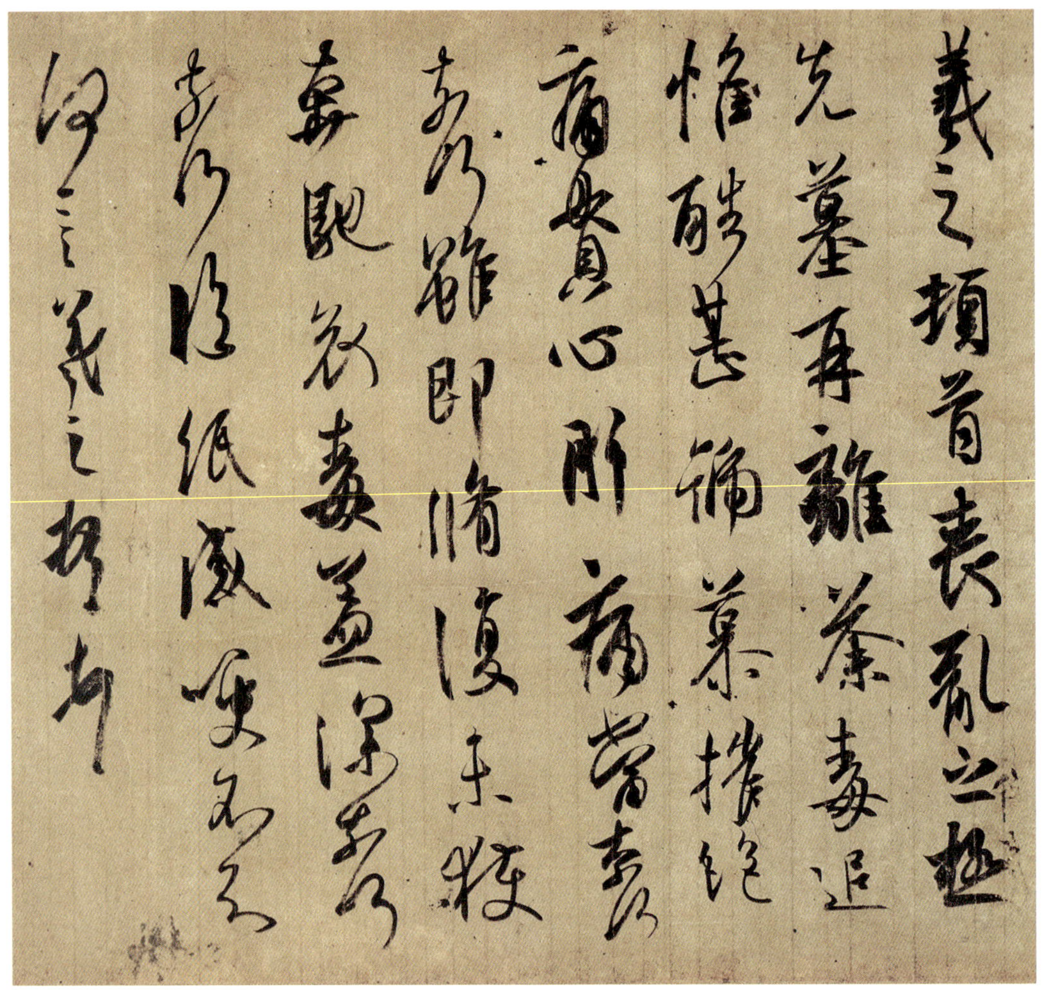

图 1　《丧乱帖》

方懂得了“丧乱”两字、“荼毒”两字、“追惟酷甚”四字。

我大约十岁左右读的《倚天屠龙记》，当时练习书法，所以对这段印象特别深刻。别看金庸老先生的字算不上什么好字，书中把书法融入武功的段落却是相当精彩。除了上面的《倚天屠龙记》里张三丰临空作《丧乱帖》以外，还有《神雕侠侣》中朱子柳以褚遂良《房玄龄碑》和张旭《自言帖》恶斗霍都王子，再就是《笑傲江湖》里秃笔翁以颜真卿的《裴将军诗》挑战令狐冲。

我那时年幼，真的就以为书中书法武功的高低就说明了书法的高低，读到“但秃笔翁这路《裴将军诗》笔法第一式便只使了半招，无法使全。他大笔挡了个空，立时使出第二式。令狐冲不等他笔尖递出，长剑便已攻其必救。秃笔翁回笔封架，令狐冲长剑又已缩回，秃笔翁这第二式，仍只使了半招”，就认为《裴将军诗》不是什么高明的书法；读到朱子柳先以真草隶篆先是占尽上风，却终于因为过于卖弄，以至于“忽听得朱子柳‘啊’的一声惨叫，急忙回头，但见他已仰天跌倒”着了霍都的道，就认为《房玄龄碑》和《自言帖》也算不了上乘，而张三丰武功绝世，那么《丧乱帖》自然也是绝世名帖了。

其实那个时候，我根本没有见过《丧乱帖》什么样子，虽然武侠小说读得熟，但比之书中无牵无虑的张翠山，我是更加不懂“丧乱”“荼毒”“追惟酷甚”。等到对这几个字有所感触的时候，是十年以后的事情了。《丧乱帖》全文是：

羲之顿首，丧乱之极，先墓再离荼毒。追惟酷甚，号慕摧绝，痛贯心肝，痛当奈何奈何！虽即修复，未获奔驰，哀毒益深，奈何奈何！临纸感哽，不知何言。羲之顿首顿首。

这个释读没有什么争议，意思也浅近明显。但是我初读《丧乱帖》时却是不懂。杜紫薇有诗云：“大抵南朝皆旷达，可怜东晋最风流。”所以我印象里的东晋人物个个清淡雅论，玄意幽远，超越生死，旷达风流。一般东晋人物尚且若此，更何况“坦腹东床”且“素无廊庙之志”的王羲之。什么样的哀痛能让这样的人突然间“痛贯心肝”，而且“哀毒益深”？什么样的无奈让他左一个“奈何奈何”右一个“奈何奈何”？对于今天的大多数人来讲，“顷遘姨母哀”的丧亲之痛还比较容易理解，“先墓再离荼毒”里的“先墓”恐怕已成为一种历史的概念。

本来我恐怕永远也读不懂《丧乱帖》的，但世间的缘分也往往“乖张至此”。因为父母工作调动的缘故，我的成长过程一直伴随着辗转飘移，一直没有机会能把一个地方居住成故乡，生命也因此像一张张零散的册页拼装在一起，不知从何处来，也不知往何处去。

一日午后，我在图书馆里搜罗了一大堆书，躲在图书馆的一角准备打发几个小时慵懒无聊的时间。在这一堆书里，其中一本是王安忆的小说《纪实与虚构》，“我们在上海这个城市里，就像是个外来户”，还没有读多少页，有相同经历和感受的我就被这句话抓住了。当我再读到“没有家族神话，我们都成了孤儿，凄凄惶惶，我们的生命一头隐在伸手不见五指的黑暗里，另一头隐在迷雾中”，似乎也找到了一直在我心中的那种凄凄惶惶的原因。最后在读到作者回到茹家溇祖坟磕头时，“在这一刻，我的瞳仁与我曾外祖母的终于合二为一，一百年的时光流逝而去……”，我眼角的余光落到了我先前翻看的王羲之法帖上，翻开的页面正是《丧乱帖》。

也就是在那一秒钟，我好像突然理解了“先墓”。“先墓”的存在，代表了家族的存有，因为家族的存有，自身才不再漂泊无依。有父有母并不能证明你不是孤儿，孤儿的孩子永远是孤儿。王羲之对“先墓再离荼毒”的“痛贯心肝”，大概就是出于对漂泊无依的惧怕吧？而且，王羲之所感受的漂泊无依恐怕比同时代的人更深更重一些。詹琲诗曰（《全唐诗》第 761 卷 017 首）：

忆昔永嘉乱，中原板荡年。
衣冠坠涂炭，舆辂染腥膻。
国势多危厄，宗人苦播迁。
南来频洒泪，渴骥每思泉。

永嘉之乱，晋室南渡，那个时候，王羲之刚刚五岁。有关童年的记忆大多从四五岁开始，也就是说王羲之的记忆之始，就是战乱漂泊。

永嘉三年（309 年），王羲之之父王旷率部驰援壶关，结果在壶关以南的长平遭遇刘聪埋伏。战国时赵括四十万兵马在长平为白起所斩，五百多年后王旷在同一个地方全军覆没。部将施融、曹超战死，王旷从此下落不明。王羲之也就从此失去了父亲，这个时候王羲之七岁。所以此后王羲之是“不蒙过庭之训，母兄鞠育，得渐庶几”（王羲之《誓墓文》）。

王羲之不但在七岁的时候失去了父亲，而且这个父亲的“失去”的背后，恐怕还有难言之隐。《晋书·王羲之传》说：“父旷，淮南太守。元帝之过江也，旷首创其议。”可见王旷在晋室南迁，建立东晋政权的决策过程中，起了重要作用。王旷任的又是淮南太守，当时扬州十一郡，九郡在江南，唯淮南、庐江二郡在江北，此二郡可谓江南之屏障。淮南、庐江两郡的太守，非司马睿的亲信不可。

这么一个重要人物，永嘉三年（309 年）在长平兵败，就从史传中彻底抹去，《晋书》未立传，也未见对其有任何追封。后人所修《王氏谱》中也不见他的踪影，就连王羲之自己的《誓墓文》也未提及父亲。我不敢猜王旷是否被俘做了“汉奸”，姑且算它是桩永远的疑案吧。

“弄堂里，一个文明戏女演员的孩子没有父亲。我戏谑地嘲讽：‘你爹呢？’”（王安忆《纪实与虚构》）

对于一个不知道父亲在哪里的孩子，最残酷的问句莫过于这句“你爹呢？”。

我想，王羲之的童年，大概也没有少被伙伴们问这句话吧？这也许是他“幼讷于言”，及长成又“以骨鲠称”的原因吧？

《丧乱帖》里的“痛贯心肝”，还不仅仅是因为“先墓再离荼毒”。王羲之的一生所遇所见都是寇乱，每次北伐也都以兵败告终，他见到的是一个失败接一个失败，“淝水之战”的胜利是他故去二十多年后的事情了。

在殷浩北伐时，王羲之写给殷浩的信说：“自寇乱以来，处内外之任者，未有深谋远虑，括囊至计，而疲竭根本，各从所志，竟无一功可论，一事可记，忠言嘉谋弃而莫用，遂令天下将有土崩之势，何能不痛心悲慨也。”孔融八九岁的儿子就知道“覆巢之下，复又完卵乎？”（《世说新语·言语》：孔融被收，中外惶怖。时融儿大者九岁，小者八岁，二儿故琢钉戏，了无遽容。融谓使者曰：“冀罪止于身，二儿可得全不？”儿徐进曰：“大人岂见覆巢之下，复有完卵乎？”寻亦收至。）王羲之当然更懂得“国家破败，先墓安存”的道理。这“丧乱之极”更是“先墓再离荼毒”的痛外之痛。

集家痛国痛于一身的《丧乱帖》是让我常读常新的帖，随着年龄的增长，每次读都有新感受。萧衍称王羲之的字“字势雄逸”，我一直不以为然，王羲之的字多是妍丽多姿，哪里有雄逸？直到我读到《丧乱帖》，被一纸的雄逸与惨淡所淹没。

读《丧乱帖》几乎可以看见羲之当年书写此帖的心绪变化的过程。想来羲之提笔写信之际，心绪还能自抑，所以开始两行凝重浓郁，到写到“追惟酷甚，号慕摧绝”之时，笔速加快，已见其心绪起伏；“痛贯心肝，痛当奈何奈何”一行由行入草，悲愤之情，跃于纸上；“虽即修复”复归为行，可见其再欲使心气平复，但终究是“不能自胜”，点画迷离，寥寥草意，意不在字，全然忘形，临纸感哽，痛不欲书。

日本学者考证王羲之书《丧乱帖》的时间大概是在永和十二年（356 年）间，也就是王羲之 53 岁的时候，这时，离王羲之去世还有六年。《丧乱帖》可以算是王羲之人书俱老的代表作。除了书法本身的因素外，摹本的质量也值得关注。日本人为了修复《丧乱帖》，以现代科技方法分析唐摹本的纸质、厚度，还以数码图片放大的技术，对“双钩填墨”进行了透彻的研究。“双钩”和我们原来理解的相同，是以淡墨依原作轮廓勾出细线，但“填墨”就比我们想象的复杂多了，是以细如发丝的细线微点，一点一点地重新组合出原作的墨色。所以放大后的《丧乱帖》的每一笔，都像是丝线织绣出来的一样，唐代的摹拓工艺让人叹为观止。

曾经和朋友讨论王羲之法书时，朋友提出过一个问题：“需要思考一下的是，凝神静虑，是不是王羲之进行书法创作时的状态？今人书写为什么达不到王羲之的高度？道，书道，是不是离我们很远了？”

不知道这是不是受孙过庭“是以右军之书，末年多妙，当缘思虑通审，志气和平，不激不历，而风规自远”之论的影响。《丧乱帖》是右军末年之书，帖中哪里有什么“思虑通审，志气平和”？做此论大概是只见晋人之清淡简远，却忽视了晋人率性情真。所谓“人书俱老”的境界应该是情书合一，而不是斤斤计较于点画形质。

王羲之的晚年应该是没有多少能够“思虑通审，志气和平”的机会，病痛、丧亲、寇乱接踵而来，确实可称得上是“频有哀祸”。在写《频有哀祸帖》时，他在“悲催切割”的痛感外，更多的是“省慰增感”的无可奈何的叹息。

注：《丧乱帖》上有朱文“延历敕定”三印，延历相当于中国唐德宗时期（公元 782 年，唐建中三年）至唐顺宗时期（公元 805 年，永贞元年），由此可以判断《丧乱帖》是从唐代传入日本的。自从《丧乱帖》流至日本之后，未见诸著录。直到 1892 年，任驻日钦使随员的清代书法家杨守敬在日本搜访古籍图书时发现。后经重新描摹勾勒，于 1893 年编入《邻苏园帖》一书。所以，生于宋元之间的张三丰，应该是无缘见到《丧乱帖》的，金庸在这里是杜撰了。

行草新纪元——苏东坡与黄庭坚

黄一知

随着汉字输入问题的解决，我们在日常生活中已经不依赖于直接的文字书写，书法的实用性在很大程度上已经消失。书法成了一种纯粹的文化现象，一种纯艺术。在这样的时代里，书法作为一种抽象的艺术究竟会怎样发展，是对书法有兴趣的人们所关心的主要问题之一。书法的一种可能发展方向是成为抽象绘画的一部分。但笔者认为，将书法发展成一种绘画的尝试或许是绘画艺术的一种创新，书法的文化内涵却不是纯粹的绘画能够承载的。历史上书法一直是和文学以及其他文化现象密切相关的，尤其是北宋苏东坡、黄庭坚等倡导的文人书法，上千年来一直是书法的主流。回顾一下当年他们所开创的书法新境界，对当前的书法发展或许有相当重要的现实意义。

行书自汉代开始出现，到东晋王羲之时期成为一种极具魅力的艺术。到了唐代早期，因为李世民的推崇，王羲之的行书风靡全国。唐初一流的书法家受王羲之影响极大，所以虽然兰亭序原稿早已不知所终，我们依然能从那个时期不同的摹本中看到原稿的神韵。王羲之的行书风格飘逸流畅、风雅隽秀，对一千六百多年以来的书法艺术，尤其是行书，影响至为深远。到了唐代中期，颜真卿是一个新的里程碑，他的《祭侄稿》和《争座位帖》等，以浑厚圆润、舒和遒劲的强烈风格，展现了他的行书和王羲之等早期行书大家全然不同的风貌和表现力。

北宋以前书法的一个重要功能是用于碑文，这应该和北宋之前印刷术尚未成熟有关。对一些重要人物和重大事件，那时常常请书法家书写之后，以立碑的形式记载下来，希望

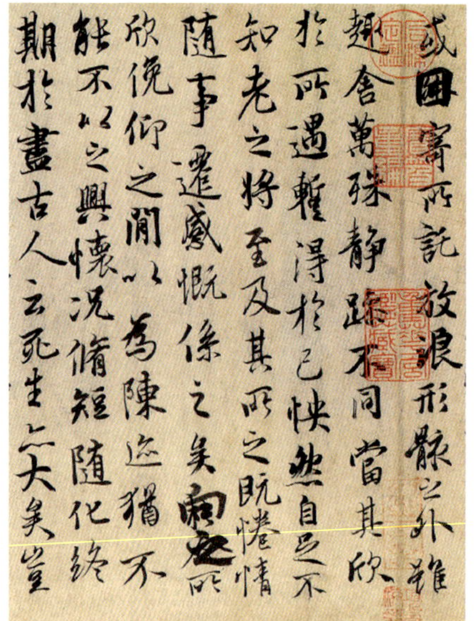

图 1　冯承素摹《兰亭序》局部

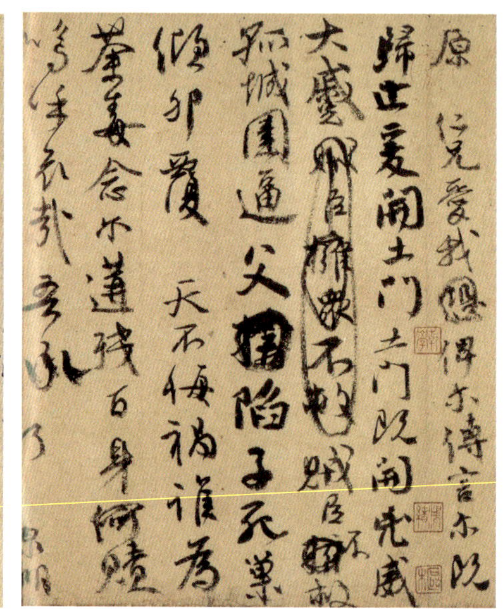

图 2　颜真卿《祭侄文稿》局部

以此方式流传后世。李世民尤其重视立碑，著名的《圣教序》便有褚遂良书写和集王羲之字而成等多种碑文。我们现在无法看到书法家书写这些碑文的原稿，但可以想象，书写碑文和书写文稿、书信有很大不同。碑文的书法自然会重视法度，这应该是所谓“唐法”的重要起因之一。

到了北宋，印刷术开始成熟起来，发展迅速。印刷可以在制版时精益求精，一旦制版完成，每次印刷都可以得到合乎法度的印刷品。印刷代替了相当一部分书法家的功能，使得书法的实用性和艺术性开始分离。在这个背景下，北宋的书法开始朝更为主观的艺术方向发展。所谓“宋意”便是指北宋书法崇尚意趣，认为书法反映的是书法家的修养、学识、品格等等。和所谓“晋韵”概括的晋朝书法主要强调作品的神采和怡悦性情的功能不同的地方是，北宋书法美学观念走出了书法本身，强调了书法家在书法之外的各种行为对于书法的影响。

苏东坡和黄庭坚是代表宋朝这一全新书法观念最典型的书法家。苏东坡是中国历史上最著名的文人之一，诗词文赋，书法绘画，都有开创性的贡献。书法对苏东坡而言是他文学艺术创作整体中不可分割的一部分。苏东坡明确表示：“我书意造本无法，点画信手烦推求。”又说：“自出新意，不践古人。”苏东坡是下过功夫学习前人书法的，但之后当他要自由表达自己的情感和思想时，他并不遵循也不愿意遵循法度。苏门四学士之一的黄庭坚这样评价苏东坡：“早年用笔精到，不及老大渐近自然。”但他也并不刻意地突破传统，他是在自己所受坚实的基本训练基础上，按照自己的想法，信手写出表达自己思想、情怀、遭遇、抱负、失落等各种人生体验和际遇的诗词文赋。比如他最著名的《寒食帖》，书写的是两首自作的五言诗：“今年又苦雨，两月秋萧瑟。”“春江欲入户，雨势来不已。”“也拟哭涂穷，死灰吹不起。”那种在人生不得意时的失落和哀怨跃然纸上。如果我们看一下《寒食帖》，那么我们会感受到这里可以用“纸上”来形容的不只是诗句，也是与之相配的书法。苏东坡书写的不只是一幅幅唯美的书法作品，他书写的是一首首诗、一篇篇散文，他更是在展示自己的个性、理念和修养，展现所处的环境和时代。受苏东坡影响很大的黄庭坚说：“余谓东坡书，学问文章之气，郁郁芊芊，发于笔墨之间，此所以他人终莫能及耳。”苏东坡用书法表达的东西远超出了王羲之在《兰亭序》中对文人生活的描写和感叹，也不同于颜真卿在《祭侄稿》中自然呈现的悲哀和愤怒。他的书法是这些诗、这些散文不可分割的一部分，但更是他有意要传递给世人的观念的一部分。苏东坡是中国文人艺术传统的最重要的实践者和推动者之一，对后世的文人书画影响巨大。

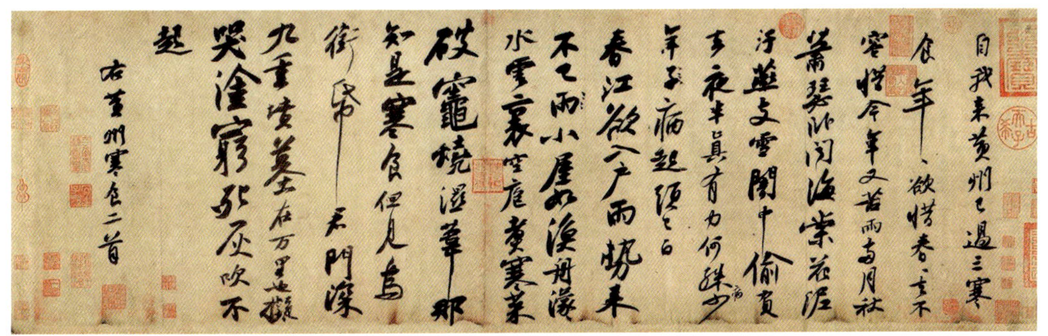

图 3　苏东坡《寒食帖》

和前人相比，苏东坡的行书特点鲜明。首先是他的字形结体左低右高，多为扁平，而且笔画多显得丰腴。这和他执笔方式有关。苏东坡好友陈师道说：“东坡作书，以手抵案，使腕不动为法。”黄庭坚则说：“或云东坡作戈多成病笔，又腕着而笔卧，故左秀而右枯。”按照陈师道和黄庭坚的说法，苏东坡的执笔方法类似于我们用钢笔或圆珠笔写字的执笔方法。一般来说，我们学习毛笔书法时都被要求有一个正确的执笔方式，以保证毛笔是垂直于纸的，这样才能中锋运笔。我们也一再被告诫，虽然初学时可以不悬肘，但以后要悬肘才能写得更好。苏东坡执笔方式是“腕着而笔卧”，手腕非但不悬在空中，还特意抵住书案，使得书写时毛笔是斜着的。

苏东坡这样执笔自然是有意为之。他自己说：“把笔无定法，要使虚而宽。”一般来说，我们认为正确的执笔方式的确能帮助我们写出我们想要的效果，避免败笔。比如上面提到的，毛笔垂直于纸的执笔方式容易做到中锋运笔，避免偏锋。但如果另一种执笔方式也能达到这些基本效果，避免败笔，我们便没有理由排斥那样一种执笔方式。

苏东坡的这种执笔方式是他书法创新的重要手段。这样的执笔方式使得他的一撇通常舒展流畅，而一捺则较短且捺脚常常不出锋，这是他的字体结体左低右高的原因。他的笔应该是横向斜着的，这能解释为什么他的字多为扁平。他的字笔画多丰腴，估计也和这种执笔方式有关。这种执笔方式有好处也有坏处，但显然主要适合于诗稿书信等等，因为用手腕抵住书案是无法写大字的。笔者曾见过很多民国时期文化界人士的诗稿书信，王羲之或颜真卿风格的较少，大都有一点苏东坡的风格。这些后世文人日常书写的方式可能也是苏东坡对书法影响深远的地方之一。

图 4　《兰亭序》（左）、《祭侄文稿》（中）、《寒食帖》（右）风格比较

我们可以举例比较一下王羲之的《兰亭序》、颜真卿的《祭侄文稿》和苏东坡的《寒食帖》。从上面图片中的“不”和“死”两字在这三种帖中不同的写法，可以看出每个帖细节上的特点。《兰亭序》的字稍向左倾斜，起笔和收笔都明显出锋，造成笔画飘逸的效果。《祭侄文稿》的字不向左或右倾斜，笔画明快有力，给人遒劲舒和的感受。《寒食帖》的字则严重向左倾斜，笔画最为厚重，起笔不出锋，收笔出锋通常较短，显得字字丰腴。不过只分析个别字，《寒食帖》的特点并不能完全显现出来。如果我们看整体的效果，《兰亭序》和《祭侄文稿》中字的大小变化都不大，这可能和当时注重法度有关。而《寒食帖》中字的大小相差最大可达两倍，一些竖笔则拖得很长，看似不经意的书写达到了和诗中所写心境吻合的效果。

书法对苏东坡而言，不只是一种单纯用作记录和交流的工具，也不只是一种单纯从中感受视觉艺术美的形式。上面已经提到，书法是苏东坡诗词文赋书信中不可或缺的一部分，他的书法和诗词文赋书信一起构成一个整体，他的书法是在这样一个整体中自然发展而来。要能够真正欣赏苏东坡的书法，必须对他的诗词文赋等甚至对他的人生有相当的理解。我们现在常常会看到“功夫在字外”的说法，意思是一个人的书法好坏取决于他或她的学问、修养、品格，而并不只取决于书法技法。书法不只是一种把字写得美的技术，还是展示文化的载体，这种观念主要起源于以苏东坡为首的北宋文人。苏东坡有诗句曰："退笔如山未足珍，读书万卷始通神。"黄庭坚则更直接地说："士大夫下笔使有数万卷书气象，便无俗态，不然一楷书吏耳。"唐代书法的"尚法"是书法走向成熟的必经阶段，而以苏东坡为代表的北宋文人，提倡以书法来表达自己学识涵养和个体心性的"尚意"书法，则把书法推向了一个全新的境界。

谈到苏东坡推动的"尚意"书法，不谈黄庭坚是不完整的。黄庭坚虽然很晚才见到苏东坡，但他一直以苏东坡为师，后来则成为好友。从上面提到黄庭坚对苏东坡执笔方式的描述看，黄庭坚的执笔方法和苏东坡并不相同。但他的行书（尤其是小幅行书）通常也字形扁阔，并呈左低右高之势，应该是受了苏东坡的影响。黄庭坚尚未见到苏东坡就在研究其书法，所以他对苏东坡的书法了解得非常透彻。他更是苏东坡用书法表达学识涵养和个体心性的观念的重要推动者和实践者，他和苏东坡之间亦师亦友的关系使得他们可以一起探索创新，互相影响。但黄庭坚比苏东坡走得更远。

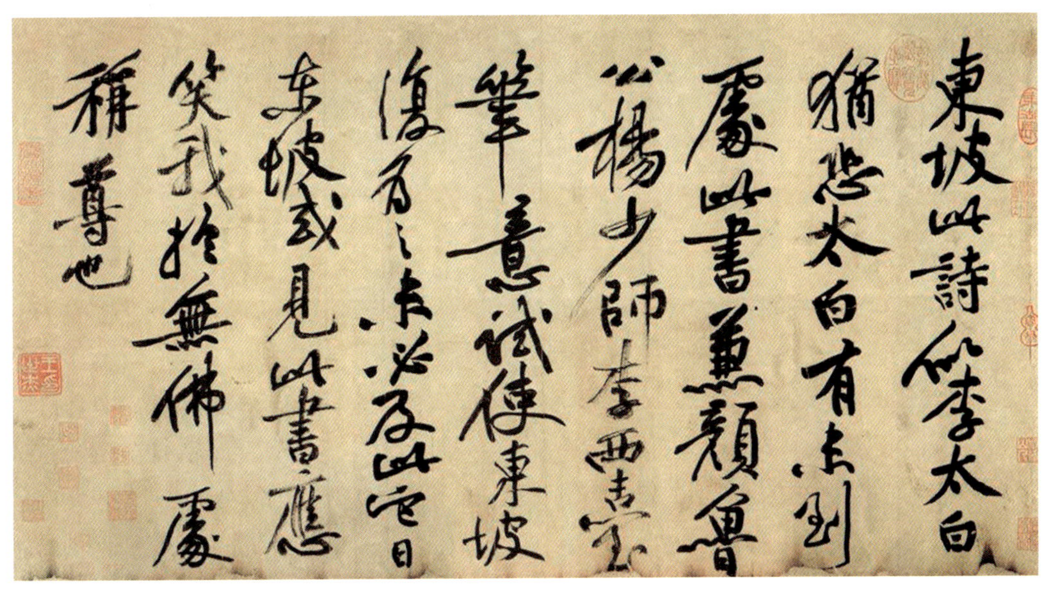

图 5　黄庭坚跋苏东坡《寒食帖》

苏东坡最为著名的是他的文学作品。他自出新意的书法最适合他文学作品的意境，是他文学作品的一个组成部分。黄庭坚的书法则不仅仅是他文学作品的一部分，他常常是以胸中万卷书的气象来创作书法作品。除了受苏东坡的影响外，黄庭坚学过王羲之、颜真卿、柳公权、杨凝式、张旭、怀素等人的书法，而对他影响最大的，可能是《瘗鹤铭》了。黄庭坚对《瘗鹤铭》评价极高："欲学书者当以丹阳《瘗鹤铭》字为则。大字难为结密，唯此书无点检处""大字无过《瘗鹤铭》""《瘗鹤铭》，大字之祖也"。黄庭坚在这些书法家的影响下，创造了一种全新的行书大字风格。他的大字行书最明显的特征便是长枪大戟，几乎每个字都有一两个极长的笔画，使得我们一眼望去，便可判断出这是黄庭坚的作品。他的字结构奇险，肥字有骨，瘦字有肉，中宫紧收，长画舒展，纵伸横逸，遒劲凝练，气魄宏大。可能因为深受《瘗鹤铭》的影响，和北宋其他书法家相比，黄庭坚的大字行书已有后世碑学兴起之后书法家追求的神韵。从这个意义上来说，黄庭坚或许可以称为是碑学的先驱。

除了行书之外，黄庭坚更是北宋在草书上成就最大的书法家。他最早从周越的书法学习草书，但后来意识到周越的字虽劲健，却无法脱俗（“病韵”）。黄庭坚崇尚“韵”，这里的“韵”正是苏东坡推动的“尚意”书法所注重的字外功夫，即书法家的学识、涵养、品格等等。他对王羲之、颜真卿、苏东坡的评价极高，认为他们的学识人格影响了他们的书法，使得他们的书法没有尘俗之气。在和苏东坡一起探索，逐渐形成自己行书风格的同时，黄庭坚开始学习张旭、怀素和高闲的草书，终于参透草书笔法，加上他自己胸中万卷书的学识，以及长时间的参悟，最终形成自己独特的笔法和风格，成为张旭和怀素之后开创了草书新境界的书法家。

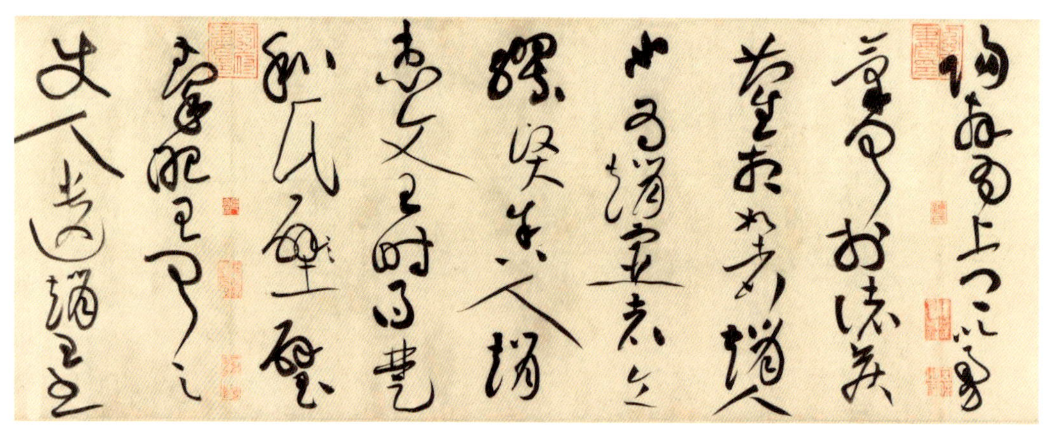

图6　黄庭坚《廉颇蔺相如传》局部

北宋书法除了苏东坡和黄庭坚之外，还有和他们一起被称为“北宋四家”的蔡襄和米芾。蔡襄虽然很受苏东坡推崇，但他基本上还是唐法的坚守者。米芾则继续推进了苏东坡和黄庭坚提倡的新观念。他们（尤其是米芾）对北宋书法美学观念的形成也有着极为重要的作用。但正如上面已经提到过的，苏东坡和黄庭坚是北宋书法美学新观念最典型的代表人物。他们开创了书法艺术一个全新的境界，对以后的书法艺术发展影响巨大，并成为书法界的主流延续至今。从这个意义上来说，苏东坡、黄庭坚和其他北宋的书法家一起，开创了行草书法艺术的一个新纪元，在中国书法史上有着极为重要的地位。

本文开始时已经提到，苏东坡和黄庭坚开创的书法新境界，对当前的书法发展有相当重要的现实意义。苏东坡和黄庭坚当年在书法的实用性和艺术性第一次分离时所开创的文人书法传统，给我们指出了书法艺术完全不同于绘画的发展方向。笔者期待，未来的书法艺术会发展成为一种更加精致，但需要慢慢培养大众欣赏能力的艺术；未来的书法艺术需要艺术家有广博的知识和修养，有扎实的基本功，有对书法经典作品深入的研究，以及在这种对书法经典作品掌握和理解的基础上有能反映书法家个人性格、学识、涵养和所处环境的创新；未来的书法艺术会和社会有密切的互动关系，会成为一种人文精神的代表。

东坡有竹堪寄傲，江南无望怎易安

罗靖媛

唐诗宋词，是中国文学史上的两粒明珠；苏东坡与李清照，又是宋词这颗明珠之上最闪耀的两束光华。大宋三百年，这两位生活在同一个时代，在这人世间，有过一段短暂的重叠。

爱词之人，常常不免神往，这两个人之间，是否有过交集？

上篇：东坡竹里人易安

一、渊源颇深

苏轼，豪放派词风开山之祖；李清照，婉约派词人镇山之宝。站在同一历史舞台上，他们之间的渊源亦颇深。

李清照出生于 1084 年 3 月 13 日（宋神宗元丰七年），其父亲李格非，熙宁年间进士出身，官至礼部员外郎。李格非与苏轼之间的交往事迹并无细节可考，但《宋史·李格非传》中称他“以文章受知于苏轼”，足以证明苏轼对他的赏识。除此之外，宋代邵博《邵氏闻见后录》卷二十四所载“予得李格非文叔《洛阳名园记》读之至流涕。文叔出东坡之门，其文亦可观……”亦是佐证。

在“苏门四学士”黄庭坚、秦观、晁补之、张耒之外，后人也将李格非与廖正一、李禧和董荣并称为“苏门后四学士”，宋韩淲《涧泉日记》载：“廖正一明略、李格非文叔、李禧膺仲、董荣武子，时号后四学士。明略有《竹林集》，文叔有《济北集》，膺仲、武子文集未之见也。”

苏轼身后有一大群追随者，他们在政治上亦被归为同一战线。在北宋新旧党争到了白热化时，苏轼与李格非同入元祐党籍。

李格非之女清照十八岁离开父家入夫家，嫁给了青年才俊、当时还是太学生的赵明诚，而赵明诚之父，即清照的公公赵挺之，却与苏轼是多年夙敌。

苏、赵二人之隙由来已久，缘起政治立场不同。王安石熙宁变法时，赵挺之曾任德州通判，是新法的执行者，那时苏轼还年壮气盛，对王安石变法不满，连带对新法执行者也心生不满，据《续资治通鉴·宋纪卷八十》载，元祐初赵挺之召试馆职，时为翰林学士兼侍读的苏轼毫不客气：“挺之聚敛小人，学行无取，岂堪此选。”为此，“挺之深衔之”。二人之间仇怨就此结下。

后来赵挺之很快得势，数次弹劾苏轼。比如元祐二年，赵明诚七岁时，赵挺之迁监察御史，“至是劾奏苏轼起草的诏书有云：民亦苏止，以为诽谤先帝”（《宋史·赵挺之传》）。又，元祐二年（1087 年）十二月“丙午，赵挺之奏：苏轼学术，本出《战国策》纵横揣摩之说，近日学士院策试廖正一馆职，乃以王莽、袁绍、董卓、曹操篡汉之术为问，使轼得志，将无所不为矣”（《续资治通鉴》）。

李清照与赵明诚夫妇那时还年轻，等他们长大后，党争已经逐渐消停下来，政治上倒是不必站队，但赵明诚从小酷爱金石，爱收藏字画，其中就包括苏东坡、黄庭坚的手迹。看着自己的儿子疯狂崇拜着自己的仇敌，这赵挺之为父的心情，大概也确实一言难尽，于是据说也不怎么待见这个儿子。

按情理，新旧两党当时水火不容，赵李两家的孩子联姻很是出人意料，李清照与赵明诚的结合，实际也是一种特殊时期的天时地利人和，那就是短暂的新旧两党势均力敌、判断不出形势的徽宗时期。赵明诚娶李清照之前也是有舆论造势的，说是赵明诚曾做梦“言与司和，安上已无，芝芙草拔”，赵挺之解读为此梦显示儿子将要娶一个女词人成为“词女之夫”。

李格非被新党迫害时，李清照曾向公公赵挺之进言请求救助父亲，进言具体如何已经不得而知，留于后世的只有一句话“何况人间父子情”，可惜的是，赵挺之并不理会这人间父子情，于是李清照于悲愤中又写过另一首嘲讽诗，凑巧的是，原文也不可见，亦只留下一句话，“炙手可热心可寒”。

著名的江西派诗人陈师道，与苏轼交往密切。陈师道是个清高文人，当时朝廷用王安石经义之学科考取士，他不以为然，不去应试，后来数次被荐官职，或因布衣身份而未果，或因其推辞而不就，在给秦观的信中说，“士不传贽为臣，则不见于王公。”这样一个清高之人，对苏轼却是主动求见且一见如故，苏轼也很欣赏他，虽因已经拜过曾巩为师而不可再正式拜苏轼为师，但陈一直对苏轼执弟子礼。陈师道同时又是赵挺之的连襟，陈夫人与赵夫人是姐妹，但陈师道非常讨厌赵挺之，最后是宁可冻死也不穿赵挺之的衣服，果真受冻病死了。

陈师道曾在写给黄庭坚的一封信中，记录了赵明诚与赵挺之这人间父子之不情的缘由，恰与苏轼相关，《与鲁直书》中载，“正夫有幼子明诚，颇好文义。每遇苏、黄诗，虽半简数字必录藏，以此失好于父。”

李清照自己，倒没有像丈夫赵明诚那般崇拜苏轼，而是直言直语，不怨不怼，但也并不给特别情面。事实上，清照如她父亲一样，在人际交往中常常表现出一种不卑不亢的清淡品格，不趋附亦不踩踏，后文中会提到，此处先按下不表。

二、足认标裁

苏东坡与李清照如有会面，只能在 1084 年清照出生到 1101 年东坡去世之间，这二人是否见过面，我们不能找到确切的史料证实，只能从搜寻些只言片语，从中作一番推测。

建康靖国元年，即公元 1101 年，对苏轼与李清照二人来说都是人生中最重头的年份，苏轼在这一年去世，而十八岁的李清照，在这一年出嫁给赵明诚。也就是说，假如在漫漫历史长河中，这两束光曾有过刹那的交会，必定是清照尚在闺阁的日子，那我们只能将目光投向清照父亲，再看看李格非与苏轼的具体交往。

根据王宗稷《苏文忠公年谱》，元祐七年（1092 年），苏轼迁礼部尚书。《李清照集笺注》的作者徐培均认为，李格非“受知于苏轼”正在此时，李格非为礼部员外郎，也疑是此时。

徐培均在《李清照年谱》中有更为详细的考据，“元祐六年格非官太学博士，俄转校对秘书省黄本书籍”。格非为太学博士时，苏轼刚从杭州回到京师，同年下半年又出任到颍州，在京师时间很短。一般认为格非“受知于苏轼”就是在这一年间。

祝尚书先生在《苏门“后四学士”考论》（江海学刊　2006 年 4 月）一文中，考据了苏轼在黄州期间《与文叔先辈》二首，虽不确定，但认为有可能正是苏轼写给李格非的，其间称文叔“新诗绝佳，足认标裁”。至于二人如何认识，他认为，熙宁九年，格非进士及第，而熙宁七年到九年间，苏轼曾知密州，与格非家乡不远，进京赶考之前去拜访当地官员的可能性亦是很大的，苏轼进京赶考之前也去成都拜访了张方平。但既然很早认识，为何元祐六年才“受知于苏轼”，祝尚书认为有可能是“盖相交与入门有所区别”。

祝先生的这一考证颇可疑。《与文叔先辈二首》之一：

某启。叠辱顾访，皆未及款语。辱教，且审尊候佳胜。新诗绝佳，足认标裁，但恐竹不如肉，如何？所示前议更不移，十五日当与得之同往也。

之二：某启。闻公数日不安，既为忧悬，又恐甲嫂见骂，牵率冲冒之过，闻已渐安，不胜喜慰。得之亦安矣。大黄丸方录去，可常服也。惠示子鹅，感服厚意，渐悚不已。入夜，草草，不宣。

疑处在于，信中苏称文叔为先辈，而李格非年龄小于苏轼，且是其门生，苏不太可能称其为先辈；尤其之二，苏轼信中语气极为恭敬，不太像与平辈或者后辈语。

苏轼留下来的文字中还有一处曾提到过“文叔”。《答孙志康书》中云：“李文叔书已领，诸儿子为学颇长，追自宜兴寄诗文来，甚可观。此等辱雅游最旧，故辄以奉闻，然不敢令拜状，无益，徒烦报答也。会见无期，千万节哀自重。”这封书信写于苏轼岭南至儋州时期，听闻志康即孙勰之父孙立节逝世消息之后写的，孙立节卒年不确切，大约是在1098年前后，苏轼信中提到了李文叔，而且推测文叔的书信是通过在宜兴的苏轼两个儿子转寄的，如果该李文叔是李格非，那么说明，即使此时格非身居高位（其官最高至礼部员外郎即是此时），也仍与远谪南地的苏轼保持往来。这倒是符合李格非的人品性格，早在1094年，章惇立局编撰元祐诸臣章疏，命李格非为检讨，李格非就拒不就职因而获罪，再过几年（1102年），朝廷开始排挤元祐旧臣时，李格非便因名列元祐党而被罢官。

但这里文叔是否为李格非也未可确定，主要是现存史料中并未找到李格非与孙立节孙志康父子之间来往相关的只言片语；而信中提到李文叔之前，在说为与孙氏父子同为江西籍的李泰伯老先生作文集一事，逻辑上推理此文叔亦有可能是与泰伯相关之人，但搜索一番泰伯，亦未找到其他文叔踪迹。

不过，就算苏轼这两封信中所提的“文叔”都不是李格非，就算我们如今并不能找到二人交往的直接证据，二人之间的师生同好之情谊，不应有疑。

苏轼对李格非的赞赏，从现有文献判断，应该是比较单纯出于文学才能上的惺惺相惜，在政治上并无太多牵连。而且，他们的个性与行事风格也有很大不同，苏轼不羁中显出豁达，李格非则谨慎又带几分清高，虽然同被归于旧党，但李格非与苏轼都不是结党营私的人，此二人在政治上的起起落落，缘于各自的行事方式和时运，与对方并没有直接的关系。

在北宋党争中，蔡确可以说是一个显要人物，他被列为安石亲党第一人。元祐八年（1093年）蔡确死于新州贬所，李格非曾作《挽蔡相确》诗，现存两句：“邴吉酬劳犹未报，卫公精爽仅能归。”赵挺之出京东路转运副使，晁补之亦有《送赵正夫京东漕》诗：“朝持使者节，骑出大明宫。霜拂蓬壶外，春生海岱东。清时忧国事，白首问民风。我亦何为者，丹铅点勘中。”刘振鹏主编的《李清照文集》中认为：“从这两首诗看，李格非虽有苏门后学士之称，但他不避确亲党或安石亲党之嫌，晁补之虽为苏门四学士之一，也较少有门户之见，甚至与元丰党人打得火热。”

所以，苏轼也好，苏门学士也好，他们之间欣赏的原因，更多基于对才华的惺惺相惜，而非政治上的抱团站队。

元祐年间，无论是苏轼还是李格非，都处于仕途中相对顺利的一个阶段。《李清照评传》作者陈祖美认为，“在苏轼极为得志的元祐年间，李格非的仕途可以说无所挂碍、一路晋升”。到了绍圣四年（1097 年），苏轼遭遇一生中最大的贬谪，被贬海南儋州，同年李格非却升官至礼部员外郎，这是他官场一生中达到的最高位；然而三年后苏轼蒙向太后恩起复北还、病死途中，同年李格非在新的党争中被罢官。

整体上，“后四学士”与苏轼的关系，应该不如前“四学士”与之密切，一方面，大家都在宦海沉浮中，聚首的时间其实少得可怜，另一方面，在经历过起起伏伏之后，苏轼本人在政治上越来越远离旋涡中心，也变得越来越超脱淡然了。

元祐四年（1089 年）苏轼第二次出任杭州，元祐六年（1092 年）回到东京，这时苏轼已经 55 岁了，李清照时为 8 岁的小女孩，已经能写得几句小诗，小荷才露尖尖角，得到父辈赞许。如果苏轼与李清照有过照面，唯一可能的时间，便是这一年。55 岁的东坡与 8 岁的清照，如果有过人世间的短暂相遇，那大概会是在清照父亲的宴饮上，小女被唤来作首小诗，听这位文豪讲几句江南风情，这当然纯属想象，并没有文献可证，况且，就算见过，也不过是无意识的擦肩而过，毕竟清照年幼，这时的二人，不可能有任何思想上的碰撞与交流。

若论李清照在文人间初出小名，还在八年后，十六岁时凭那一首“知否知否，应是绿肥红瘦”，道尽少女生活中的细腻与犀利。王灼《碧鸡漫志》中有记载，李清照“自少年便有诗名，才力华赡，逼近前辈”。

关于苏轼与苏门“后四学士”之间的交集文献甚少，苏李二人见过面否，确难强牵，但苏轼作为文坛前辈，应该听过这个“少有诗名”的女孩的名字。这种推测缘于苏门四学士之一的晁补之。晁补之，山东济州人，与李格非是同乡，二人过从甚密，晁补之在《次韵太学宋学正遐叔考试小疾见寄》一诗中写道：“结交齐东李文叔，自倚笔力窥班扬。谈经如市费雌黄，冰炭何用置我肠。”这个齐东李文叔就是李格非。文叔在汴京的居所名“有竹堂”，这也让人想起苏轼名句，“宁可食无肉，不可居无竹”，晁补之更有《有竹堂记》名文一篇以记之：“治其南轩地，植竹砌傍，而名其堂曰有竹，榜诸栋间，又为之记于壁，率午归自太学，则坐堂中扫地，置笔砚，呻吟策牍为文章，日数十篇不休，如茧抽绪，如山云蒸，如泉出地流，如春至草木发，须臾盈卷轴。”

李清照尚在父家时，父亲李格非与晁补之同官礼部员外郎，往来频繁，诗词唱和。而晁补之颇为欣赏年幼的李清照文才，却是人所共知。南宋文学家朱弁曾在《风月堂诗话》中对于李清照有过这样的记载：“（李清照）善属文，于诗尤工。晁无咎多对士大夫称之。”李清照有首文题俱已佚失的词，只留一二颇为生动描写诗情灵感的残句，就是由于晁补之赞不绝口、在士大夫中口称传颂，所以被朱弁在《风月堂诗话》中载入得以传世的：“诗情如夜鹊，三绕未能安。少陵也自可怜人，更待来年试春草。”既然士大夫称之，晁补之自然也可能对苏轼提起过李清照的名字。

李清照对晁补之这位前辈也多恭敬。晁补之后来被遣归故里，造了一所“归来园”，自号“归来子”，李清照随赵明诚回青州的那十年间，亦将自己的居所命名为“归来堂”。这当然是出于对陶渊明的推崇，也说明与晁在情怀上的一脉相承。

除了晁补之外，苏门四学士中的另一位文人张耒，也是李格非多年好友，同在京为官时是李家座上宾，分开之后也一直保持书信往来，诗词相和。《张文潜先生年谱》中曾记载了他与李格非的一段交往，“元符三年，六月望日，黄州罢官，率儿秬与潘仲达同游匡山，过樊口，李文叔棹小舸相送……与潘、李饮酒赋诗于寺中”。后来李格非去世，张耒为其撰写墓志铭，其中提到李清照，称“长女能诗，嫁赵明诚”。

早在李清照出阁之前，她曾与张耒这位前辈有过一次诗词相和，已初展锋芒。那是在清照十六岁时，张耒作《读中兴颂碑》，表达对于唐朝中兴的赞颂：“玉环妖血无人扫，渔阳马厌长安草。潼关战骨高于山，万里君王蜀中老。金戈铁马从西来，郭公凛凛英雄才。举旗为风偃为雨，洒扫九庙无尘埃……”

十六岁的闺阁女子李清照，却以批判视角来回顾这段历史，写下《浯溪中兴颂诗和张文潜二首》，“五十年功如电扫，华清花柳咸阳草。五坊供奉斗鸡儿，酒肉堆中不知老。胡兵忽自天上来，逆胡亦是奸雄才”。真是初展锋芒，无所畏惧，想必也给这群叔伯前辈留下了深刻印象。

文人之间的师承关系，未必是具体的教导，一次肯定，几句提携，已是知遇有恩。少年时代便展示不俗文采的李清照，除了她的父亲本就是苏门学士，苏门其他重要成员，肯定会对这位少女产生或多或少的影响。虽说那时女子吟诗作文终究只是闺阁雅趣，但若要说李清照是苏门后续学子，也无不当。

三、闺阁苏辛

建中靖国元年（1101年），这一年，苏东坡仙逝于常州，这一年，十八岁的李清照，嫁给了赵明诚。

如果说苏轼是否知道李清照还有推测成分，但少年李清照知道苏轼的大名，那是毫无疑问的。当时苏东坡已是文坛盟主，名字如雷贯耳，天下无人不知。

那么在李清照的眼里，苏轼又是怎样一个存在呢？

许多年后，北宋已经灭亡，南宋小朝廷偏居江南时，李清照曾自叙“父祖皆出于韩公门下”，光明文艺评论上曾刊载过一篇《苏轼与李清照间的逸事》，作者认为她这是“不承认与苏轼有任何瓜葛，撇清与苏轼的关系”，但这类说辞未考虑此文用途。

“父祖皆出于韩公门下”一句，源自《上枢密韩公诗二首》，背景是在南宋绍兴三年

（1133 年），委派枢密院副长官的韩肖胄和工部尚书胡松年北上金国，探望被俘的徽钦二帝，李清照作诗为两位特使送行。

李清照一直关心国事，尤其是南渡之后，李清照心系北方沦陷的家乡，对南宋朝廷的软弱无为，心存一腔忧愤，“南来尚觉吴江冷，北狩应知易水寒”“南渡衣冠欠王导，北来消息少刘琨”，更有“至今思项羽，不肯过江东”，足窥她心中的豪情与悲愤。

此时韩肖胄、胡松年北上，年至半百、已是贫病交加的李清照，重燃起一些希望，于是以诗作来表达自己的立场和情怀。韩肖胄的曾祖韩琦、祖父韩忠彦，都是北宋名臣，清照所说的韩公即是韩琦，历任三朝宰相，素有“军中有一韩，西贼闻之心骨寒”的英名，李清照以及众多依然思念故国、期待北伐的南宋民众，对韩家后人此行北上，也寄予了无限期望。

李格非是在正史中有一席之地的，而清照祖父、即格非的父亲，在历史上并未留下名字，猜测可能是一方乡绅望族而非朝官，所谓被韩公举荐，无可考证；再说到“父”，即李格非，他发解（中举）是在 1072 年，当时韩琦判河北大名府，并于次年还判相州（今河南），这时李格非还只是举人，几年后李格非中进士，是在 1076 年，韩琦则是在 1075 年就已经过世，若说文中韩公并非韩琦而是其子韩忠彦，倒有可能，但也无可确定，因为韩忠彦比李格非仅年长九岁，属于同时代的官员，而且李格非中进士时，韩忠彦正在三年服丧期间。

目前我们看到关于李清照父祖经韩公荐引一说，多出于清照本人所说“父祖皆出于韩公门下”，无其他旁证。从另一方面讲，苏轼在去世之前就已经得到平反、从海南被召回北返，南宋高宗即位后更是赐谥号文忠公，后又追赠太师。斯人已逝，盖棺论定，赵明诚在生前没有被苏轼牵连过，此时李清照又有什么必要与苏轼撇清关系？此事可算一个历史疑窦。李清照对于苏轼的微妙态度，应该与她十八岁碧玉年华即嫁入赵府而受到公公赵挺之的言辞影响，不无关系。

虽说在政治上不必撇清关系，但在词学创作上，李清照对苏轼，确是不留情面的。苏轼去世一些年后，李清照写过一篇《词论》，这是她非常重要的一篇理论专著。这一时期李清照与赵明诚住在青州，处于人生中心境最平和的一段时间，这时她也已经有了相当的歌词创作经验积累，有了自己独到的见解。其中提及一众词人前辈，其中就包括苏轼，她首先肯定了欧阳修及苏轼等前辈“学际天人”，但对于她不认可之处，言辞间竟也毫不留情面，“直如酌蠡水于大海，然皆句读不葺之诗尔”，翻译过来就是，词写成这样，跟诗又有什么区别呢？原文是：“至晏元献、欧阳永叔、苏子瞻，学际天人，作为小歌词，直如酌蠡水于大海，然皆句读不葺之诗尔。又往往不协音律者，何邪？盖诗文分平侧，而歌词分五音，又分五声，又分六律，又分清浊轻重。且如近世所谓《声声慢》《雨中花》《喜迁莺》，既押平声韵，又押仄声韵；《玉楼春》本押平声韵，又押上、去声，又押入声。本押仄声韵，如押上声则协，如押入声则不可歌矣。王介甫、曾子固，文章似西汉，若作一小歌词，则人必绝倒，不可读也。乃知别是一家，知之者少。后晏叔原、贺方回、秦少游、黄鲁直出，始能知之。又晏苦无铺叙，贺少典重。秦即专主情致，而少故实，譬如贫家美女，虽极妍丽丰逸，而终乏富贵态。黄即尚故实，而多疵病。譬如良玉有瑕，价自减半矣。”（见《苕溪渔隐丛话后集》卷三十三）

苏轼是豪放派词风的开山之士，扩大和开拓词境，抒情写景、说理怀古、感事等题材，无一不可入词。王国维曰“东坡之词旷”。豪放词以外，苏词也有清旷飘逸、空灵隽永以至缠绵妩媚之作。同时，苏轼对体裁和声律不那么严格，在他看来词的文学生命重于音乐美感。

在我们看来，苏轼的创新，正是李清照批评苏轼词的内容，李清照更多地接受了李之仪论词的影响，她恰巧觉得，诗就是诗，词则“别是一家”，她自己在创作中也是比较严格在将说理议事放在诗中，词里只写缠绵哀怨的。

流传下的漱玉词中，李清照尽显女儿意，可是到了她的诗中看，也会有种可惜是女子的遗憾。梦见仙人招待的骄傲，生当作人杰死亦为鬼雄的豪迈、和张耒中兴赋的犀利，都显示出一种男儿胆识。

文学并无绝对标准，形式内容的创新也都是在历史的长河里，经过时间的冲刷与检验之后，该留下的留下。李清照在《词论》中的观点暂不论对错，只是我们可以看出，李清照明显有着不甘心随声应和、独立不羁的个性，尽管从小受父亲的朋友欣赏夸赞影响甚多，她对这些父执辈既尊敬，却也不轻易苟同。有意思的是，李清照在论中对词的创作提出一系列严格要求，即：协音律、重铺叙、贵典雅、有情致、尚故实。自己在创作中，也不是严格遵循的。有才之人多自由不羁，是很难被条条框框所束缚的，时有突破也就不足为奇。

所以，其实可以说，李清照与苏东坡，他们本质上就是相似的人，自由不羁，拥有轻盈的灵魂。沈曾植在《菌阁琐谈》中评价李清照，“易安倜傥有丈夫气，乃闺阁中之苏、辛，非秦、柳也”。

当然，成就苏轼文名的，词只是其中极小一部分，李清照被称为“千古第一才女”，词在其文名中所占重要性当然大于词之于苏轼，但也亦非全部。善文之人很多，真正留下来的，还是因为遭际。南宋词坛上著名的女词人除了李清照，还有一个朱淑真，但朱淑真的名字在往后的岁月中被逐渐淡忘，几近消失在人们的视线中。并不是因为文采本身的区别，还是因为经历。毕竟，只有经历才能造就眼界、格局，一方面这种格局差异会体现在文字本身，另一方面，有故事的人，也才更容易被大众记住。

“才学识”三样，才可谓天赋，学可谓用工，识则为经历与见地，这三者同样重要，钱穆甚至认为“苏东坡诗之伟大，因他一辈子没有在政治上得意过。他一生奔走潦倒，波澜曲折都在诗里见”。在那个男权君权的社会，李清照并未入正史专记，只在其父李格非本纪中，有提及：“女清照，诗文尤有称于时，嫁赵挺之之子明诚，自号‘易安居士’。”但李清照的千古之名，也不仅仅在于其才气与文字，她一生的颠沛流离，一点不比苏轼少。尤其，是在江南度过的晚年。

下篇：与君同是江南客

苏轼一生沉浮颠沛，行迹几乎踏遍全中国。他到每一个地方都乐天知命，生活得悠游自在，但是，他对江南格外充满感情，将自己的终老之地，也选择在了宜兴。李清照也终老于江南，这却不是她自己的选择，而是出于无奈，这种遗憾，至死意难平。

江南一直是那个江南，山水无言，静观这熙熙攘攘的过客。在江南的岁月，是苏东坡宦海起伏中的高光时刻，却是李清照的悬崖与深谷。所以也不难理解，比起苏东坡对江南的感情，李清照眼中的江南虽美，却从来不是一片乐土。

一、江南好，千钟美酒，一曲《满庭芳》

在江南的日子，大概是苏东坡一生中最美好的时光。

神宗熙宁五年（1072 年），苏轼因不堪新党的迫害，求外职，神宗本欲予以知州，但王安石只愿予之颍州通判，神宗最后折中，让苏轼担任比较好的杭州通判，这一年苏东坡 35 岁，三年之后升为知州，连知密州、徐州、湖州。

这是苏轼第一次下江南，前后五年，直到熙宁十年（1077 年）四月，赴任徐州。

这一次江南之行，虽是降官，却是东坡不堪皇城中的新党迫压，主动寻求外职。关于这次下江南，《宋史》中记载有云："轼见安石赞神宗以独断专任，因试进士发策，以'晋武平吴以独断而克，苻坚伐晋以独断而亡，齐桓专任管仲而霸，燕哙专任子之而败，事同而功异'为问。安石滋怒，使御史谢景温论奏其过，穷治无所得，轼遂请外，通判杭州。"

35 岁到 40 岁，还是一个人充满政治抱负的黄金时期，青涩已褪，理想未老，苏东坡在这一时期对朝廷多有评议。

第二次下江南，同样是不堪朝中党争纷乱，苦求外放。苏轼在给皇太后的进表中写道："臣岂敢以衰病之余，复犯其锋。虽自知无罪可言，而今之言者，岂问是非曲直。今余年无几，不免有远祸全身之意。再三辞逊，实非矫饰……臣若贪得患失，随世俯仰，改其常度，则陛下亦安所用巨？若守其初心，始终不变，则群小侧目，必无安理……所以反复计虑，莫若求去。非不怀恋天地父母之恩，而衰老之余，耻复与群小计较短长曲直，为世间高人长者所笑。……惟不愿在禁近，使党人猜疑，别加阴中也。"

其实早在哲宗元祐元年（1086 年），政敌向苏轼发起攻击时，他便已有去意，再三恳请之后，在元祐四年（1089 年）三月十一日，朝廷终于允其所请，任命他以龙图阁学士出任杭州太守，领军浙西，苏轼时年五十二岁。浙西太守管辖六区，包括现在的江苏在内。比起苏轼一生起伏颠沛，这依然算得上是他人生中相对得意的一个阶段。第二次出任江南，他依然以一个主人翁的姿态，尽本分为一方造福。

林语堂在《苏东坡传》中，记述这一阶段他在江南的政绩，“秦观现在与苏东坡同住，有一年半期间，他没看见苏东坡打开书，他是用太后的恩宠，请求特别拨款，进行重要革新方案。在短短的一年半之间，他给全城实现了公共卫生方案，包括一个清洁供水系统和一座医院，他又疏浚了盐道，修建西湖，稳定了谷价，不惜与朝廷及浙西邻省官员意见相左，以‘虽千万人吾往矣’的精神，只身展开救济饥馑的工作”。

在以后漫长的岁月里，苏轼一直被当地百姓铭记。杭州人至今认为，东坡是属于杭州的。

杭州的岁月虽然公务繁忙，但苏轼是谁，懂得享受生活是他一生的标签，在这草长莺飞的江南，自然不会浪费大好时光。太守的官衙位于杭州中心，但是苏轼办公都喜欢选择那些富有诗意的地方，葛岭下面的寿星院，寒碧轩，雨奇堂，从“山色空蒙雨亦奇”就可猜得几分缘由。修竹万竿风作伴，清溪数里雨敲窗，有时候，他干脆跑到离杭州城十几里以外的山里，普安寺、冷泉亭、祥符寺，他有众多佛家好友，躲在方丈的屋里睡个午觉，那是多么美好的时光啊。

在杭州任职期间，苏轼作为朝廷官员的一面自是面目清晰，我们之前提过的苏门四学士之一的晁补之，也是在苏轼第一次任杭州通判期间入其门下的。

《宋史・晁补之传》中记载了晁入苏门的经过：“十七岁从父官杭州，稡钱塘山川风物之丽，著《七述》以谒州通判苏轼，轼先欲有所赋，读之叹曰：吾可以搁笔矣。又称其文博辩隽伟绝人远甚，必显于世。由是知名。”

在江南区域，除了杭州之外，还有另一座城市——常州，与苏东坡有着更加不解的缘分。

元祐六年（1091年），苏东坡因为赈灾缘故到常州，正是一个除夕，那晚，苏东坡写下《除夜野宿常州城外》诗两首，咏道：多谢残灯不嫌客，孤舟一夜许相依。

这不是他第一次到常州，早在苏轼第一次杭州通判任上，他便在常州下属的宜兴购置了田产，萌生归老于此的念头。后来东坡离开黄州之时，宜兴的友人又帮他在此购置了房产，于是他去宜兴小住。不过这回发生了著名的折券还宅的故事，他将房产还给了伤心的老妈妈，无钱再行购置，便只租房小住。

离开黄州后，苏轼两次向朝廷上书“乞常州居住表”，自述云：“自离黄州，风涛惊恐，举家重病，一子丧亡。今虽已至泗州，而赀用罄竭，去汝尚远，难于陆行。无屋可居，无田可食，二十余口，不知所归，饥寒之忧，近在朝夕。与其强颜忍耻，干求于众人；不若归命投诚，控告于君父。臣有薄田在常州宜兴县，粗给□粥，欲望圣慈，许于常州居住。”

听说朝廷允许了，苏轼心情愉快，不过只住了一个月，就接皇命携眷再次北上，心里还是怀有不久便可折返之盼的。经过扬州时，苏轼旧习不改，在一个寺庙的墙壁上写了三首诗，表达自己“闻得以退休林泉以度晚年”之欣然。其中第三首是：“此生已觉都无事，今岁仍逢大有年，山寺归来闻好语，野花啼鸟亦欣然。”

之后他果然带家人乘舟返回宜兴，但并没能如愿“退休林泉以度晚年”。这一次又只住了一个月，又蒙高太后诏令起知登州，随后改以礼部郎中召还，又接连迁为起居舍人、中书舍人兼知制诰，位居四品，元祐元年（1086 年）九月，又奉诏任翰林学士知制诰。

这是苏轼在政治上的最高峰，后来他再次出知杭州，已年过半百，江南的草长莺飞，日暖桃红，日益唤起他的归老之意。他早已将自己视作江南人，做好了归老常州的打算。

只是人算不如天算，哪里想到之后还有贬谪岭南，甚至再贬至海南岛。汪洋孤岛上的生活，如一叶扁舟，家山远眺，料北归无望。东坡自己都认为“垂老投荒，不复生之望”，决定到海南之后，“首当作棺，次便作墓”。

然而，一人与一地，许是有着命定的缘分吧，就在苏东坡生命的末期，徽宗即位，向太后听政那短暂的一年间，元祐党人起复，苏东坡竟得以北返，踏上本以为再也不会踏足的土地。徽宗准许年迈的苏东坡任意选择居住地，宜兴依然是他的首选，况且大部分家眷都生活在那里，但弟弟苏辙力劝兄长去河南颍昌与其同住，最终东坡决定去颍昌。

但是，依然是命运已经给他安排好了归宿，江南不是故乡，胜似故乡，终究成为这位巨人在人间的最后一站。他终究还是在常州辞世。在他生命的最后一个月，回到常州的苏轼给友人章援信中写道：“今且速归毗陵，聊自憩，此我里。”毗陵是常州旧名，苏轼回到这里，终于回到了家。

“事皆前定，谁弱又谁强。……江南好，千钟美酒，一曲满庭芳。”—— 《满庭芳·蜗角虚名》

“与君同是江南客。”“分我江南数斛愁。”—— 《归朝欢》

“梦里似曾迁海外，醉中不觉到江南。”—— 《过岭寄子由三首》

“荔枝已成吴白发，尤作江南未归客。”——残句

关于苏轼为何对常州一往情深，学界对此也有各种解读，有“友谊说”“环境说”“君仁说”“风水说”等等，甚至还有“河豚说”，苏轼爱这人间美味，曾发表过为尝这一刻美味甘愿死而无憾之类的感叹。解读云云，但也没有真正走进他的内心，知晓真正的答案。甚至苏轼本人，也未必有个清晰的一二三。一人与一地之间的缘分，或许也是命定前生。

埋骨何须桑梓地，江南的紫藤绿竹，伴清风明月，长久留存在羽化飞升的不灭灵魂里。

二、过眼西湖无一句

李清照传世的诗词，七十多首而已，集成《漱玉集》。但她在与赵明诚合作的记载他们平生收藏的《金石录》之后序，颇有自传性质，得以一窥她半生的故事。

建中靖国元年（1101 年），苏东坡于常州逝世之时，18 岁的李清照嫁给赵明诚，婚后二人度过许多年甜蜜的日子。有词为证：“怕郎猜道，奴面不如花面好。云鬓斜簪，徒要教郎比并看。”这一阕《减字木兰花》作于新婚燕尔之际，小女子的娇嗔，爱情的甜蜜，尽显字里行间。

这一时期李清照的词作中也不乏忧伤婉转，大多是出于与赵明诚分隔两地时的闺怨与相思。其中不乏传世名句，“花自飘零水自流，一种相思，两处闲愁。此情无计可消除，才下眉头，却上心头。”又如“莫道不消魂，帘卷西风，人比黄花瘦”。

可以看出，年轻时的李清照便是个害怕孤单的人，这时期的寂寞与南渡后的后半生相对照，格外令人唏嘘，年轻的时候常常以为愁苦压人，为赋新词强说愁的少年时，殊不知人生艰难，哪有个尽头。以为已经到谷底了，岂知前路还有更陡的悬崖、更深的山谷。

病酒悲秋，秋心是愁，尽管一个愁字贯穿李清照青年时期的词作，我们知道，那仍是她一生中最幸福的时期。在《金石录后序》中，许多记述可以佐证二人这段婚姻生活。“余建中辛巳，始归赵氏。……每朔望谒告出，质衣，取半千钱，步入相国寺，市碑文果实归，相对展玩咀嚼，自谓葛天氏之民也。后二年，出仕宦，便有饭蔬衣练，穷遐方绝域，尽天下古文奇字之志。后屏居乡里十年，仰取俯拾，衣食有余。连守两郡，竭其俸入，以事铅椠。每获一书，即同共勘校，整集签题。得书、画、彝、鼎，亦摩玩舒卷，指摘疵病，夜尽一烛为率。故能纸札精致，字画完整，冠诸收书家。”

未见得富贵，却是琴瑟相和的十年，后清朝才子纳兰容若有词“赌书消得泼茶香。当时只道是寻常”便是说的这一段。李清照自己也说，“于是几案罗列，枕席枕藉，意会心谋，目往神授，乐在声色狗马之上。”又说：“甘心老是乡矣。”

然而，当时只道是寻常。

“至靖康丙午岁，侯守淄川，闻金寇犯京师，四顾茫然。建炎丁未春三月，奔太夫人丧南来。……至东海，连舻渡淮，又渡江，至建康。建炎戊申秋九月，侯起复知建康府。己酉春三月罢，具舟上芜湖，入姑孰，将卜居赣水上。夏五月，至池阳。被旨知湖州，过阙上殿。遂驻家池阳，独赴召。六月十三日，途中奔驰，冒大暑，感疾。至行在，病痁。七月末，书报卧病。遂解舟下，一日夜行三百里。比至，病危在膏肓。余悲泣，仓皇不忍问后事。八月十八日，遂不起。”

从 1127 年青州失陷到 1129 年赵明诚病故，两年的逃难生活，被浓缩到这百十字间，字字平常，句句泣血。江南自古以来美景如画，在李清照眼前展开的一幕一幕，却是金兵追赶，盗匪猖狂，舟车劳顿，珍藏佚散，现在，就像是戏剧中到达了一个冲突顶点，痛失吾爱，悲泣仓皇。

戏剧中的冲突高潮从来都不是结束，现在，失去爱与依傍的李清照，还要活下去，还要护着残存的金石文物，甚至还要护着正在被流言蜚语蚀刻的先夫清名。“葬毕，余无之所”。“余又大病，仅存喘息”。这样的时候，一个弱女子也必须挑起一面天，何况，她是李清照，有着同时代女子不具备的豪气与坚韧。先投时任兵部侍郎的妹夫，又投时任敕局删定官的弟弟李迒，直到绍兴辛亥春三月，才到达临安。

南宋小朝廷即将在这里展开另一段历史，李清照的人生下半场也在这里展开。

这一路下来，李清照与赵明诚半生心血所藏文物，已经所剩无几。不过，在乱世里，活着已是不易，身外之物，谁又能乞求更多呢？李清照再次大病一场，比之前“仅存喘息”有过之而无不及。然而人生如戏，命运并没有放过她，还有一场冲突高潮，在等着这位千古才女。

有一个叫张汝舟的当地小官员，通过李迒接近了李清照，李清照一度以为是个依靠，于是改嫁。婚后的张汝舟很快露出真实嘴脸，他不过是想要霸占李清照的文物收藏，带给她无尽的痛苦与屈辱。这段婚姻只持续了一百天就结束了，她是李清照，才不是任人鱼肉的小女子，拼着自己坐牢的风险也要状告张汝舟，还真的坐了九天牢，才换取了自由身。

“三秋桂子，十里荷花”的杭州，苏轼诗中“欲把西湖比西子，淡妆浓抹总相宜”的杭州，就是这样在李清照眼前展开序幕的。

之后直到离世，李清照在杭州及周遭地区生活二十余年，竟然没有一句提及西湖，近人夏承焘所作的《瞿髯论词绝句·李清照》中，似乎给出了一种回答：“过眼西湖无一句，易安心事岳王知。”

李清照在江南生活二十多年，前三年的遭际已经奠定了后半生的底色，悲哀、凄凉都不足以形容那个乱世中失去依护的千古才女。

不像苏东坡的人生起起伏伏被分成许多个阶段，李清照的经历可分为出嫁前、出嫁后与南渡三个时期，再以人生遭际来分，甚至可以更加简化为从父家到夫家的无忧无虑北方时期，以及仓皇凄苦的江南时期，但这样的划分，并不代表李清照的生活际遇就比苏东坡简单。比起苏东坡的个人仕途中的沉浮，李清照经历的是国破家亡的底层惨痛，若将苏东坡的人生比作大海上一叶扁舟沉沉浮浮，李清照的人生，则像是半截枯木跌落悬崖，又如洪水中的蝼蚁。

江南一直是那个江南，山水无言，静观这熙熙攘攘的过客。在江南的岁月，是苏东坡宦海起伏中的高光时刻，却是李清照的悬崖与深谷。所以也不难理解，比起苏东坡对江南的感情，李清照眼中的江南虽美，却从来不是一片乐土，甚至充满了恨意。尤其是当与北方时期的作品相比较起来，更是令人唏嘘。

李清照在北方与南方的诗词作品全然两种风格，看这首《如梦令》，少女时代的轻俏曾感动了多少人啊：

常记溪亭日暮，沉醉不知归路。兴尽晚回舟，惊起一滩鸥鹭。争渡，争渡，误入藕花深处。

到了江南时期，江南的美景不是没入她眼底，只是失却了欣赏的心情。同是泛舟，再看这首《武陵春》，又是怎样的沉重：“风住尘香花已尽，日晚倦梳头。物是人非事事休，欲语泪先流。闻说双溪春尚好，也拟泛轻舟，只恐双溪舴艋舟，载不动许多愁。”还有“人客建康城”时的一首《临江仙》：“感月吟风多少事，如今老去无成。谁怜憔悴更凋零。试灯无意思，踏雪没心情。”更有那首起句便不同寻常的，“寻寻觅觅，冷冷清清，凄凄惨惨戚戚”。

李清照最后也终老于江南，应是临安，但史料竟然都没有准确的年份记录可考。可见晚景之萧索。

不过，说她在江南时期一味凄苦倒也是不对的，她是李清照，是那个“仿佛梦魂归帝所，闻天语，殷勤问我归何处”“九万里风鹏正举”的李清照。在她的词中全是凄婉，诗中则有不屈，有思考，有热血，有苍生。“生当作人杰，死亦为鬼雄。至今思项羽，不肯过江东。”

亦有家国情怀，在韩肖胄受朝廷派遣出使金国时，李清照亦洋洋洒洒诗二首，表达自己的政治主张，呼唤抗金英雄。“子孙南渡今几年？飘零遂与流人伍。欲将血泪寄山河，去洒东山一抔土。”“但说帝心怜赤子，须知天意念苍生。圣君大信名如日，长乱何须在屡盟。”

这当然是缘于她将“词是别一家”的原则贯彻到底，议事言志只用诗，而婉转抒情全借于词。但她的豪情与热血，全在思念故土，回望家山。

三、与君同是江南客

江南一直是那个江南，任你逝者如斯，人来人往，都是渺渺过客。朝代更迭又怎样，国破家亡又如何，春岁岁如约来，花自年年开。

虽说同是江南客，但苏东坡与李清照的江南，是不一样的。

首先，个人政治上的沉浮，与国破家亡的遭际，岂能一样？人们常说“宁做太平犬，不做乱世人”，东坡仕途再沉浮，国运危机再深藏，始终是在繁华的大宋帝国，盛世年景；可清照不幸，她遇上的，是国破家亡。

其次，虽说人之于地，永远是过客，但客与客之间，也还是大不相同。苏东坡去江南，第一回做杭州通判，后迁湖州密州徐州太守，第二回知杭州太守，总归是一方父母官，对这方土地，还是有着一份主人的姿态、建设的心。而李清照去江南，是去逃难，她连客都算不上，几乎是难民。苏东坡在朝廷受到抨击而下江南，在江南却是受到万众欢迎的，事实上，他被贬谪到任何一个地方都受到当地百姓的爱戴，所以他对这片土地本身是有爱的。而李清照在江南受到的，有难言的屈辱中年、漫长的凄凉晚景，江南风光再美，又如何。

所以苏东坡会有心在江南归老，甚至买好了宅子，虽然后来未能如愿，但也毕竟终老于此。而李清照，从来不曾把江南当作故乡，她永远在思念北方故国和故园。

再次，即便同在乱世中，家人陪伴，还是家道凋零，也是巨大的人生遭际的不同。苏轼无论被贬谪放逐到任何地方，身边都有家人陪伴，有先后两位苏夫人，有伺妾朝云，有子女，有学生，最值得羡慕的，他还有个一生与他沉浮与共的手足苏子由。可以说，在感情上，苏东坡从来没有贫瘠过，这也是大学士无论如何遭际都心胸旷达的原因之一。

而李清照，我想为她哭一场。一憾，李清照出生不久生母即辞世（陈祖美《李清照》一书中有考证），她童年时代没有感受过生母之爱，这无论如何是人间至憾；十八岁出嫁，世人都赞她与赵明诚琴瑟和鸣举案齐眉，并不是怀疑这句话的真实性，但成年人都知道，即便再恩爱的夫妻，也有多少“欲说还休”事，此为二憾；若成为母亲，对女人而言，其实也会是种强大的救赎，三憾就是，李清照一生并无子嗣，也就没有这一份感情支撑。就连弟子，除了一个韩玉父寥寥数语，我们在历史中也找不到更多资料辅证，倒是在陆游为某孙夫人的墓志上记载了这样一件事，李清照垂垂老矣之时，遇到一个十余岁聪慧伶俐的小姑娘，有心将自己毕生所学传授，小姑娘竟谢绝，言“才藻非女子事也！”悲兮叹兮！

李清照终究是个女人，她的文字已经告诉世人，这个女人的感情，细腻又丰沛。然而，李清照的江南时期，我们看不到有谁可以从感情上成为她的支撑。

江南一直是那个江南，美景永远是那些美景，但各人看它的眼光自然是不同的。境遇，境是心境，遇是遭遇。遭遇在前，是前提，是因，心境在后，是果。在对人生的影响上，心境却是在前，比遇更决定人生。

苏东坡的一生，一直在贬谪回京贬谪升迁的循环中，沉浮太多，一颗心仿佛一直在被打磨，内心的豁达就是那样慢慢修炼起来的。“此心安处，乃是吾乡。”苏东坡即便后来流放岭南，也有安心处，对人生苦乐有了深刻的体味，这便是人生智慧。在一篇短文中论乐与苦，如是言：“乐事可慕，苦事可畏，皆是未至时心尔。及苦乐既至，以身履之，求畏慕者初不可得，况既过之后复有何物？比之寻声捕影系风速梦尔。此四者犹有仿佛也。如此推究，不免是病，且以此病对治彼病，彼此相磨安得乐处。当以至理语君，今则不可。”

而江南时期的李清照，何曾心安过呢？人怕老来苦，李清照的人生，前半生的优渥与后半生的苦难，差别太大，如果说反复的沉浮造就了苏轼的豪迈旷达，那么，断崖式的突变则造就了李清照的凄凉婉转。

话虽如此，我们也不必将清照当作柔弱女子来同情。文辞里的凄婉，并不代表内心的孱弱，无论怎样的苦难，李清照也从未曾妥协，未曾放弃过。这种生命力不当全以内心坚强来解释，其实更多出于智慧。在《金石录后序》的最后，这种历经沧桑过后的豁达淡然，也有在李清照的文字中得到体现：“呜呼，余自少陆机作赋之二年，至过蘧瑗知非之两岁，三十四年之间，忧患得失，何其多矣！然有有必有无，有聚必有散，乃理之常。人亡弓，人得之，又胡足道！”

写下这些句子时李清照五十二岁，这大概是李清照留在江南、留在人世最后的句子了。李清照辞世年不可考，大概是在她五十五岁。

尾声

人生的遭际，得失取舍，诸多无奈，实在难以评说。祸兮福之所倚，福兮祸之所伏。“国家不幸诗人幸，赋到沧桑句便工。”

人生的遭际造就了这两位的诗名长存，却是我们后人之幸了，所以千年之后，我们还可以抬头仰望，如星河般灿烂的北宋词坛里，最闪亮的那两颗星。豪迈干云也罢，柔肠婉转也好，那是一个用长短句、用韵律、用意境来抒怀写意的时代，这两个名字，是中国文学史上永恒的两颗明珠。

那么苦，那么美，那么短暂的交会。本质上，却仍是相似的灵魂。人类精神灵性追求上最深的那一抹似有似无、可说与不可说，穿越千年风霜，至今仍在，余韵悠长。

东坡尺牍书仪探微

梁　坚

一、存世东坡私人书信大概

四库本《东坡全集》（以下简称《全集》）中有关私人书信可大致分为三类：书、启和尺牍。《文心雕龙》云："书者舒也，舒步其言，陈之简牍。启者开也，开陈其意，一曰跪，跪而陈之。简者略也，言陈其大略。或曰手简，小简，尺牍。"《全集》卷 70、卷 71 收录对长官的正式祝贺，感恩书信归为"启"，共计 127 首。如"贺韩丞相启""谢馆职启"。平交之间的长篇归为"书"，卷 72 －卷 76，共 5 卷 125 首，书几可独立成文，如《上梅直讲书》《答谢民师推官书》。卷 77 －卷 85 共 9 卷收短篇手简为"尺牍"，共 811 首，补遗卷又录 493 首，共计 1304 首。刘正成先生主编的《中国书法全集》33、34 卷（以下简称《书法集》）共收录了未编入《全集》的墨迹尺牍 74 首。《全集》和《书法集》加起来共收 1505 首。此可视为东坡信札遗留之大概。本文就书仪格式和常用修辞对东坡尺牍试作分析，望有益俟后研读。

二、东坡尺牍中的书仪

司马光在《书仪》中列出了多类书信格式（图 1），一类为启状。起首"右某"，落款"姓

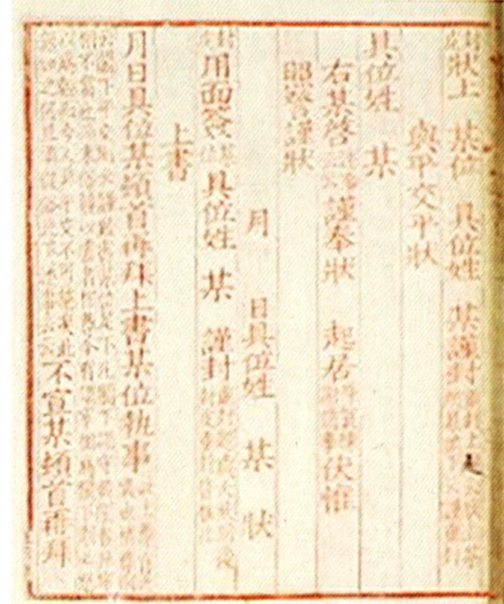
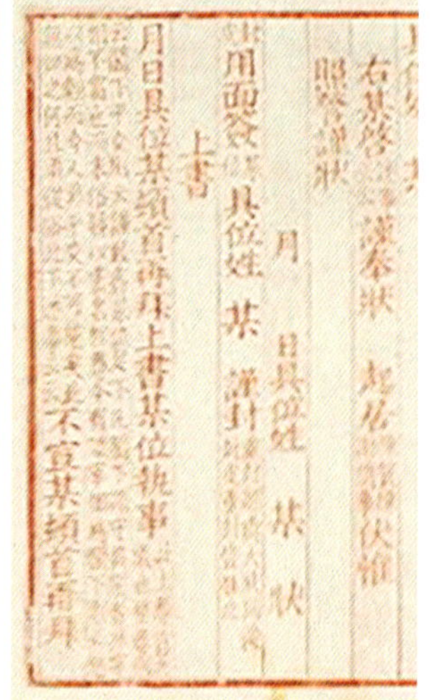

图 1　司马氏《书仪》

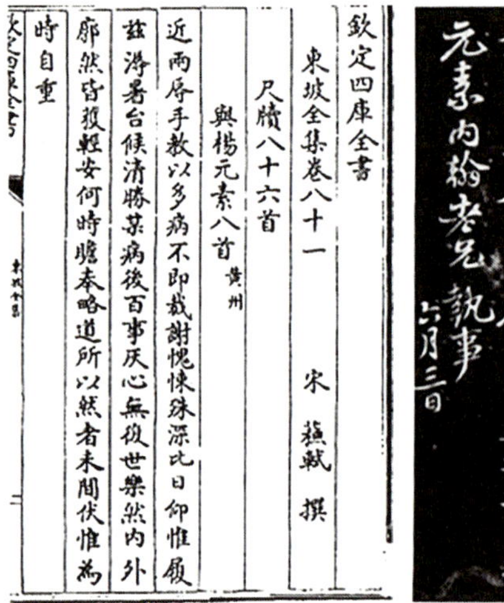

欽定四庫全書

東坡全集卷八十一　　宋　蘇軾　撰

尺牘八十六首

與楊元素八首　黄州

近兩辱手教以多病不即裁謝愧悚殊深比日卯惟履茲溽暑台候清勝某病後百事灰心無復世樂然内外廓然皆獲輕安何時瞻奉略道所以然者未間伏惟爲時自重

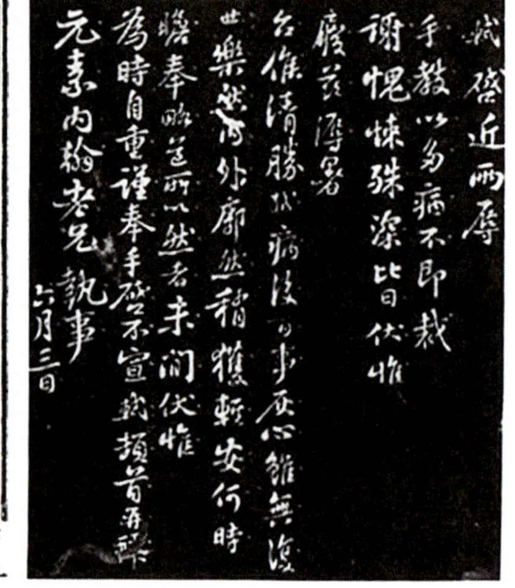

图 2　四库东坡全集尺牍卷文样与书迹《多病帖》对照

某状”，用于对尊长贺启，谢表。《全集》中奏表也使用这种起收格式。另一类为便宜的别简或手启，是本文探讨的对象。一封完整的信札装帧为正文、附件、内封和外封四部分。

正文格式：某启，（云其事）……顿首再拜，某位，日期。“某”为写信人名。手启一般只书名，注意到《全集》收录信札往往只录正文，起首和落款均不载，而是给出授信人作为文名（如“与杨元素”，省略落款，见图 2），起首记“某启”也是一种简略。而书迹信息完整，可以看到实际署名“轼启”。故本文多以《书法集》书简为例。姓名全署在奏表公文中，如“苏轼状奏”（另：制诰为代皇帝言，不具姓名）。某位为收信人尊称职位。如“轼再拜与可学士亲家翁阁下”（图 3），与文同尺牍，文同字与可，为苏轼表兄，

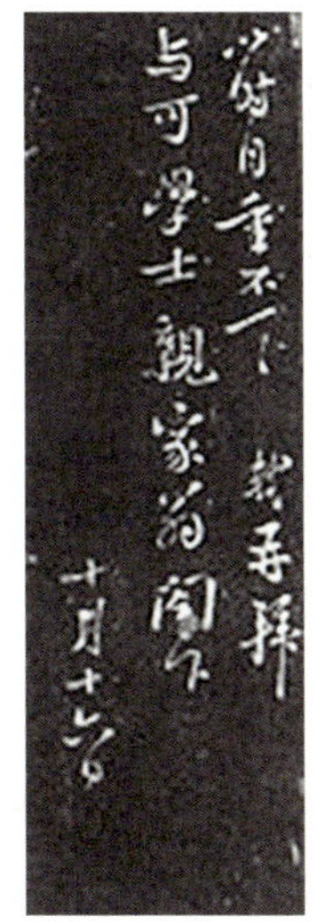

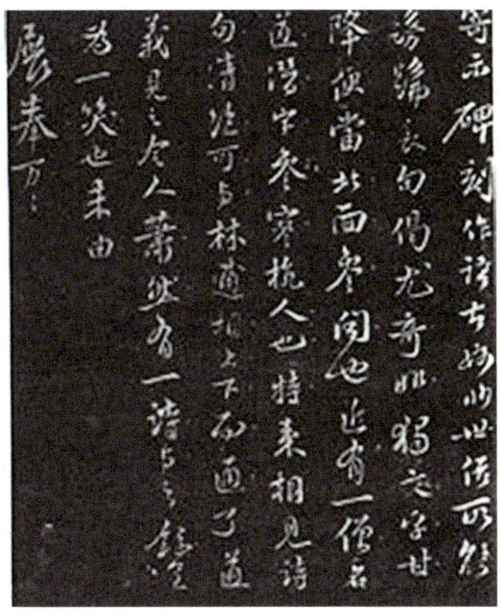

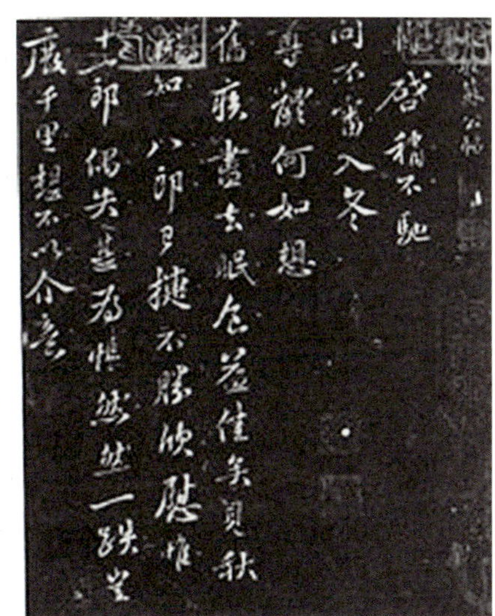

图 3　《入冬帖》与文同书

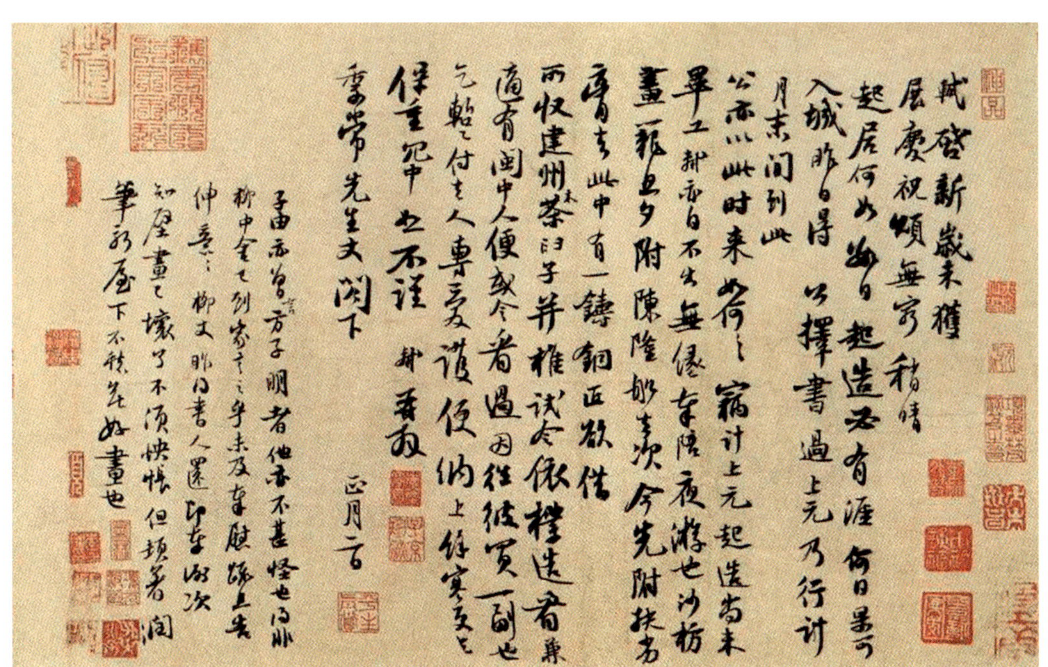

图 4　《新岁展庆帖》与陈季常

其子逸民娶苏辙长女，故称亲家翁。文同时任集贤校理的馆职，故称学士。

馆阁学士称内翰（如图 2《多病帖》，为与杨元素书，杨曾以翰林学士知杭州，馆阁翰林制书为内制，不同于中书舍人制书为外制）。“云其事”即信件主体内容。其前后还有很多寒暄的书仪，见下文。书写日期在《全集》中不具，但《书法集》书迹保留了（参见图 2）。注意到尺牍中不书年，只有月日，估计收信在本年或者隔年而省略。信札的年份要是依据信件内容背景来考证（参见《书法集》中的释文考证）。《容斋随笔》云“作

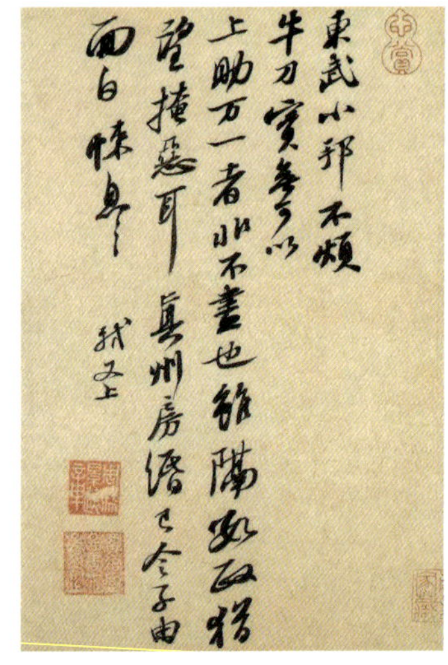
图 5　《东武帖》

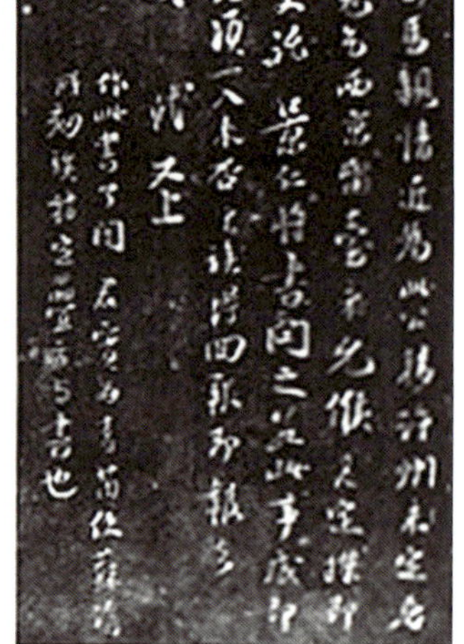
图 6　《司马亲情帖》

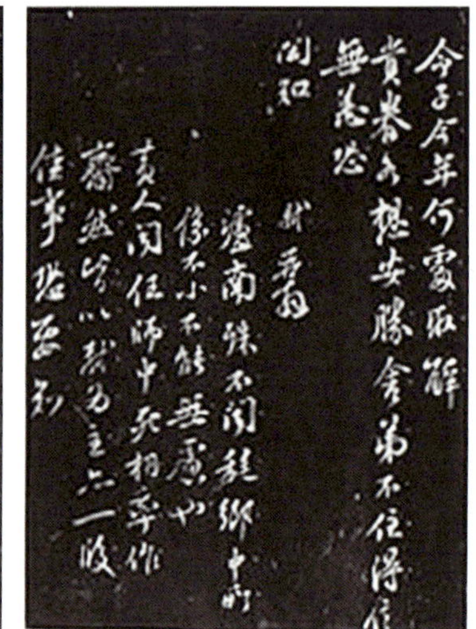
图 7　《佳事帖》

文字记月日，当以实言……至于往返书问，不可不系日”，可见作为完整的信件，月日是必要的。

附件行文无具体书仪要求，宜记录具体事项，完整的正文与附件实例：《新岁展庆帖》（图 4）、《临政精敏帖》《时走湖上帖》等。东坡书迹常见不具授信人的情况，这类尺牍可视为附件，或称断简。附件不具起首，落款一般为“再 / 又　拜 / 上 / 启 / 白”以别尊卑。附件不书收信人和时间（正文落款已具）。（如《十六侄帖》，图 5《东武帖》，图 6《司马亲情帖》，图 7《佳事帖》，图 9《覆盆子帖》等）

东坡尺牍墨迹中还见不含起首具礼，但落款信息完整（包含写信人，收信人及日期），可以视作熟人间的便条。如与陈造（字季常）《一夜帖》（图 8），落款为：轼白，季常廿三日。季常是东坡在凤翔通判时的故交，作此信时，作于东坡谪居黄州县，而季常居北边的麻城县歧亭镇。同属黄州（州治为黄州县）。另有《覆盆子帖》（图 9），《书法集》中刘正成先生认为亦是写给季常的便条。此札不书日期，如果为当日到达的信件，可省略。东坡居住长江边，非驿站手段，当日到达一百多里外的歧亭也是困难，不书日期说不过去。所以《覆盆子帖》视为附件更合理，而且按语气，收信人也可能不是季常，存疑。

内封在信件正文同书一纸上，左于落款。《书仪》中的格式为：“手启　某位　某谨封”。实例见《渡海帖》（图 10）“手启梦得秘校　轼谨封”（秘校应为秘阁校理简称）。放大图片可以看到此内封内容是骑缝书写，既然书在同一纸上，就需要折叠正文形成合缝，这样就可以把正文内容封上了。另一例见《连岁乞外补帖》（图 11）。

外封如同我们的现在的信封，详细的收信地址、写信人、收信人姓名、外封交代得清楚。古人没有发达的邮政系统，官方文书有驿站，但私人信件投递需托人捎带，所谓家书抵万金，

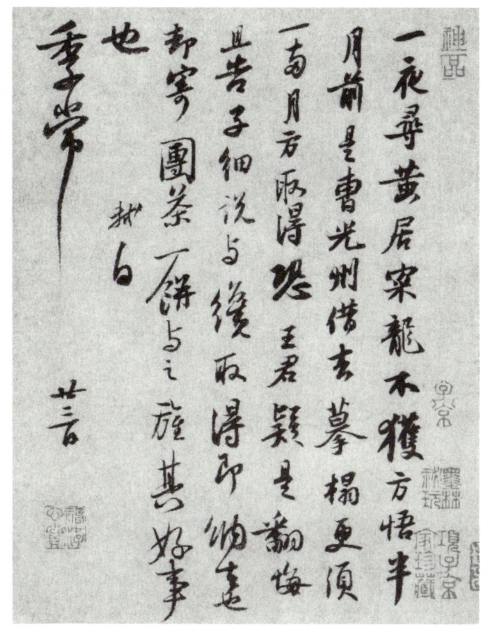

图 8　《一夜帖》与陈季常

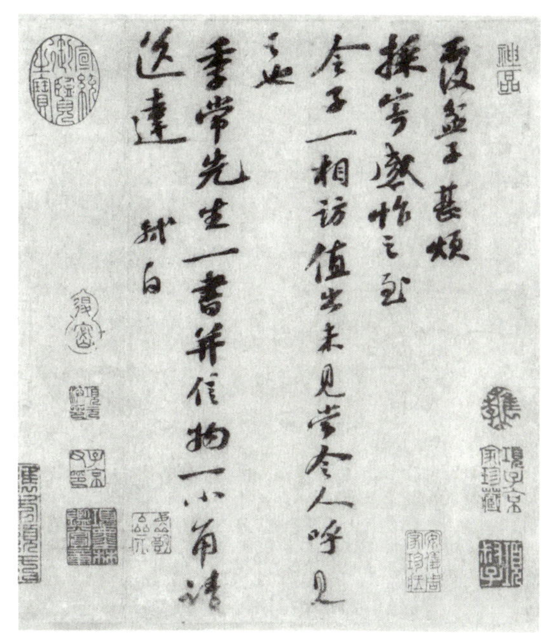

图 9　《覆盆子帖》

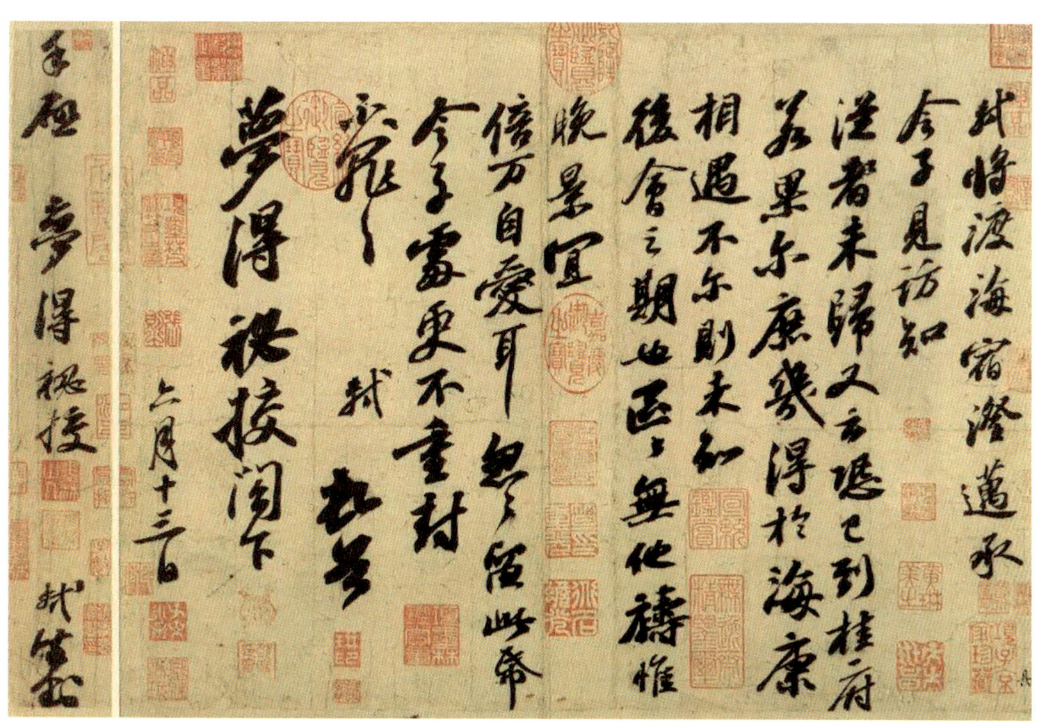

图 10　《渡海帖》与赵梦得

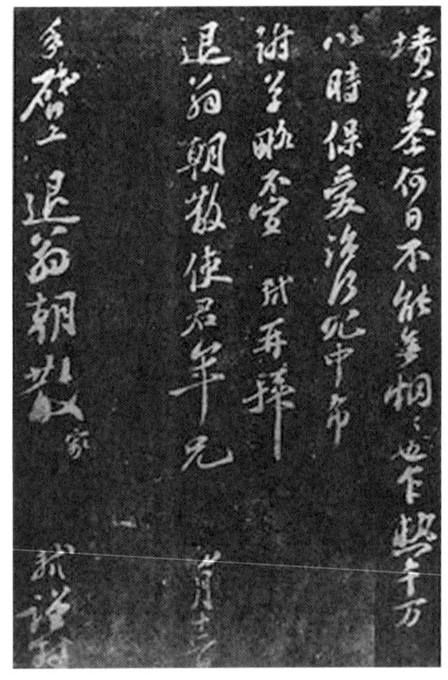

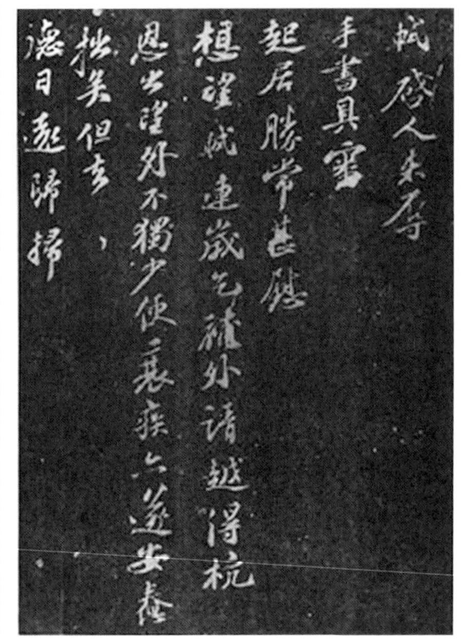

图 11　《连岁乞外补帖》与家退翁

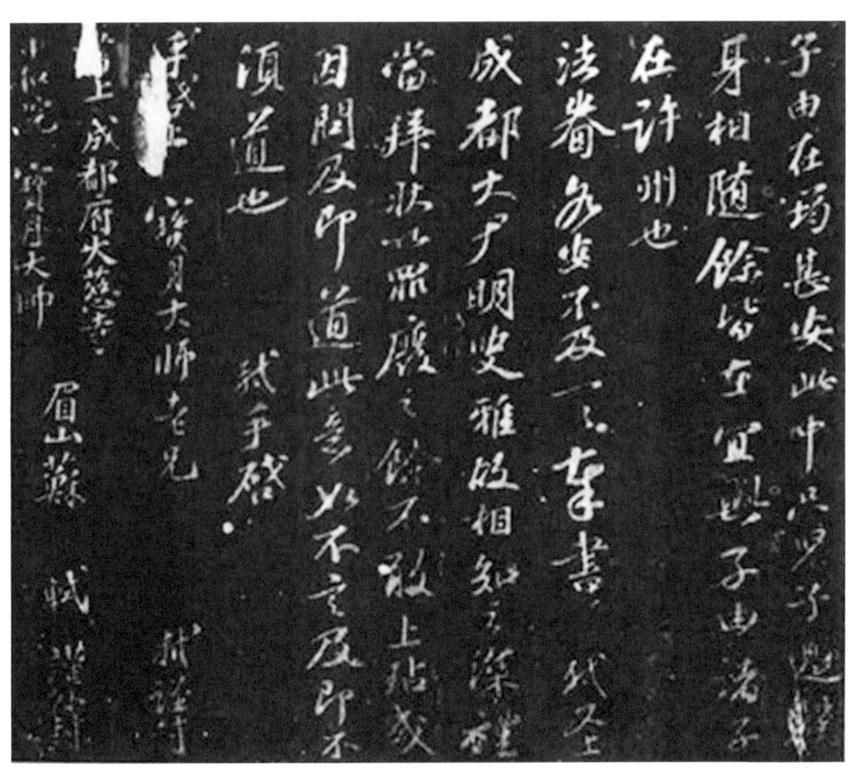

图 12　《明叟帖》与宝月大师

喻为鱼肠雁足。如果捎信人返回的话，收信人往往立即回复，东坡信札中，常见的“人还，匆匆”就指这种情况。如果是熟人捎信，有内封就够了。如不熟悉的人，需要详细的外封信息。东坡在绍圣元年书宝月大师的《明叟帖》（图 12），虽然是断简，但保留了后面完整的内、外封。内封为“手启上宝月大师老兄轼谨封”外封为“书上成都府大慈寺中和院宝月大师眉山苏轼谨外封”。东坡和四川家乡人的交往密切，常有人来往稍信，虽然自熙宁元年（1069 年）离蜀后再没回去过。东坡信札有时也交代了送信的方式。如“托石嗣庆校秘附书”《临政精敏帖》，石嗣庆是苏轼同年。“即托景仁将书问之”《司马亲情帖》。“李六丈近遣人赍书去”《延平郭君帖》。“得递中走马处书诲”《走马帖》，这个似乎走的驿站。司马光在《书仪》称皮封，格式对应内封。传世书迹中少有内外封，一是拆封容易损坏字迹，二外封少用，三是流传过程中的忽视，例如《全集》中只记录尺牍正文，掐头去尾。

三、东坡尺牍常见修辞

南宋末年陈元靓编撰的日用类书《事林广记》，对书信格式以及行文修辞做了更具体的总结。将行文格式（按前述中的指正文部分）细分 21 项，答信 17 项。首位各项基本相同，首发书多了些敬辞祝语，答书包含“得书”项。这里列出主要的几项，以及东坡书简中对应的常用修辞语：

具礼：好比见面先行礼，如“顿首 / 再拜，上履 / 尊履 / 法履 / 孝履”。顿首，惶恐字样在汉末文体已现，如史晨，乙瑛碑。上履，尊履通用。法履用于僧道，孝履用于服丧者。如与年长的宝月大师书（《奉喧帖》《奉侯帖》），与从兄苏子明数书（《自离乡帖》《严寒帖》等）。尊卑也有措辞不同，对平交言“启”，对卑者言“白”。如给陈寄常的几封信。（《前赤壁赋》诗帖中落款“钦之……求近文，……轼白”，有撰文收信人是年长位高的傅尧俞，字钦之。但以“白”相称似乎不敬，存疑。）

称呼：收信者名号，身份 / 职务。如“子厚宫使正议兄”（《归园丘安帖》为与章惇尺牍，章惇字之厚，时任正议大夫，提举洞霄宫，是一个贬谪的闲职）。再如：“子丰承事亲家翁”（《别来新岁帖》，与范百嘉书，范百嘉字子丰，其女嫁苏过，时任承事郎）“与张商英”，和前述关于文同和杨绘的称谓。

座前：我们熟知的“足下”对平交，对官员称“阁下，执事”，长辈称“尊前”，对父母称“侍右”，对僧道称“上人，禅师，大师”。还有如对子明兄嫂称“二哥，县君二嫂左右”。以东坡信札为例，这三项在书信中的位置可在起首，如《全集》书卷 73 答黄鲁直书，“轼顿首再拜鲁直教授长官足下”，乃苏轼在徐州初闻黄鲁直的答信。书卷 75 与章惇书“轼顿首再拜子厚参政谏议执事”，此时苏轼贬黄州。也可以在落款（手简类，如图 13）。列在类书里面这种具礼格式，只算参考。具体到各人习惯，往往不一，如黄山谷尺

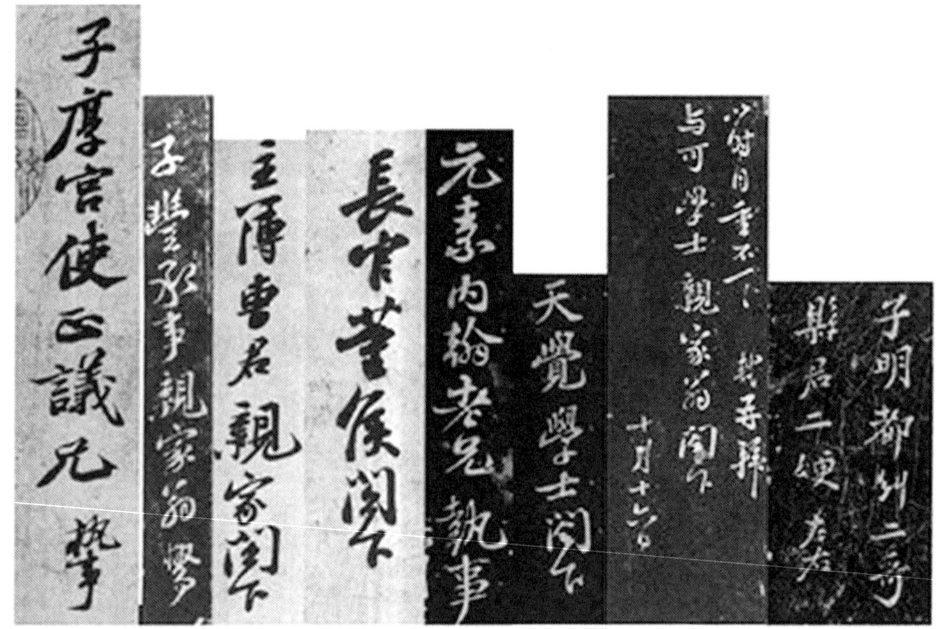

图 13　东坡尺牍中的称谓

牍里面，起首和落款都要拜，都要顿首，叩头。礼多人不怪了。

简阔瞻仰：表达阔别想念，敬仰之情。如《全集》尺牍卷82："久不奉状，愧仰增积"——与王庆源；"多时不奉书，思仰不去心"——与王文甫；"久疏上问，愧仰增剧"——与范子功；"经年不闻法音"——答佛印禅师；"久不闻问，方增渴仰"——与潘彦明。

即日：言时段。如"即日"表当下，"比日"表近来。

时令：言气节时令，月仪中用骈文描写物候，如二月仲春"献岁将终，青阳应节"，季春"柳絮惊飘，花飞乱影"等。东坡信札少见，只见简单交代气候，如"孟夏渐热"，"大寒大暑"，"大沛"之类。

伏惟：敬语，言想到，念及。如"伏惟"，"恭惟"（尊）"伏审"（平）。东坡尺牍中常见，如"伏惟起居佳胜"与章子平（章惇侄子，曾判湖州，知汝州），"伏惟门下侍郎台候万福"与司马光。"恭惟"多用于对奏表公文。"伏审子丰南宫殊健"与范百嘉。"伏审台候胜常"与杨元素。

起居尊候：问起居，问好。东坡书信中最常见的问候，如"起居佳胜""起居胜常""起居万福""不审起居如何""且审起居佳胜，感慰之极（知道对方安好，极欣慰）""尊候安胜""尊候何似"等。

得书：言对方来信，东坡信札常见"手教、手诲"，常前缀以"辱"表屈尊。

入事：信件正文，说正事。往往前后礼仪的东西铺垫完了，入事的内容才开始。写不了几句，遇到长篇大论可以多纸，都归为书类。由于尺牍限于篇幅，正事也寥寥几句而已。细索的交代靠附件，如前述。

未由：言未尽之事，期待面谈。如“何时瞻奉”《多病帖》，“未由会见”《北游帖》，“再会未缘”《获见帖》。

奉书：言当下作信的状态。“冗中做字”“人还”“匆匆做书”（东坡常记“忽忽”，《尺牍丛话》载：忽字通匆）。

祝颂：信件结束前的关切祝愿。“顺时”“自重”“为国保重”等。

不宣：结尾用语。东坡常用“不宣”“不罪”“不一一”，对平交语。《广记》载：对尊者书“不备”，如与从兄子明书数首，对卑者书“不悉，不具”，对居丧者书“不次”，如《全集》卷 85，与范百嘉书八首之一。

4. 结语

郑逸梅先生在《尺牍丛话》云：“古人函札，以讨论学术，以及谈政论道者居多，故大都列于文集。及后以风雅游戏出之，无关宏旨，聊资欣赏，于是别为尺牍。”尺素赠答虽无关宏旨，也是裁书见志，取喻己怀，虽小道亦有绳检。东坡留下的大量尺牍信函，在欣赏其书林文藻同时，也能感受到宋代文人间交流的讲究。

参考文献

1. 钦定四库全书·集部·东坡全集。
2. 刘正成主编：《中国书法全集·苏轼卷》，荣宝斋出版社，1991 年。
3. ［宋］司马光：《书仪》，钦定四库全书·经部。
4. ［宋］洪迈：《容斋随笔》，中华书局，2018 年。
5. ［宋］陈元靓：《事林广记》，中华书局，1999 年。
6. 郑逸梅：《尺牍丛话》，上海古籍出版社，2004 年。
7. 孔凡礼：《苏轼年谱》，中华书局，2019 年。
8. 王水照：《苏轼研究四种》，中华书局，2015 年。
9. 谭其骧：《中国历史地图集·宋辽金卷》，中国地图出版社，1982 年。

奈何分宁一茶客——黄庭坚的元祐升沉

李跃林

黄庭坚在书法史和诗歌史上的地位，在宋四家中，只有苏轼可以与之并论，而在生活上的各种奇闻，则是独一无二的。综观黄庭坚的一生，他的文学，在元祐年间达到了巅峰，而他在书法中成为历史性大家，则是在流放生涯的十年中。本文拟对黄氏元祐年间的一些生活片段进行梳理，尽可能描述出一个接近真实的思想和生活的演进。这段生活，对他的宦游生涯也造成了极大的影响，也影响了后人对他的人品以至思想的判断和评论。元祐年间黄庭坚的生活复杂而又明晰，印证了元丰元年（1078 年）苏轼在写给他的第一封信中对他的人生概括：必轻外物而自重者，今之君子莫能用也。

一、元祐风流

黄庭坚在英宗治平四年（1067 年），二十三岁登许安世榜进士第，调汝州叶县尉，神宗熙宁五年（1072 年）起任大名府国子监教授，共八年，神宗元丰三年（1080 年）改官知吉州太和县，元丰七年移监德州德平镇。这一段时间内，官位低微的黄庭坚生活记载相对不多。

元丰八年（1085 年）四月黄庭坚奉诏为校书郎入京，哲宗即位，一批与黄庭坚相善的师友，皆入要职。对黄庭坚文学才能十分欣赏的文彦博（图 1）、司马光（图 2）入相，前夫人兰

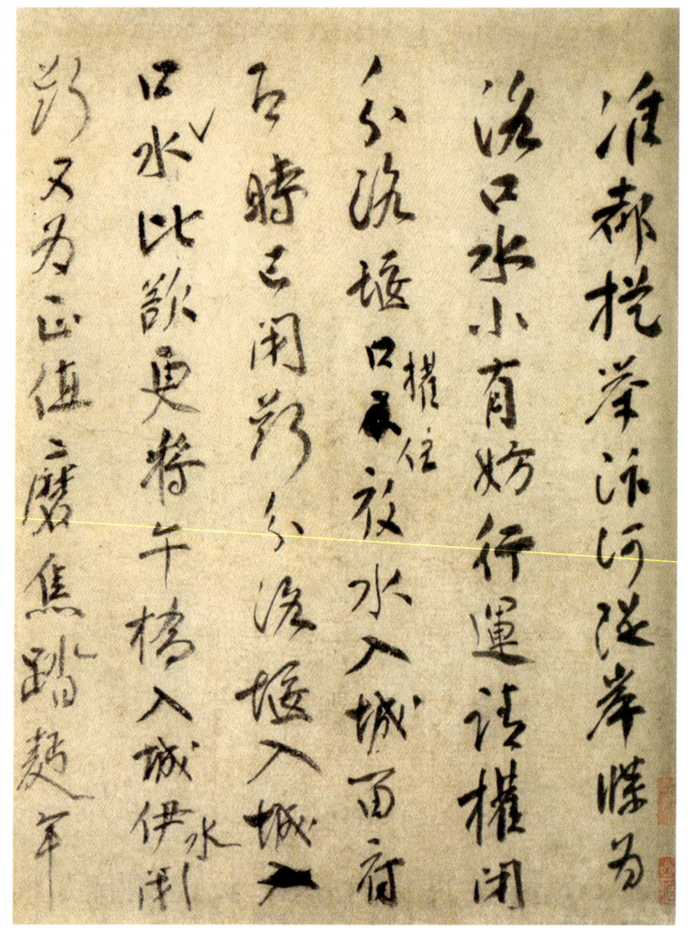

图 1　文彦博《三札卷》 纸本　行草书，纵 223.0 厘米，横 43.6 厘米，北京故宫博物院藏

溪的祖父孙觉迁右谏议旋为吏部侍郎，舅父李常也在朝任职。与黄庭坚谊在师友的苏轼苏辙兄弟接连高升（见下文），苏辙并在元祐六年（1091 年）成为右相。看上去，这几乎为黄庭坚的飞黄腾达铺平了道路。而黄庭坚的文学才能，在这期间备受称颂，这是黄庭坚生活最为适意的时光。在后人极为称艳的“西园雅集”中，这一状况得到充分体现。[①] 虽未必

① 传为米芾的《西园雅集图记》，大致描述了其场景：李伯时效唐小李将军为着色泉石云物、草木花竹，皆绝妙动人。而人物秀发，各肖其形，自有林下风味，无一点尘埃气，不为凡笔也。其乌帽黄道服，捉笔而书者，为东坡先生。仙桃巾紫裘而坐观者，为王晋卿。幅巾青衣，据方几而凝伫者，为丹阳蔡天启。捉椅而视者，为李端叔。后有女奴云鬟翠饰侍立，自然富贵风韵，乃晋卿之家姬也。孤松盘郁，上有凌霄缠络，红绿相间。下有大石案，陈设古器瑶琴，芭蕉围绕。坐于石盘傍，道帽紫衣，右手倚石，左手执卷而观书者，为苏子由。团巾茧衣，手秉焦箑，而熟观者，为黄鲁直。幅巾野

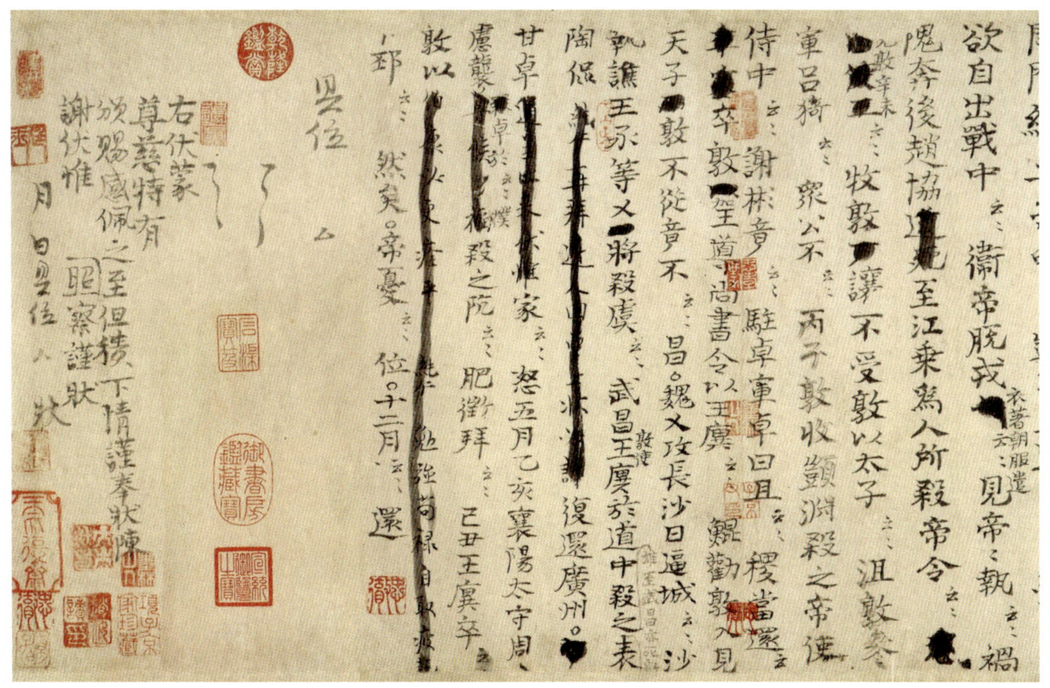

图 2　司马光《资治通鉴残稿》（局部），纵 33.8 厘米，横 130.0 厘米，中国国家图书馆藏

实有其会，但西园雅集的故事，至少反映了元祐初年“文雅风流之盛”和苏轼在这一圈子中的凝聚力（图 3）。

元祐元年三月，黄庭坚受司马光推荐参与校定《资治通鉴》。司马光的荐疏云“校书郎黄庭坚好学有文……欲望特差与范祖禹及男康同校定《资治通鉴》”。六月，黄庭坚诏试馆职。北宋的馆职，都须经推荐考试才能入选，是文士的殊荣。与黄庭坚同时任馆职的，都是一时之选。十月，除实录院检讨官、集贤校理。黄庭坚有《山谷辞免实录检讨状》云：“讨论之职，必付其人。如臣浅陋，非所堪任。”

褐，据横卷画《渊明归去来》者，为李伯时。披巾青服，抚肩而立者，为晁无咎。跪而捉石观画者，为张文潜。道巾素衣，按膝而俯视者，为郑靖老，后有童子执灵寿杖而立。二人坐于盘根古桧下，幅巾青衣，袖手侧听者，为秦少游。琴尾冠紫道服，摘阮者，为陈碧虚。唐巾深衣，昂首而题石者，为米元章。幅巾，袖手而仰观者，为王仲至。前有鬅头顽童捧古砚而立，后有锦石桥，竹径缭绕于清溪深处。翠阴茂密中，有袈裟坐蒲团而说《无生论》者，为圆通大师。傍有幅巾褐衣而谛听者，为刘巨济。二人并坐于怪石之上，下有激湍潨流于大溪之中，水石潺湲，风竹相吞，炉烟方袅，草木自馨，人间清旷之乐，不过于此。嗟乎！汹涌于名利之域而不知退者，岂易得此耶？自东坡而下，凡十有六人，以文章议论，博学辨识，英辞妙墨，好古多闻，雄豪绝俗之资，高僧羽流之杰，卓然高致，名动四夷。后之览者，不独图画之可观，亦足仿佛其人耳。

图 3 传李公麟《西园雅集图》的两个局部

二、道德审判

元祐二年（1087 年）正月，黄庭坚除著作佐郎。同年，黄庭坚受到有生以来的一次严肃的道德审判。

事情的起始，是时任翰林学士的苏轼因为黄的文学才华上《举黄庭坚自代状》（图 4），云“蒙恩除臣翰林学士。伏见某官黄某，孝友之行，追配古人；瑰玮之文，妙绝当世”，被时任监察御史赵挺之弹劾，谓庭坚“轻薄无行，少有其比……庭坚罪恶尤大”。

次年，这一攻击更加猛烈，《续资治通鉴长编·卷四百十一·哲宗元祐三年五月》记：

诏新除著作郎黄庭坚依旧著作佐郎。以御史赵挺之论其质性奸回，操行邪秽，罪恶尤大，故有是命。

右正言刘安世言：近闻朝廷除黄庭坚为著作郎，继有臣僚言其缺行，寻蒙指挥，已令追寝。然臣闻御史赵挺之历疏其恶，以为先帝遏密之初，庭坚在德州外邑，恣行淫秽，无所顾惮。窃谓挺之德州守官，耳目相接，不应妄缪。审如其言，则闾巷之人有所不忍，而庭坚为之自若，亏损名教，绝灭人理，岂可尚居华胄，污辱缙绅？伏望陛下以挺之所奏付外施行，庶使是非明辨，众听不惑。又言：臣窃谓庭坚所犯，若果得实，则名教之所不齿，岂宜尚居清要，污辱缙绅？若或无有，而不加考质，则庭坚虚蒙恶声，将遂沉废。是非交错，有害政体。伏望圣慈特降睿旨，以台谏官所言庭坚事状，委逐路监司依公体量以闻，庶使枉直昭晰，中外厌服。

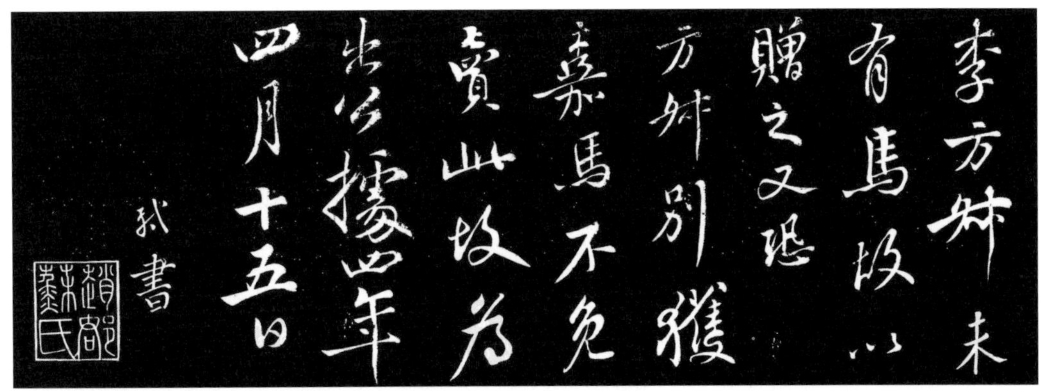

图 4　（上）苏轼书《马券》，（下）黄庭坚书《马券跋》

“遏密”指帝王死后居丧，停止举乐。黄庭坚元丰七年（1084 年）移监德州德平镇，元丰八年（1085 年）四月奉诏为校书郎，九月到京。神宗三月去世，所以这里的“先帝遏密”当是元丰八年（1085 年）三月至九月间事。“赵挺之在元丰末通判德州，而著作黄庭坚方监本州德安镇”，指的正是这一段时间，所以刘安世云“挺之德州守官，耳目相接，不应妄缪”。但也因为“若或无有，而不加考质，则庭坚虚蒙恶声，将遂沉废”建议继续调查，是公平的。

黄庭坚有《修〈神宗实录〉乞外任奏状》云：“伏念臣日者蒙恩待罪著作，讨论史事，预闻圣朝大典。实以为荣。而臣才不逮人，读书有数，见闻浅陋，无助阙疑。黾勉素餐，已縻岁月。”所云“待罪”，或许正是指此事。

调查的结果似乎是有官方结论的。《续资治通鉴长编·卷四百五十六》记载，元祐六年（1091 年）三月，《神宗实录》完工，朝廷举行典仪，参与其事的官员荣祉非常，各有升迁。

丞相而下再奏圣躬万福，西厢东向立，候修实录官翰林赵彦若、给事范祖禹、著作黄庭坚起居毕，同升殿序立。

癸酉，诏……著作佐郎黄庭坚为起居舍人。……中书舍人韩川言：新除黄庭坚为起居

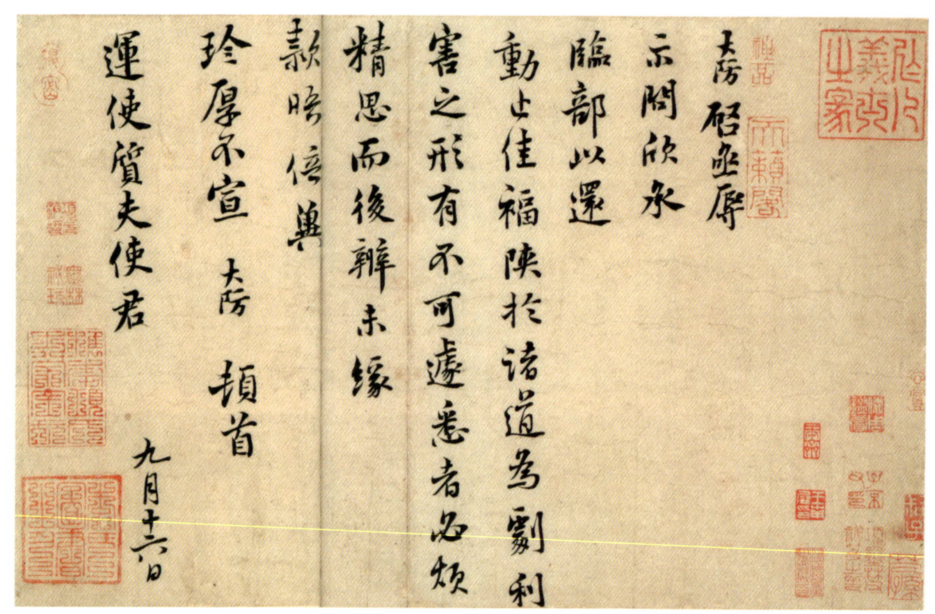

图 5　吕大防《示问帖》，纵 27.4 厘米，横 44.5 厘米，故宫博物院藏

舍人，伏以左右史职清地峻，次补侍从，而黄庭坚所为轻翾浮艳，素无士行，邪秽之迹，狼藉道路。封还除命。（封还除命见此月十八日。）吕大防必欲用黄庭坚，请再下，太皇太后曰：恐再缴，不如只依例改官。乃诏庭坚行著作佐郎。刘挚谓庭坚能文，于词掖为宜，故庙议略其他眚，为官择人，惩近时词令不振之弊。然庭坚少年之过耳，顾不为公论所赦，惜哉！

这里所说的“黄庭坚所为轻翾浮艳，素无士行，邪秽之迹，狼藉道路”“庭坚少年之过”或就是正式调查所确认的，虽有左相吕大防(图5)的力挺，黄庭坚擢升依然受阻(也有记载说，封还除命的是时为右相的苏辙，见下文)。

又按元祐六年（1091 年）山谷有《辞免转官状》《乞回授状》，当在韩川言阻之前。《辞免转官状》云：“以老母卧疾连年，告归之日过半。常忧窃禄，不免罪诛。适及奏书，例辖爵赏。因人成事，义所未安，伏望圣慈追寝误恩。”《乞回授恩命状》云：“奉圣旨不许辞免者。……伏念臣母寿光县太君李氏，今年七十二。垂老抱疾，幸见孝治之朝，……愿以特授朝奉郎回授老母一郡封。……伏望圣慈，特赐开许。”《长编》卷四百五十九第17条(六月丙申)：“特封实录院检讨官黄庭坚母寿光县太君李氏为安康郡太君，从庭坚所乞，以转官恩回授也。”山谷未能转官起居舍人，谏官弹劾之外，个人愿望欲封其母为郡太君也是因素，或许是朝廷拟定的一个中庸的结果。

但谏官的弹劾，阻断了黄庭坚升迁的捷径，直到哲宗元祐八年（1093 年），黄庭坚四十九岁时，山谷除秘书丞，提点明道宫，兼国史编修官，从七品而已。

三、少年之过

导致黄庭坚被弹劾“邪秽之迹”的具体事件，史无记载。要探究此事，可以找当时相似案例。《续资治通鉴长编》中被以“淫秽”罪名弹劾的官员，黄庭坚之外，还有王安石之弟王安礼，记载稍详，可作参照：

御史张汝贤奏：“况安礼素行贪秽，所至狼藉。名在儒馆，则日出游于淫舍。湖州、润州，身任太守，娼女共政，淫秽不忌……知润州日，部内致仕官刁约……约死，乃以主丧为名，诱略其婢王氏、谢氏二人以归……安礼与其兄安国素不相能，及闻其丧，无甚哀戚，丧假仅满，呼妓女燕饮，嬉笑自若。”

御史就是监察官，其时在元丰七年（1084 年）。总结起来，就是招妓、夺人侍婢、兄丧间仍然呼妓女燕饮。此事的结果，一是言官张汝贤“风闻言事”，“落侍御史、知信阳军，坐言事失当也”，而王安礼自尚书左丞以端明院学士知江宁府。

以此，我们可以判断赵挺之攻讦黄庭坚的具体事项，应不出王安礼被弹劾事件的内容，最有可能就是招妓访妓。

黄庭坚自己和野史的记载，都谈及少年时文字浮艳，可能都与狎妓有关。这些艳词，在《山谷词集》中还可见，如“欢极娇无力，玉软花攲坠。钗罥袖，云堆臂。灯斜明媚眼，汗浃瞢腾醉。奴奴睡，奴奴睡也奴奴睡”（《千秋岁》）。

关于这些艳词，山谷自己这样记载：

余少时间作乐府，以使酒玩世。道人法秀独罪余以笔墨劝淫，于我法中当下犁舌之狱。（《小山集序》）

道人法秀劝诫一事的细节，《五灯会元》[②]中这样说：

太史山谷居士黄庭坚，字鲁直……好作艳词。尝谒圆通秀禅师。秀呵曰：“大丈夫翰墨之妙，甘施于此乎？”秀方戒李伯时画马事（图6），公诮之曰：“无乃复置我于马腹中耶？”秀曰：“汝以艳语动天下人淫心，不止马腹中，正恐生泥犁耳。”公悚然悔谢，由是绝笔，

② 此事也见于《禅林僧宝传》《嘉泰普灯录》和《苕溪鱼隐丛话》中。

图 6　李公麟《五马图》和黄庭坚题字，东京国立博物馆藏

惟孜孜于道。著《发愿文》，痛戒酒色。

而在《发愿文》（图 7）中，山谷云“不复淫欲……设复淫欲，当堕地狱，住火坑中经无量劫；一切众生，为淫乱故，应受苦报，我皆代受”，痛戒肉、酒、色。

这里也不妨考察一下黄庭坚的家庭生活。黄庭坚于治平四年（1067 年）二十三岁时，娶孙莘老之女兰溪为妻，而兰溪于熙宁二年（1069 年）去世，无生育，山谷时在叶县，有《哀逝》《悼往》《红焦洞独宿》等诗纪念。其中《红焦洞独宿》有句云“衣笎妆台蛛结网，可怜无以永今朝”。熙宁六年（1073 年），黄庭坚在北京复娶谢师介之女介休为继室[③]。介休育有一女睦，于元丰三年（1080 年）去世。黄庭坚哀之云：“兰溪之女美，介休之妇德，皆室家之则也。常欲以楚词哭之，而哀不能成文。”其后山谷再未有正式婚娶。其子相生于元丰七年（1084 年），其生母的身份，当与苏轼之朝云同，但姓名未能流传。黄相生母与相随山谷一同流寓黔州贬所，至少在绍圣四年（1097 年）都是与山谷在一起的（“小子相今十四，并其所生母在此”，《答宋子茂》，在黔州）。

《黄庭坚年谱新编》将黄庭坚见法秀事系于元丰六年（1083 年）左右，而编年本《外集诗注》卷十四史容注“山谷在太和三年，至元丰七年移监德州德平镇。是年三月过泗州

③　黄庭坚自己专门有文字记载：“庭坚失兰溪数年，谢方为介休择对，见庭坚之诗，曰，吾得婿如是足矣。庭坚因往求之。然庭坚之诗卒从谢公得句法。”

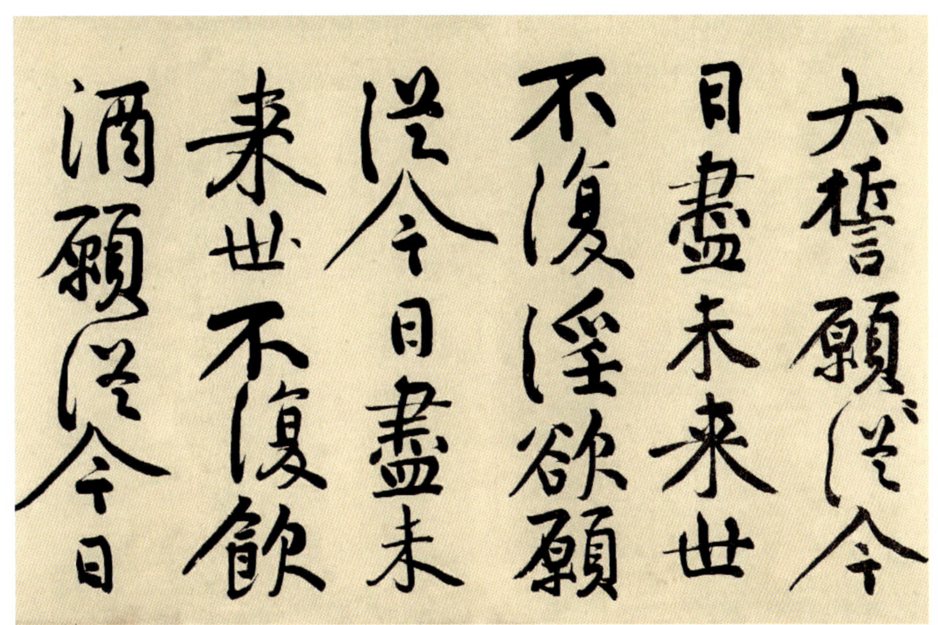

图 7　黄庭坚《发愿文》局部

僧伽塔。有《发愿文》”。就是说，黄庭坚到任德平之前，已经誓戒酒、色、肉。黄庭坚戒酒和吃素看来是很忠实的，在叙述中多次提到至少戒酒十五年了：

余寓居开元寺之怡偲堂，坐见江山，每于此中作草，似得江山之助。然颠长史、狂僧皆倚酒而通神入妙，余不饮酒，忽十五年，虽欲善其事，而器不利，行笔处时时蹇蹶，计遂不得复如醉时书也。

老夫止酒十五年矣。到戎州，恐为瘴疠所侵，故晨举一杯。不相察者乃强见酌，遂能作病。因复止酒，用前韵作二篇，呈吴元祥陶陶兀兀。（《醉落魄》陶陶兀兀序）

上文所引《修〈神宗实录〉乞外任奏状》云“黾勉素餐，已縻岁月”，苏辙元丰四年（1081 年）给山谷的信也说“比闻鲁直吏事之余，独居而蔬食”（见下文），可知其吃素多年，二位夫人都已不在，故云“独居”。但这期间，山谷倚红偎翠的生活是否有所收敛，却不得而知。

虽然宋代对官员的私生活管理相对严格[4]，但仅限于“官妓”，“宋时阃帅郡守等官虽得以官妓歌舞佐酒，然不得私侍枕席”[5]。对于家妓和招妓，则似无明文规定，如下面的例子：

---

④　杨果、柳雨春：《宋代国家对官员宿娼的管理》，《武汉大学学报》64 卷第一期，2011 年，第 98 页。

⑤　田汝成《西湖游览志馀・卷二十一》。

滕达道为范文正公客，公镇南阳，每宴客，达道必出追妓。文正虽不乐，终不禁也。时谓非二公之贤，岂容不拘小廉曲谨之士。前哲宽厚类如此。是亦报杜书记平安之义。（《清波杂志》）

以此看来，赵挺之攻击黄庭坚元丰八年（1085 年）“先帝遏密之初，庭坚在德州外邑，恣行淫秽，无所顾惮”，未必是因其招妓，而更可能因其在神宗遏密之初招妓。

四、赵挺之

显然，攻讦黄庭坚最为关键的人物是赵挺之。

赵挺之，熙宁三年（1070 年）叶祖洽榜进士，曾担任登州与棣州教授，元丰末年通判德州。元祐元年（1086 年）以张璪荐举，以召试馆职为集贤校理，元祐二年（1087 年）迁监察御史。元祐四年（1089 年），坐不论蔡确，出京通判徐州。赵挺之为女词人李清照的岳父。

赵挺之与黄庭坚相交从元丰八年（1085 年）在德州开始，到元祐四年（1089 年）赵挺之通判徐州，从文字留存来看，两人之间是正常的文人墨客交往。

一是诗词酬答，如《黄山谷外集·卷十一》有《四月丁卯对雨寄赵正夫》，有句如“赵侯秉金玉，不与世同波”。又有《寄怀赵正夫奉议》，有句“何时闻笑语，清夜对横琴”。虽然赵挺之相应的酬答诗已然失记，但黄庭坚对赵挺之显然是以同怀视之。

二是观赏古书画。《黄山谷文集》卷二十五《题乐府木兰诗后》云：“元丰乙丑五月戊申，会食于赵正夫平原监郡西斋。观古书帖甚富，爱此纸，得澄心堂法。与者三人：石辅之、柳仲远、庭坚。”又《文集》卷二十八《题络本法帖》云：“元丰八年夏五月戊申，赵正夫出此书于平原官舍，会观者三人：江南石庭简、嘉兴柳子文、豫章黄庭坚。”又同卷《题虞永兴道场碑》云：“元丰乙丑五月戊申，平原监郡赵正夫会食于西斋，出以示余。”显然，赵挺之家境甚好，收藏古书帖甚富，也是黄庭坚与他交流的共同基础。从这些记载看来，黄、赵的交往应该是比较亲密的，“耳目相接”并非夸张。

在政务上，赵挺之是黄庭坚的上司。《续资治通鉴长编·卷四百十五》：

翰林学士兼侍读苏轼言：御史赵挺之在元丰末通判德州，而著作黄庭坚方监本州德安镇，挺之希合提举官杨景棻，意欲于本镇行市易法，而庭坚以谓镇小民贫，不堪诛求，若行市易，必致星散。公文往来，士人传笑。

“希合”就是迎合。“市易法”，是神宗熙宁五年（1072 年）颁布的王安石新政之一，目的是通过政府管控稳定物价。杨景棻，其人失记，或是京城都提举市易司。这里是说杨景棻欲在德平实行市易法，赵挺之为了迎合其意而大力推动，但作为下级的黄庭坚并不服从而据理力争，最后没有能够实施。

另一件相关的事，在赵与黄在馆阁供职期间，黄庭坚屡次嘲弄赵挺之[⑥]。观黄庭坚对赵挺之的态度，就远不似在德平所作诗文中的语气。一方面，可能是黄庭坚本人性格过于滑稽，玩笑成性。也有可能确实是才气横溢，被一帮朋友如苏轼、陈师道等捧出来一种优越感。

赵挺之对山谷的嘲笑“衔之切骨”。当然，赵挺之对黄庭坚的攻击，更是党争的一个副产品。赵挺之对苏轼的攻讦，更甚于对黄庭坚的攻讦，如“苏轼专务引纳轻薄虚诞，有如市井俳优之人以在门下”。又如赵挺之对亲家李格非见死不救，也是由于党争而不能救。徽宗崇宁元年（1102 年）李清照之父李格非被列入元祐党籍，名在第五，被罢提点京东路刑狱之职。九月，徽宗亲书元祐党人名单，李格非名列第二十六。而在同一年，赵挺之一路升迁，六月除尚书右丞，八月除尚书左丞。李清照曾上诗赵挺之，“何况人间父子情”“炙手可热心可寒”之句。但皇帝御书党人名，即使赵挺之要相助，也是不可能的。

党争和私隙导致了黄赵交恶，而黄山谷自元祐起，就在地位上处于劣势。

五、苏辙

苏辙（图 8）虽与苏轼并称，趣好性格都大不相同。苏轼说：

子由之达，盖自幼而然。方先君与某笃好书画，每有所获，真以为乐，唯子由观之漠然，不甚经意。

从仕途上看，苏辙元祐之前虽也因直言忤人，备受压制，但元祐元年（1086 年）起，仕途顺畅。初为秘书省校书郎（从八品），旋任右司谏（正七品），弹劾宰相蔡确、韩缜及枢密使章惇、吕惠卿，被任命为起居郎（从六品），同年任中书舍人（正四品），元祐

⑥　宋人笔记中尚记载有山谷与赵挺之之间不愉快之事，如范公偁《过庭录》云：“黄鲁直少轻物，与赵挺之同校举子，一文卷使‘蟒蛇蛇’。挺之欲黜之，诸公尽然，鲁直独相持。挺之诚其言，问曰：‘公主此文，不识二字出何家？’鲁直良久曰：‘出《梁武忏》。’赵以其侮己，大衔之。”又王明清《挥麈后录》记，陆游语云：“赵正夫丞相，元祐中，与黄太史鲁直俱在馆阁。鲁直以其鲁人，意常轻之。每庖吏来问食，次正夫，必曰：‘来日吃蒸饼。’一日聚饭行令，鲁直云：‘欲五字从首至尾各一字，复合成一字。’正夫沉吟久之，曰：‘禾女委鬼魏。’鲁直应声曰：‘来力敕正整。’叶正夫之音，阖座大笑。正夫又尝曰：‘乡中最重润笔，每一志文成，则太平车中载以赠之。’鲁直曰：‘想俱是萝卜与瓜荠耳。’正夫衔之切骨。”

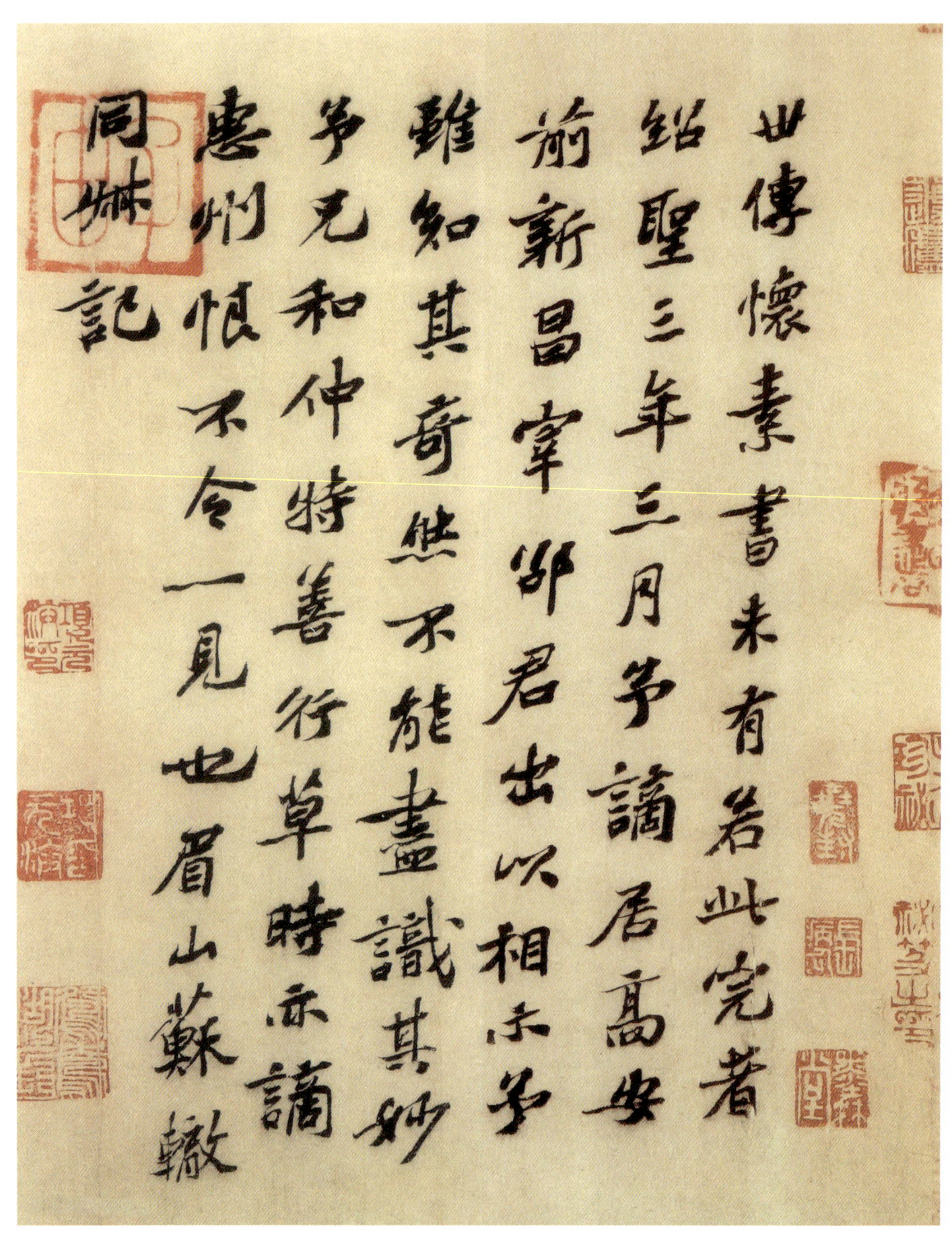
世傳懷素書未有若此完者
紹聖三年三月予謫居高安
前新昌宰郭君出以相示予
雖知其奇然不能盡識其妙
予兄和仲特善行草時亦謫
惠州恨不令一見也眉山蘇轍
同叔記

图 8　苏辙《怀素自叙帖跋》，台北“故宫博物院”藏

四年（1089 年）任吏部尚书（从二品），五年（1090 年）任御史中丞，六年（1091 年）任中大夫、守尚书右丞，七年（1092 年）任太中大夫、守门下侍郎（正二品）。

相比之下，苏轼元丰八年（1085 年）任中书舍人，元祐元年（1086 年）任翰林学士知制诰（正三品），二度出京，元祐八年（1093 年）任端明殿学士、礼部尚书，比苏辙曲折许多。

黄庭坚与苏轼订交在神宗熙宁五年（1072 年），而与苏辙订交则在元丰四年（1081 年）秋天，时苏辙谪监简州。《山谷文集》有《寄苏子由书》云“诵执事之文章而愿见二十余年矣”。且对苏辙极意赞美：

知执事治气养心之美，大德不逾，小物不废。沉潜而乐易，致曲以遂直。欲亲之不可媟，欲疏之不能忘。虽形迹阔疏，而平生咏叹，如千载寂寥，闻伯夷柳下惠之风而动心者。

而苏辙的复信就是著名的《答黄庭坚书》：

辙之不肖，何足以求交于鲁直？然家兄子瞻与鲁直往还甚久，辙与鲁直舅氏公择相知不疏，读君之文，诵其诗，愿一见者久矣。性拙且懒，终不能奉咫尺之书，致殷勤于左右，乃使鲁直以书先之，其为愧恨可量也。

自废弃以来，颓然自放，顽鄙愈甚，见者往往嗤笑，而鲁直犹有以取之。观鲁直之书所以见爱者，与辙之爱鲁直无异也。然则书之先后，不君则我，未足以为恨也。

比闻鲁直吏事之余，独居而蔬食，陶然自得。盖古之君子不用于世，必寄于物以自遣。阮籍以酒，嵇康以琴。阮无酒，嵇无琴，则其食草木而友麋鹿，有不安者矣。独颜氏子饮水啜菽，居于陋巷，无假于外，而不改其乐，此孔子所以叹其不可及也。今鲁直目不求色，口不求味，此其中所有过人远矣。而犹以问人，何也？闻鲁直喜与禅僧语，盖聊以是探其有无耶？渐寒，比日起居甚安，惟以时自重。

这里提到的黄庭坚“独居而蔬食”印证黄庭坚素食已久，其原因上文已述。

元祐二年（1087 年），黄庭坚授馆职时，时为起居郎的苏辙起草了敕书，云：

尔孝弟之美，著于闺门，文史之功，称于朋友。昔张衡、崔骃、张华、束皙，皆以才行，久于此官。朕既思见古人，尔尚追配前烈。

虽是官样文章，但对黄庭坚的才华确是褒赞至极的。但是，元祐六年（1091 年）黄庭坚诏除起居舍人一事，苏辙时为右相，其态度就有所改变：

元祐六年三月，《神宗实录》成。著作郎黄庭坚除起居舍人，苏子由不悦曰：“庭坚除日，某为尚书右丞，不预闻也。”已而后省封还词头，命格不行。子由之不悦，不平吕丞相之专乎？抑不乐庭坚也？庭坚字鲁直，蚤出东坡门下，或云后自欲名家，类相失云。（《邵氏闻见录》）

又李心传《建炎以来系年要录》（中华书局，1988 年重印商务印书馆国学基本丛书本）卷六十二“绍兴三年正月辛未”下注引朱胜非《闲居录》：“又荐修起居注，而苏辙方秉政，以为庭坚无行，不可。”

《黄庭坚全集》中，涉及苏辙有 24 条，涉及苏轼则有 223 条，显然，黄庭坚与苏辙的关系，和他与苏轼师友的关系，不能相比。所以，即使在馆职期间，黄庭坚和二苏虽有很多的唱和，但和苏辙的关系显然不是非常亲密。

六、局外人

虽然有了一个高起点，黄庭坚在最可能飞黄腾达的元祐年间，却是一再受挫。但是，在受到攻讦之时，黄庭坚本人似乎非常麻木。

元祐二年（1087 年）转黄庭坚著作郎受弹劾，除了在《修〈神宗实录〉乞外任奏状》中有一句“伏念臣日者蒙恩待罪著作……伏望圣慈，除臣一江淮合入差遣”，黄庭坚本人没有留下任何别的记录，就像此事没有发生在他的身上。

元祐六年（1091 年）《神宗实录》成，黄庭坚自己除在《辞免转官状》《乞回授状》有所记录外，似也别无文字说到成书的喜悦或转官受阻的不平。而同年母亲康郡太君去世，次年叔父黄廉殁于京师，其所表达的悲伤，是超过了对官场升沉的感触的：

老舅不孝，天降酷罚，外婆郡太六月初八日弃背。诸孤叩地号天，无所告诉，苦痛烦冤，心肝崩裂。苦痛奈何！冤苦奈何！（《山谷刀笔》卷五《与洪甥驹父》）

老舅方此荼毒，百骸珍瘁。又闻给事叔父之讣，一恸欲绝，奈何。（《与洪甥书》）

山谷对官场升沉的麻木，也见于其他宋人笔记。元祐九年（1094 年），哲宗亲政，元祐诸臣受贬，山谷也在其中。山谷的反应有如下记载：

命下，左右或泣，公色自若。投床大解，即日上道。（《豫章先生传》）

绍圣中，诏元植史官甚急，皆拘之能县，以报所问。例悚息失据，独鲁直随问为报，弗随弗惧，一时悚然知其非儒生文士而已也。（《姑溪居士文集》卷三十九《践山谷帖》）

山谷这种对命运中突发事件冷漠超然的反应，还有一个例子：

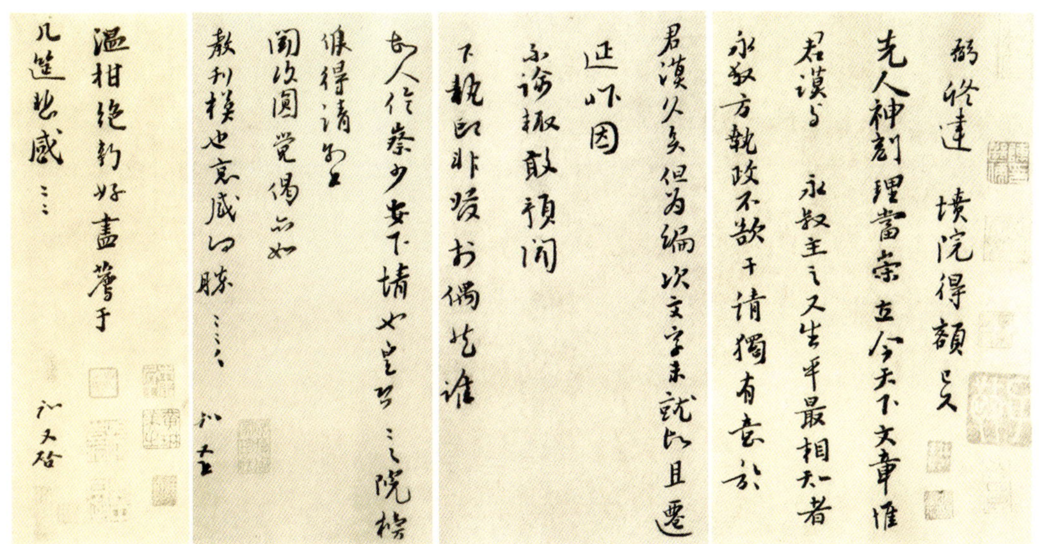

图 9　富弼《温柑帖》(局部)

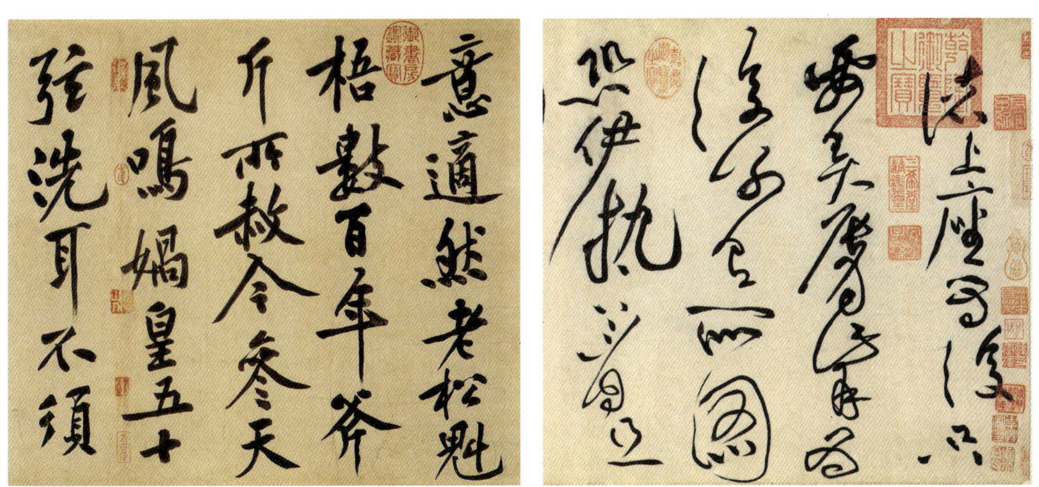

图 10　黄庭坚流放后的书法。(左)黄庭坚行书《松风阁诗》(右)黄庭坚草书《诸上座帖》

黄鲁直得洪州解头，赴省试，公与乔希圣数人待榜。相传鲁直为省元，同舍置酒。有仆自门被发大呼而入，举三指，问之，乃公与同舍三人，鲁直不与。坐上数人皆散去，至有流涕者，鲁直饮酒自若。饮酒罢，与公同看榜，不少见于颜色。(《孙公谈圃》)

黄庭坚这种超然物外的冷漠，在用时经世的人看来，完全就是不着调。《宋稗类钞》载一代名相富弼(图 9)见到黄庭坚后的印象，可以作为本文的结语：

富郑公初甚欲见黄山谷，及一见，便不喜。语人曰：“将谓黄某如何？原来只是分宁一茶客。”

这一份冷漠，或许是性格，或许是受贬之后，静心于书，终于达到了令他自己也深感自豪、不让前贤的水平（图10）。

米芾《逃暑帖》佚字补并释意

李跃林

米芾《逃暑帖》，纸本，行书，纵 30.9 厘米，横 40.6 厘米，与现藏美国普林斯顿大学艺术博物馆的《岁丰帖》《留简贴》同为《米芾行书三帖》之一（详见文末简介）。此帖多字脱落，帖共八行，存字如下：

1 芾顿首再启。芾逃暑 A/
2 山，幸兹安适。人生幻法中，B/
3 为疟而热而恼。谚以贵 C/
4 所同者热耳。讶挚在清 D/
5 之中，南山之阴。经暑衮 E/
6 一热恼中而获逃，此非幸 FG/
7 秋可去此，遂吐 /
8 车茵。芾顿首再启。

这里 A—G 代表佚字。虽信札词义尚可解，但有佚字，就引起很多的对比帖的书写时间和地点的各种推测。从“芾”字的书写特点看，徐邦达认为是元祐六年（1091 年）左右书写。

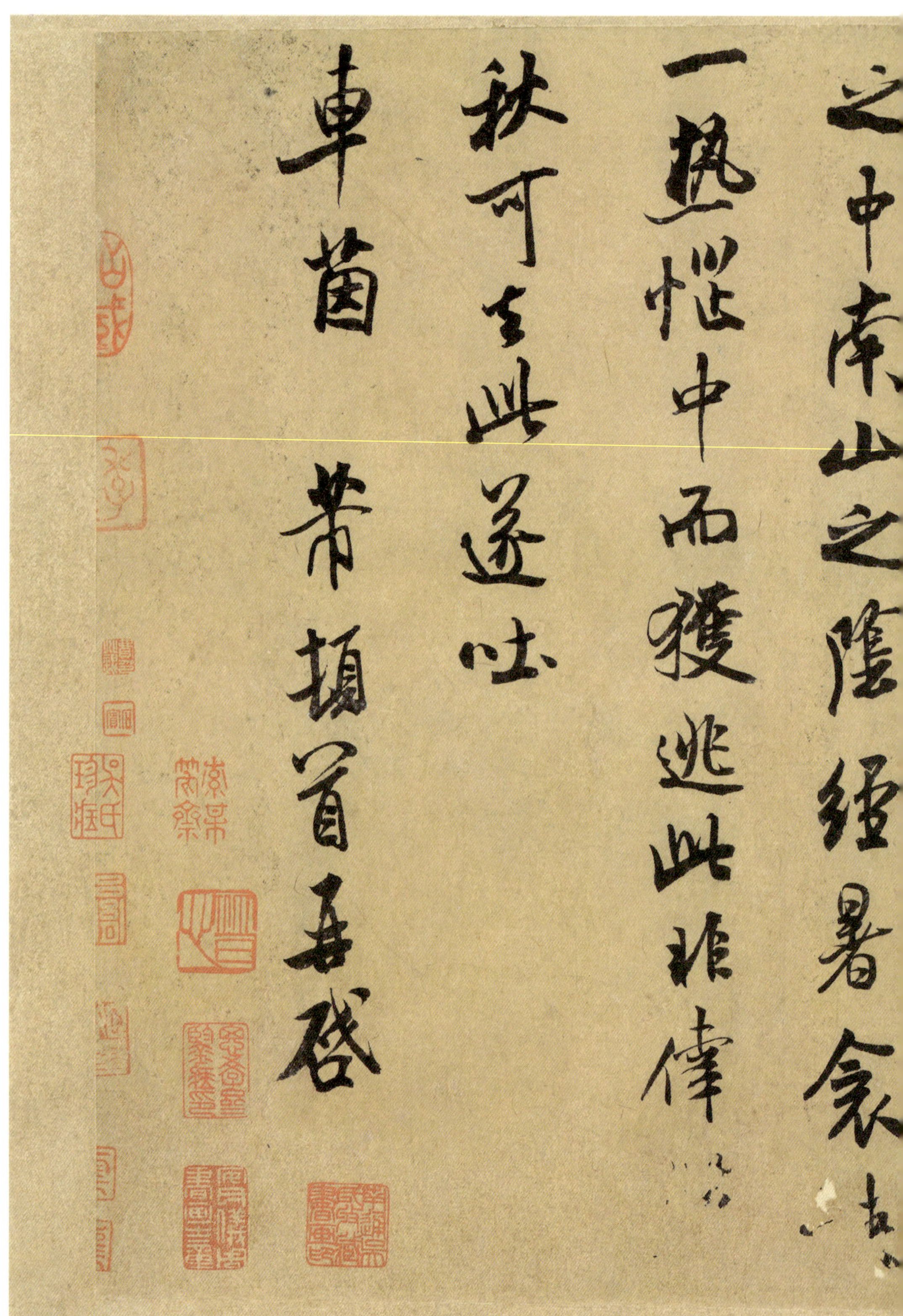

图 1　米芾《逃暑帖》

芾頓首再啓芾逃暑
山幸詳安適人生幻法中
爲瘧而熱爲惱譬以此
所同者熱耳浮勢在清

其中“南山”何在，曹宝麟认为：

> 雍丘无山，胡仔《苕溪渔隐丛话·本朝杂记上》：“淮北之地平夷，自京师至汴口，故无山。”此云“逃暑□山”，其非在杞甚显。避暑可至秋方去，则非监庙家居断难如是逍遇也。

故曹宝麟以为是在绍圣二年（1095年）左右书写。按笔者对米芾签名特色得定量分析（论文准备中），以曹说为是。

细考此帖的遣词用句，多有佛禅隐喻。了解这些意义，或许可以给此帖的书写地点和时间提供一个不同的视角。

让我们先根据存字来推断佚字。

第二行“人生幻法中”，自是禅语。《楞严经》卷五：“自心取自心，非幻成幻法，不取无非幻，非幻尚不生，幻法云何立，是为妙莲华。”此是米芾此帖禅机第一。

第三行起为“B为疟而热而恼”，从句式上看，其首字当与“热”相对，可以猜测为“寒”，则全句足为“寒为疟而热为恼”。《素问·疟论》中有“夫寒者阴气也，风者阳气也。先伤于寒而后伤于风，故先寒而后热也，病以时作，名曰寒疟”之论，其“寒疟”可作为此推断的印证。

而“热恼”既有因热而烦躁的凡俗意义，如白居易《赠韦处士六年夏大热旱》诗有“既无白旃檀，何以除热恼”。更多的则是佛家语，犹言人生之烦恼。如《法华经·信解品》：“我等以三苦故，于生死中，受诸热恼，迷惑无知。”所以米芾在此，已又伏一禅机，将盛暑的热恼，与禅家的热恼，偷换了概念。

第三行之末字不辨，连于下行，则全句为“贵C所同者热耳”，从“同”上理解，佚字显然当与“贵”相对，可推为“贱”，全句即“贵贱所同者热耳”。米芾说此为“谚”，是有文字依据的。今考苏轼《谢三伏早休表》，其中就有“大火既中，三庚云伏。炎熹之病，贵贱所同”，可为印证。

四、五行“讶挚在清D之中，南山之阴”，关键在“南山之阴”。通常的理解，循许慎《说文》之说“阴，暗也，水之南山之北也”，难免又要在米芾的行踪里四处寻找这座“南山”。但如果将“南山之阴”作为又一“禅机”来看，这一句的解读就迎刃而解。唐玄奘《大唐西域记》中有“竹林园西，南行五六里，南山之阴，大竹林中有大石室”之语。这里的南山，是梵文的Dakshinagiri，是律宗的发源地，今名鞞婆罗山Vaibhâra。了此一端，“清D之中”可定为“清凉之中”，以“清凉”可对“热恼”也。这是可以印证于《华严经》的“普令众生皆生欢喜。除烦恼热。得清凉乐。如是示现。充满十方”。

五、六行末残字，至此可脱然而解，E为“怀”，F为“致”，不仅与残痕可印证，亦可以与帖文内容相合无间。至于G是否佚字，即六行是否佚二字，不能即定，待考。但从下句看，或可补足一“立”字，六、七行成为“经暑衾怀……非幸致。立秋去此……”。

再回头看首行佚字A，从下面全帖文字对佛家语的借用，则不难定A为“南”，而“南山”不过是南山律宗一寺庙也。

这样，全帖释文为：

芾顿首再启。芾逃暑南山，幸兹安适。人生幻法中，寒为痁而热为恼。谚以贵贱，所同者，热耳。讶挚在清凉之中，南山之阴。经暑衾怀，一热恼中而获逃，此非幸致！秋可去此，遂吐车茵。芾顿首再启。

与宋苏颂《苏魏公文集》中“至于劳宾讶挚、厚往薄来”相较，这里的“讶挚”与“劳宾”相对，故“讶”在此处通“迓”，迎接之意；“挚”则为挚友。“吐车茵”，是熟典，出自《汉书•魏相丙吉列传》中的“此不过污丞相车茵耳”，后多指与权贵，尤其是丞相，交往。

全帖的意思是米芾在寺庙中避暑，遇见了一位权贵好友，事后写此札志其欢悦心情。而逃暑地点，则不一定是在山中。

宋代士大夫在寺庙中避暑，并不希见。若有诗记，也常常将“热恼”与“清凉”孱入。如王庭珪《报恩寺避暑》有“奈此人间诸热恼”，胡仲弓《青莲寺避暑》有“此心无热恼，何地不清凉”，等等。所述逃暑心情，与米芾此帖全无区别。但是在逃暑时偶遇权贵，则不是每位逃暑者都有的际遇。所以米芾此札写得非常用心，也是为结交这位权贵朋友而用了心思。

在寺庙中遇到权贵，最大的可能性，就是这个寺庙地处汴京。又因为“南山”的指喻，此庙很可能是一座南山律宗的寺庙。这个可能性，可以在元代觉岸《释氏稽古略》的记载中找到根据：

太祖（匡胤）建隆间复兴，两街止是南山律部、慈恩、贤首疏钞义学而已。

米芾以笔法冠绝一时，以书艺而游走权贵之间。《宝晋英光集》有诗云“庖丁解牛刀，无厚入有间。以此交世故，了不见后患”，书法就是米芾与权贵们交游的解牛刀。而这次遇到得权贵是谁？曹宝麟以为是丞相章惇。米芾《书史》记：

余临大令法帖一卷，在常州士人家，不知何人取作废帖，装背以与沈括，一日林希会章惇、张询及余于甘露寺净名斋，各出书画，至此帖，余大惊曰：“此芾书也。”沈勃然曰：“某家所收久矣，岂是君书？”芾笑曰：“岂有变主不得认物耶！”

一次欣赏书法藏品的雅聚，涉及的人物都是一时权贵：沈括于元丰三年（1080年）出知延州兼任鄜延路经略安抚使（相当于军区司令），章惇元祐八年（1093 年）拜相，林希四年（1097 年）拜同知枢密院（相当于政治局委员）。林希更是米芾书写《蜀素帖》的“蜀素”的提供者。章惇并有《会稽帖》传世，现藏台北“故宫博物院”（见附图 3）。从时间上来看和地位上看，章惇是最为合适的收信人。

米芾虽行为诡异，又有巧取豪夺的癖好，在禅学上却是深有造诣的。早年就有自撰并书的名迹《龙井方圆庵记》，又有《天衣禅师碑》等。在遭遇不幸时，更是如此。如其小儿病逝，他给朋友的信中说：“芾皇恐再拜。私居杜门，以禅悦为乐。……小儿五日间忽然不见者，幻法有如是，不以禅悦，何以为遣？”因此在这封信中对佛家典故的使用，全不费力。

（此文的写作得到武英书画同仁吴斌的帮助，也感谢彭慧萍博士帮助查找相关资料，一并致谢）

附注：米芾行书三帖简介

徐邦达《古书画过眼要录》（1986 年）记：

按此五帖（《逃暑・岁丰・留简・春和・腊白》）在《东图玄览编》中记装为一卷，至清雍乾入安氏时改装为册。晚清、民国中入溥心畲手，为其分拆为三帖售出，后归吴晋心。已流出海外……今则下落不明。

其中《逃暑・岁丰・留简》三帖后为爱略特家族于 20 世纪 80 年代初购藏，并于 1984 年捐赠普林斯顿大学艺术博物馆。

附图 1　米芾《岁丰帖》，普林斯顿大学艺术博物馆藏

附图 2　米芾《留简帖》，普林斯顿大学艺术博物馆藏

附图 3　章惇《会稽帖》，台北“故宫博物院”藏

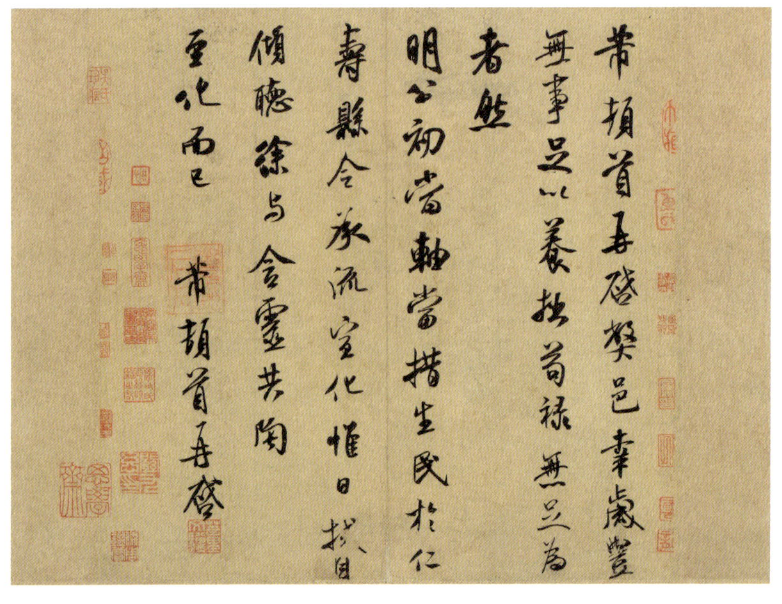
芾頓首再啓敝邑幸歲豐無事足以養拙苟祿無足為者然明公初當軸當措生民於仁壽縣令承流宣化惟日拭目傾聽徐與含靈共陶至化而已芾頓首再啓

附图 1　米芾《岁丰帖》，普林斯顿大学艺术博物馆藏

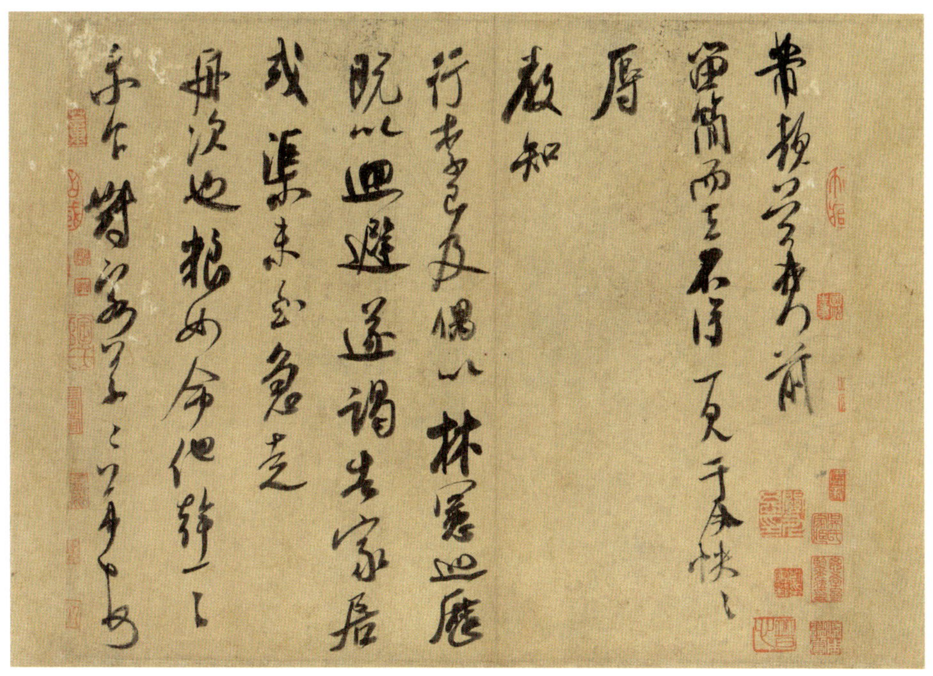

附图 2　米芾《留简帖》，普林斯顿大学艺术博物馆藏

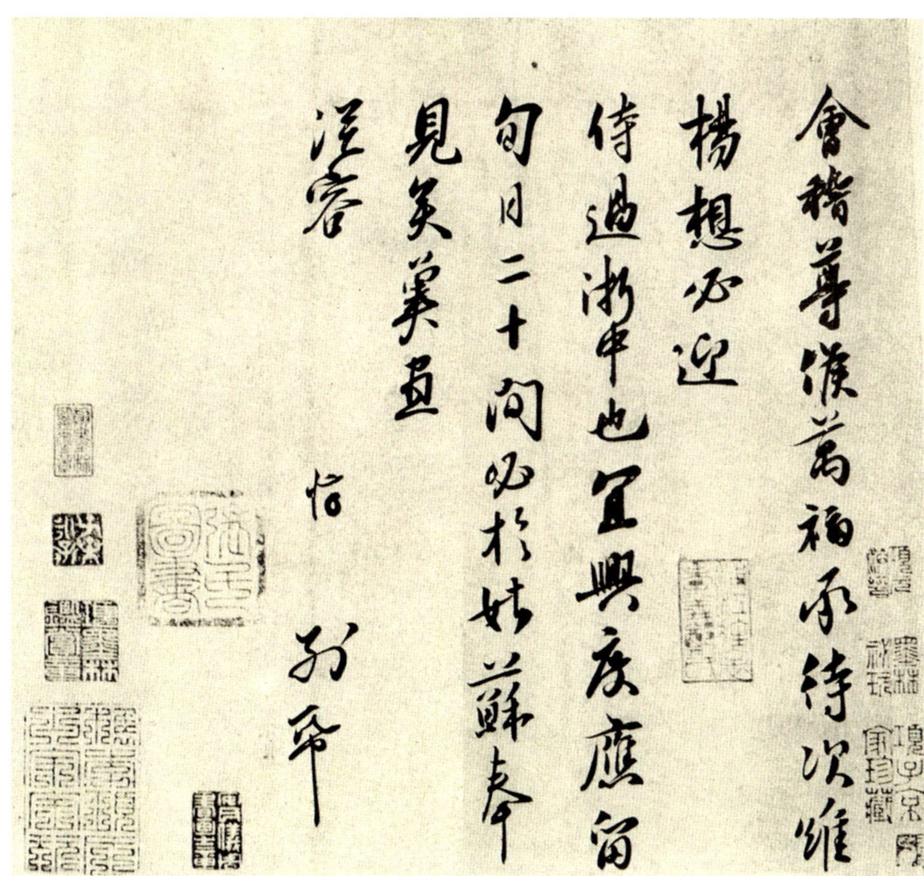

附图 3　章惇《会稽帖》，台北“故宫博物院”藏

古地图中的《清明上河图》信息

吴　斌

《清明上河图》是著名的宋代绘画，发现真本的近70年来，论文汗牛充栋。

《清明上河图》卷后有五位金代文人题诗，都说图中所绘的河流是汴河。目前所有论文，也都是以这一组金人题诗为依据，把汴河作为研究起点，认为《清明上河图》画的是汴京东南部汴河出城水门一带。但是，学者们根据图景反复核对文献与实地，居然无一处可对应。

经过半个多世纪的探索，旧思路中的相关史料，已经用尽。这时，真正应该检验的是，以往论文的共同起点，即“汴河说”，是否真的成立？几位金人题诗时，距北宋灭亡已有60多年，题诗者并非徽宗时代汴京城的见证者，如果“汴河说”不可靠，那么，这就是一个巨大的陷阱。沿汴河一线，寻求图景和文献的匹配，只能是缘木求鱼，永远无果。

基于此，我们不妨放下“汴河说”，重新核查基础环节，看看是否有其他可能？经过翻检史料，笔者认为，《清明上河图》中的“上河”，是指流经汴京城北的另一条漕河——广济河（又名五丈河），古人以北为上，“上河”应是汴京地区对它的俗称，如果以五丈河为依托，系列问题会迎刃而解。

一、汴河是“悬河”，而《清明上河图》所绘不是悬河

沈括《梦溪笔谈》的记载：“自汴流堙定，京城东水门下至雍丘襄邑，河底高出堤外

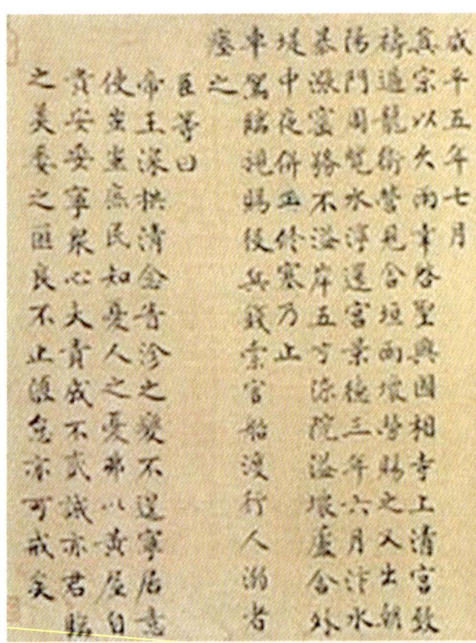

图 1　北宋《景德四图》之“舆驾观汴涨”

平地一丈二尺余，自汴堤下瞰民居，如在深谷。”由于泥沙淤积，汴河在北宋就是一条明显的悬河，而《清明上河图》中的漕河，不见高堤痕迹。

另外，台北所藏的北宋名画《景德四图》中，有一段“舆驾观汴涨”（图 1），画的是宋真宗视察汴堤的情景。图中汴堤与《清明上河图》所绘河岸明显不同。

对于先前所谓的汴河之上的“虹桥”，孟元老《东京梦华录》记载道：“从东水门外七里，曰虹桥。其桥无柱，皆以巨木虚架，饰以丹雘，宛如长虹。其上下土桥亦如之。”

真正的虹桥，距离城门有七里远，明显和《清明上河图》的描绘不一致；伴随虹桥的，还有“上、下土桥”，以前我们都不知道土桥是什么。但如果明确了汴河是悬河，一切就很容易解释：行人欲渡河，必先上由平地上高堤，土桥应是行人上下河堤的桥梁。所以，“虹桥”是由三段桥梁组合而成，这又与《清明上河图》描绘的桥梁不一致（图 2）。

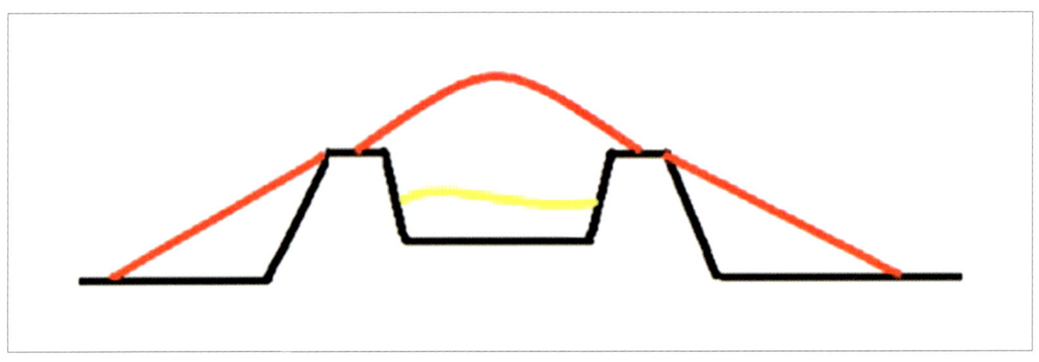

图 2　孟元老记载的虹桥样式示意图

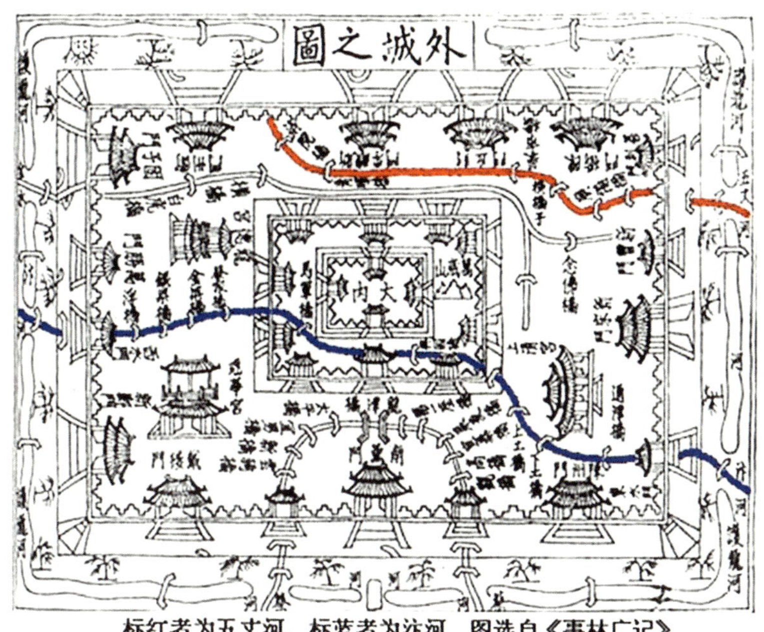

图 3　元刻《事林广记》中的汴京地图

二、从城东流出的漕河，除了汴河，惟有五丈河

北宋时，汴京还有蔡河、金水河和广济河，与汴河合称“漕运四渠”。如《清明上河图》所绘，从城东流出的漕河，只有汴河和广济河。既已排除汴河，那么唯一的可能，只能是广济河。

广济河，因宽五丈，又得名五丈河，可“岁漕百余万石”，是汴京第二大漕河，担负着从山东一带运粮的重任，《清明上河图》的图景与这条河的地理位置倒是完全吻合。元刻《事林广记》中绘制有汴京地图（图 3），可以看出五丈河的位置：位于城北，自东城墙流出。

关于“上河”两字的含义，历来争论不休，如果确立了“五丈河”，我们就可以用一种简单的新说法来解释，古人以北为上，站在汴京城里，“上河”即为北边之河。

三、五丈河从城东“善利水门”流出，旁边有座“善利陆门”

《宋史》云：“广济河，上曰咸丰，下曰善利（旧名咸通），上南门曰永顺。”其意是说，

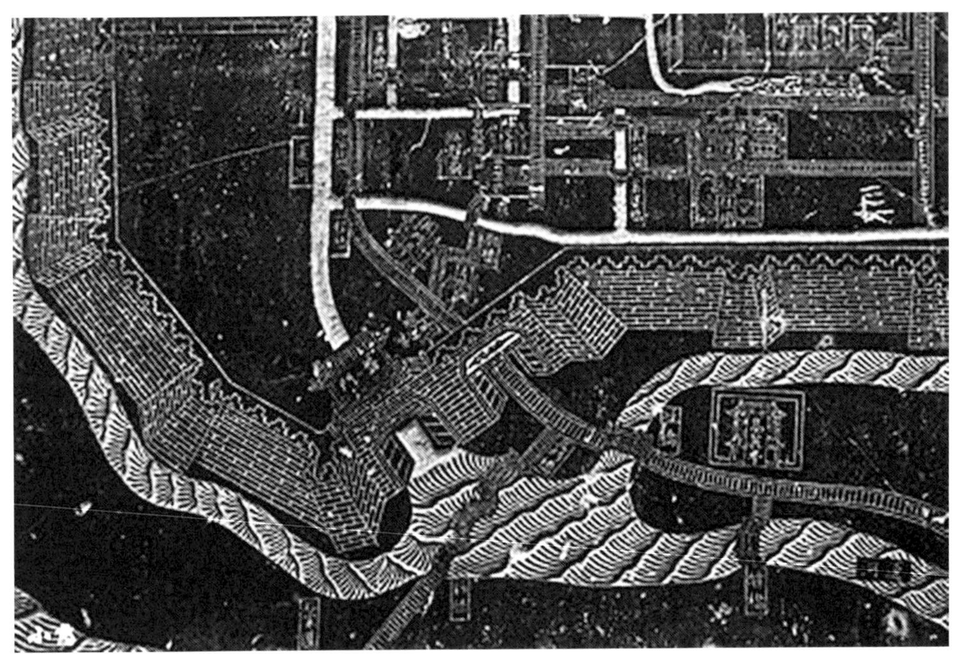

图 4　南宋《平江图碑》上出城河流的水门和陆门　碑存苏州博物馆

广济河（五丈河）的入城水门叫咸丰门，出城水门叫善利门，善利门旧称咸通门，入城水门咸丰门南面有永顺门。20 世纪 80 年代，开封的咸丰门被考古发掘，正位于西城墙的北部。

宋代的城市，会在水行门旁再开一座陆行门，上一节提到的永顺门，即是和咸丰水门配套的陆行门。陆行门不比正城门，规模较小，在南宋《平江图碑》中，就刻有这样的水门和陆门，两门之外，在护龙河和入城河上，还架设桥梁便于通行。这种组合和《清明上河图》如出一辙（图 4）。

关于汴京东北的善利门，宋代汪藻《靖康要录》记载“（靖康二年二月三十日），是日风雨至夜大作，城中什物并般（搬）出京北善利门”，可见，善利水门确实有一座配套的陆行门，我们可称之为“善利陆门”。

四、《清明上河图》中的城门是“善利陆门”，大拱桥是“小横桥”

孟元老《东京梦华录》又云：“东北曰五丈河，来自济郓般挽京东路粮斛入京城，自新曹门北入京，河上有桥五：东去曰小横桥，次曰广备桥，次曰蔡市桥，次曰青晖桥、染院桥。”在《清明上河图》中，五丈河自北部而来，转向流东，张择端并未画出五丈河出城的善利水门。

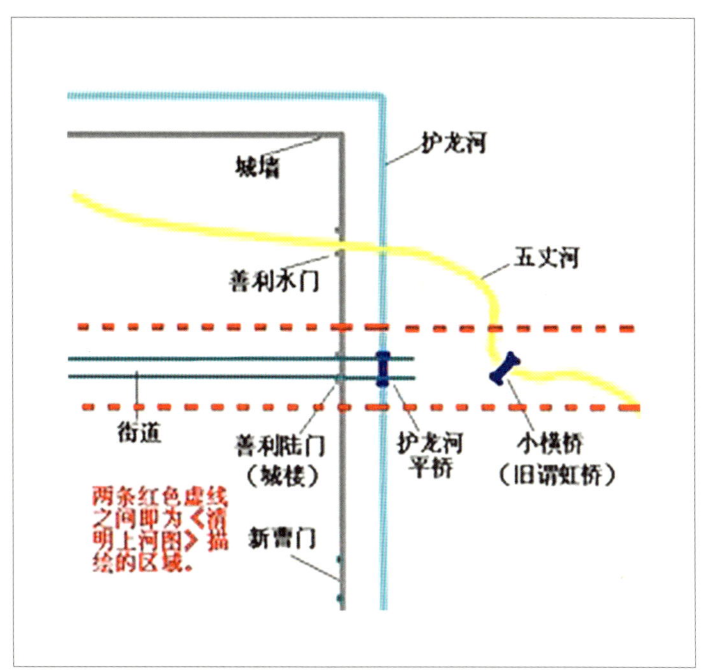

图 5 《清明上河图》所绘区域的简单示意图

结合《东京梦华录》的记载，《清明上河图》的陆上城门要么是新曹门，要么是“善利陆门”。幸运的是，新曹门遗址已经被考古发掘，是一座朝南偏开的瓮城，《清明上河图》中城门既非瓮城结构，就只能是“善利陆门”了（图 5）。

图上的大拱桥，按照五丈河上桥梁的排序，真正的名字应该是“小横桥”。又因河宽五丈，一宋丈约合 3.17 米，五丈约合 15.8 米，这是这座拱桥的关键数据，可以用来推导桥梁各部件的尺寸。茅以升曾在《中国古桥技术史》一书中，根据透视的原则，辅以其他手段，估测河宽为 16.5 米。正反参照，误差不到一米。

五、一处兵器作坊的破解

《清明上河图》所绘多是民间的店铺，这增加了和文献互证的难度。但是在城门以西不远，有一处特殊的场景。屋内，赤膊的人正在试弓，门前摆满了木桶（图 6）。北宋朝廷对兵器制造有严格的监管，这在《天圣令》等法令中有明确的体现，所以，位于汴京城区的这处作坊，应具有官方背景。

孟元老《东京梦华录》说：“（五丈）河上有桥五：东去曰小横桥，次曰广备桥，……”这表明，在小横桥之西不远，有一座广备桥。广备桥的得名，或许是因为附近有“广备攻城作”。

图 6　《清明上河图》的兵器作坊

北宋王得臣《尘史》记载：“八作司之外又有广备攻城作。今东西广备隶军器监矣。其作凡一十目，所谓火药、青窑、猛火油、金、火、大小木、大小炉、皮作、麻作、窑子作是也。”广备攻城作是隶属于军器监的军工作坊群，制作各种攻城器械。虽然并无史料记载汴京城内广备攻城作的具体方位，但是，我们可以从五丈河上“广备桥”的线索探知到端倪，它位于城北是无疑的。

如果把图上描绘的弓弩、木桶与广备攻城作的职能联系起来，可以想见，这里是制作“火箭”的作坊，北宋的火箭技术非常成熟，而《清明上河图》的这处场景，描绘的是广备攻城作的真实景象。同时，这处兵器作坊，也反证了《清明上河图》的河流是城北的五丈河。

六、利用谷歌地图，估测《清明上河图》所绘区域

目前，北宋汴京外城墙的走向已经大致探明，据考古资料和谷歌地图，自新曹门遗址至外城东北角大约有 2600 米，姑取中值，善利门遗址应该大致位于新曹门遗址以北 1300 米的城墙处，大约在铁牛村和兴隆屯村之间、东京大道以东的区域（图 7）。小横桥在善

图 7　利用谷歌地图估测的《清明上河图》城门位置

利陆门以东不远处，可能在千米之内。

七、五丈河运输的是来自“京东路”的军粮

北宋定都汴京，主要因其是漕运枢纽。当时，运力最强的漕河是汴河，汴河通往江南，据北宋张方平《论汴河利害事》记载，它运往京师的是“一色粳米，相兼小麦”，都是一等的粮食，每年的运量能达六七百万石，被称为“建国之本”。

《清明上河图》描绘五丈河，有其特殊的历史背景。五丈河，自汴京城东北的善利门流出，往东沿兰考、定陶、郓城、巨野、济州一线入梁山泊，再通北清河，经广饶注入渤海。从这条水路运往汴京的，是产自“京东路”的粮食，用孟元老《东京梦华录》的话说，就是“来自济郓，般挽京东路粮斛入京城”。“京东路”大致为今天的山东大部、豫东、皖北和江苏东北部，是北宋重要的经济区。通畅之时，五丈河每年能有百余万石的运量，但它运输的粮食种类和汴河不同，张方平说，“多是杂色粟豆，但充口食马料”。

北宋开国，吸取了唐和五代时“藩镇割据”的教训，同时又考虑到汴京地处中原，是缺乏天险的四战之地，于是“蓄兵京师，以成强干之势”，“收四方劲兵，列营京畿，以备宿卫”。《宋史》称这种局面为“甲卒数十万众，战马数十万匹，并萃京师”。汴京的驻军，几乎是天下军队的一半。

北宋王朝的最大外患是辽金铁骑，需要足够多的战马才能抗衡，即《宋史》所云的“兵之所恃在马”。从《清明上河图》，我们可以观察到一个有趣的现象，图中畜力多是牛和驴，少见马的踪影。这是因为北宋末期战马紧缺，民间马匹多被征用。

宋真宗时期，尚有二十余万匹战马，到了仁宗时代，马政开始衰败。中原不比北方草原，马匹驯养不易，随着国家之间的关系紧张，从北方的“茶马互市”买马也变得困难，这导致“诸军缺马，人多相与咨怨”，战马是当时最宝贵的军事资源。而五丈河承担的，正是把“口食马料”从“京东路”送往汴京驻军的重任，这应是一条军粮生命线。

八、宋江横行京东，郓城和梁山泊正是五丈河要津

京东路的战略意义十分重要。五代时，石敬瑭向契丹割让了燕云十六州，长城防线尽失，北宋的北防前线，南移到河北路，京东路则是河北路的后方基地。如果河北路沦陷，京东路北界的黄河就成为最后一道防线。宋真宗曾言“河冰已合，戎马可度”，意思是说，如果黄河结了冰，铁骑可以直接踏过来。

但是，京东地区自古民风彪悍，动辄聚众造反，尤其是山东，从未安宁。据何竹淇《两宋农民战争史料汇编》，北宋期间，京东路共发生过 43 次农民起义。包拯在给宋仁宗的《再请差京东安抚》中写道“京东素是出强贼处，不可不即时诛灭”；“应有盗贼，不以多少远近，并须捕捉净尽”，并建议皇帝“重行朝典”。《宋史·李清臣传》也说“齐鲁之盗，为天下剧”，苏轼在《论河北京东盗贼状》对农民起义的后果描述得更加明白：“山东自上世以来为腹心根本之地，其与中原离合常系社稷安危。”

徽宗时代，京东出现的最棘手“强贼”，就是宋江。《宋史·侯蒙传》载“宋江寇京东”；“江以三十六人横行齐魏，官兵数万无敢抗者。”《宋史·徽宗本纪》载：“（宋江）又犯京东、河北，入楚、海州界。”而宋江的家乡郓州有梁山泊，此处正是五丈河的通航要津，距汴京不到 500 里。

所以，京东不宁，不仅会给北防带来大麻烦，还会卡断五丈河的军粮漕运，进而危及汴京的驻军稳定，形成一系列的恶性连锁反应。而五丈河，正是汴京看京东路局势的晴雨表。

九、宣和初，招安宋江，张择端借图为宋徽宗歌功颂德

南宋李埴《皇宋十朝纲要》卷十八记载“宣和元年十二月，诏招抚山东盗宋江”，宋江既平，五丈河的漕运才会通畅。

在宋代，经常从河流做文章来表现天下承平，所谓的“海晏河清”就是这种标榜。宋徽宗是编造祥瑞的老手，辽宁省博物馆的《瑞鹤图》是最直接的绘画证据。在《宋史》中，记载了大观元年（1107 年）、大观二年（1108 年）和大观三年（1109 年）的三次“黄河清”，蔡绦在《铁围山丛谈》卷一中，还说徽宗政和年间的新曲《黄河清》“音调极韶美”。

联系这些历史背景，《清明上河图》的真相很有可能是，张择端用繁忙的五丈河图景，来表达政局的清明，这是对宋徽宗“平定京东”英明决策的歌功颂德，张择端是宫廷画家，这样的题材才符合他的身份。此图的创作时间，应该是收抚宋江的翌年，即宣和二年（1120 年）的漕运时节，也就是山东秋收之后。

《清明上河图》是现实主义巨作，它所描绘的，仅是汴京的东北一角，并非汴京最繁华处。虽然，城门不是最主要的城门，桥梁也不是最主要的桥梁，但已经可以由此想见，那些不曾入画的主要建筑的规模。

北宋碑志拓本过眼要录（三则）
——以“洛阳文人集团”为中心的三种北宋名碑拓本

方爱龙

本次所选北宋碑刻三种，均与本书中多次论及的“北宋洛阳文人集团”中著名人物有关。但笔者主要记录经眼的有关拓本，并略记相关碑志的书法。至于其中涉及的人物关系，目前尚无暇考索。择要所记，并将拓本付印，以供清赏。

所谓“北宋洛阳文人集团”，按照王水照先生的定义是：“北宋洛阳文人集团，指以钱惟演、谢绛为首的西京留守府僚佐群体，它以尹洙、梅尧臣、欧阳修为主要成员，包括张汝士、尹洙、张先、杨愈、张太素、富弼、次公、张谷、张至、张亢、孙德祖、王顾等人。还有王复、王尚恭等河南府学的生徒。活动时间从天圣九年（1031年）至景祐元年（1034年）。这一集团对宋诗宋文宋词的时代特点的形成和发展，起着导夫先路的重要作用。”（王水照：《北宋洛阳文人集团与地域环境的关系》，《文学遗产》1994年第3期）此外，王水照先生还有《北宋洛阳集团与宋诗新貌的孕育》（《中华文史论丛》第48辑，上海古籍出版社，1991年12月）和《北宋洛阳文人集团的构成》两文，专论甚详。以上三文，均收入《王水照自选集》（上海教育出版社2000年版），良可参见。聚集于该集团下的人物之间往往有亲属（包括父子、兄弟）、师生（包括再传弟子）、同僚（包括上下级、继任者）等关系，因此群体较为庞大，人文风气影响一时。

目前所见，关于与该集团人物密切相关的碑志拓本尚有多种。比如：旧拓《王尚恭墓志》

（志题“宋故朝议大夫致仕王公墓志铭”），范纯仁撰，司马光隶书，元丰七年（1084年）十月归葬，原石1936年出土于河南洛阳，现藏开封博物馆，志文可补王尚恭生平事迹的史传之阙，司马光隶书迹亦见珍稀。又比如：新拓《张庚墓志铭》（志题“宋故尚书屯田员外郎张君墓志铭〔并序〕”），王安国撰、王尚恭楷书，熙宁八年（1075年）四月归葬，原石2004年5月出土于洛阳市孟津县，志主张庚（字太素）即张太素，可补史传之缺。此两种因为论者已详，故在此不作介绍，本文另介绍近日所获名碑拓本三种。

一、谢绛撰、王顾篆额、释智成楷书《重修升仙太子大殿记碑》

此碑北宋明道二年（1033年）六月一日撰记，端题《圣宋西京永安县缑山通天观重修升仙太子大殿记》。朝奉郎、尚书度支员外郎、直集贤院、同判河南府、轻车都尉谢绛撰文，将仕郎、守河南府右军巡判官王顾篆额，豫章僧智成书丹。末二行题署：中奉大夫、太常少卿、权西京留司御史台、上柱国、天水县开国男、食邑三百户、赐紫金鱼袋赵世长建，孙、将仕郎、守河南府永安县尉（赵）垂祐同立。太原王悉道刊字（下有双行小字：“助缘人：进士□拱，学究赵静、董正、马骧，教练使吕若冲，侄仲宣。勾当人：冯遂。”）。刊碑时间当在同一年。

原碑立于北宋西京（洛阳）永安县缑山之巅通天观。通天观，即唐武则天所修“升仙太子庙”，也即清人记载中的“仙君庙”（后有俗称“仙君观”）。缑山位于今河南省偃师市东南府店镇府南村，据方志记载：缑山孤峰突出，相传周灵王太子晋升仙于此，后人为之建立祠庙。其地以武则天御制御书《升仙太子碑》而闻名天下，然祠庙（观）建筑早已毁于燹火。至今，宋碑《重修升仙太子大殿记》仍矗立在唐碑《升仙太子碑》的西侧，保存基本完好。

全碑通高超过300cm，底座为梯形石条，碑额深刻浮雕双盘龙首。碑身四周环刻有约为5cm左右宽的缠枝牡丹花边图案。碑身高约200cm，宽约100cm（略呈下宽下窄之势，上下相差2寸左右），厚约40cm。碑记的主体是以四六骈体写成，前叙道教精义大旨、王子晋得道升仙之经过，次述武后等建祠以示崇敬之情形，后叙述天圣四年（1026年）西京留守御史台赵世长（也即立碑者）倡议、带头捐资重修祠庙大殿的经过。谢绛（994—1039年）撰记，全文收录于《全宋文》第10册卷四一一。

碑额篆书“重修升仙太子大殿记”3行9字，篆额者王顾［字公慥，生卒未详，皇祐元年（1049年）在知永州任上］是北宋仁宗朝天圣（1023—1032年）末年形成的以钱惟演（997—1034年）为幕主，以谢绛为主盟，以尹洙（1001—1047年）、梅尧臣（1002—1060年）、欧阳修（1007—1072年）、富弼（1004—1083年）等钱惟演僚佐为主体的“北宋洛阳文人集团”的骨干成员之一。王顾善篆隶，明道二年（1033年）八月同为“集团”成员的开封张汝士（字尧夫）病卒，尹洙志其墓、欧阳修为之铭，因为仓促下葬，不及刻石，

图 1　《重修升仙太子大殿记碑》拓本

王顾受命在一块金谷古砖隶书书丹纳于圹中。碑身楷书，书丹者为俗籍豫章的僧人智成（生卒不详），凡 16 行（其中记文 11 行），满行 47 字。书法端严静穆，得自初唐欧阳询、虞世南两家法度，机杼虽变，胎息尚深。

关于此碑的著录，主要见诸毕沅《中州金石记》卷四、武亿《偃师金石遗文记》卷下、王昶《金石萃编》卷一三二、姚晏《中州金石目》卷四等。所见旧拓多为晚清民初之本，国家图书馆藏拓收录于《北京图书馆藏中国历代石刻拓本汇编》，并见“古籍资源库•碑帖菁华”在线介绍。此碑两侧，尚多熙宁、绍圣、元符、大观、政和年间的北宋题名。本期介绍之本浓墨精拓，虽加托底，但因系折叠保存而导致折痕处有若干字迹损伤；又，托底时篆额文字部分压住碑身上边，系庸手不当下移之故。笔者得此拓后新近加钤“富春方爱龙过眼”“一吟堂所藏两宋石刻文字拓本之记”“方爱龙所藏金石书画”3 印。

二、欧阳修撰、苏唐卿篆书《醉翁亭记碑》

欧阳修撰记，苏唐卿篆书。碑阳为篆书《醉翁亭记》全文，北宋仁宗嘉祐七年（1062 年）刻石树碑于山东临沂费县。末署“大宋嘉祐七年冬十月庚寅，苏唐卿上石于费之县斋”，苏唐卿时任费县县令。据《费县志》记：碑“高工尺六尺九寸，广三尺一寸”，“字径一寸八九分”。据传世拓本可知，原碑碑身（含额）约 230cm×104cm。碑阳篆额 3 行 9 大字“滁州琅琊山醉翁亭记”，碑文篆书记文全篇 15 行并署款 1 行，满行 27 字。又，碑阴刻录欧阳修、赵概书札各一通以及苏唐卿与友人唱和诗七首，应是治平元年（1064 年）或稍后补录上石。原碑于抗战期间碎为数石，后碎石下落不明。2014 年初，费县有关人士根据苏唐卿篆书《醉翁亭记》碑的晚清拓本重新刻立一碑，安置于“鲁公祠”西角亭内。

此碑自刻立以来，自宋金至元明鲜见著录，或因竖立未久即遭塌埋。直至明弘治十年（1479 年）春，知县杨惠在衙院内发现碑石，遂命人重新竖立于县仪门下，并在篆额左方楷书作跋，有曰：“欧，名相也；苏，名宰也。佳章善篆沉二百年，而金元人未知，是可慨也！”清道光二十四年（1844 年），知县李沣任职来费，见仪门坍塌、碑亦倾覆，重为兴修仪门、安置名碑，并在篆额右方行书作跋，有曰：“宋苏唐卿篆书《醉翁亭记》……明邑侯杨公出土中，至今又三百四十年矣。”此后，篆书《醉翁亭记》碑成为山左名胜，广为文人名士和金石家的关注，厉鹗等《宋诗纪事》卷二十二、吴玉措《金石存》卷五、阮元《山左金石志》卷十六等均有著录。

此碑拓本传世少见，碑阴拓本更为鲜见。此册装之剪裱本，仅见碑阳《醉翁亭记》并额，凡 21 开（42 页）。其中篆额连同杨惠跋 3 开（见本页图版第 1 行），每页内芯约为 26.5cm×18cm；记文篆书连同署款 18 开，满页 12 字，每页内芯约为 27cm×18cm。此册墨色较为沉着古旧，未见道光李沣跋，碑记底部的若干字比之传世晚清民国时期的整拓本更为完整与清晰，或为清中期拓本。册中收藏印记主要有：“竹吾”（朱）、“秦”（白）、“困雪斋审定金石文字”（朱）；“一吟堂所藏两宋石刻文字拓本之记”（朱）、“富春方爱龙过眼”（朱）等。

苏唐卿（字致尧，郡望武功，生卒不详）以通篆籀、善小篆闻于时、名于世。治平三年为殿中丞时，受命与制诰邵必一起详定天下印文（见《宋史》卷一百五十四）。此碑以

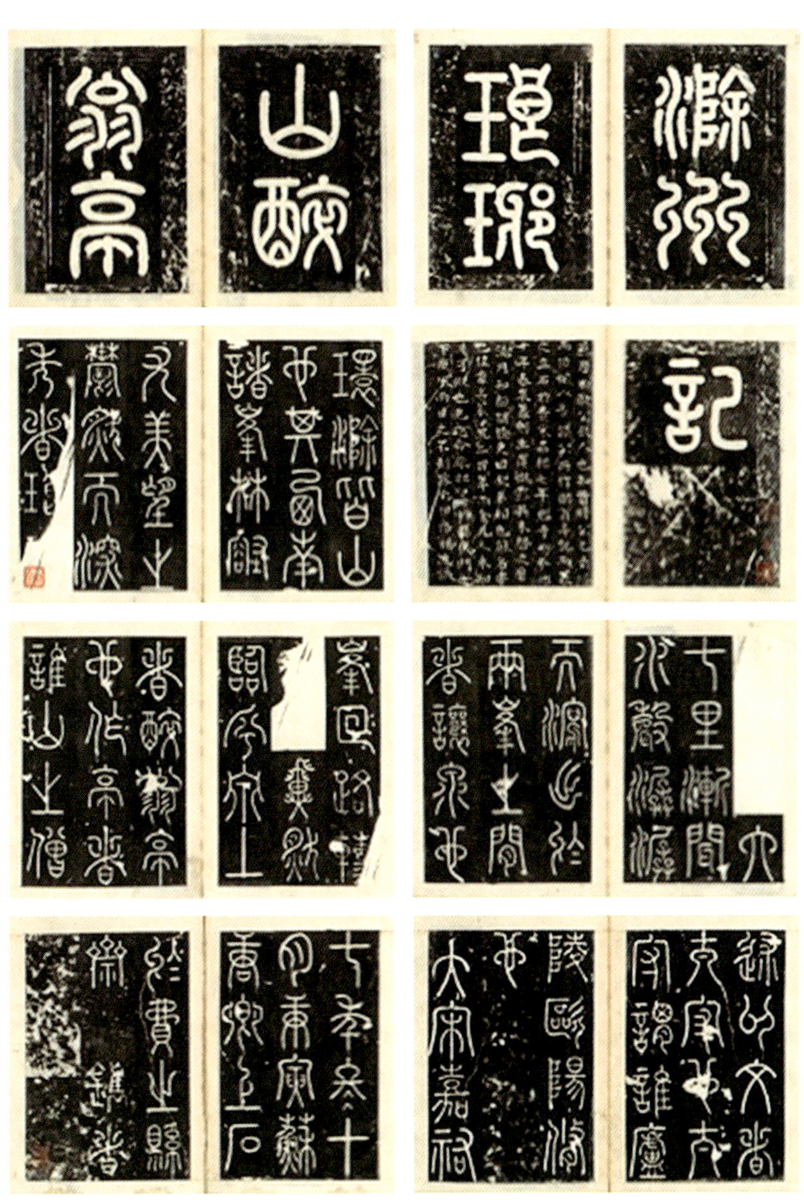

图 2　《醉翁亭记碑》拓本

外，苏唐卿篆书还见《祖无择三言诗摩崖》（庆历四年七月，连云港云台山）、《“竹鹤”大字摩崖》（嘉定年间李元庚刻于四川武胜真静书岩）等。

三、欧阳修撰、邵必篆额、蔡襄楷书《昼锦堂记碑》

《昼锦堂记》之碑，题署“尚书吏部侍郎、参知政事欧阳修记”“端明殿学士、尚书礼部侍郎蔡襄书丹”“尚书刑部郎中、知制诰邵必题额”“治平二年三月十三日，太子宾客、知相州赵良规立石，浔阳蹇亿刊字”。此碑三位合作完成者均为北宋名手，欧阳修乃当时文坛领袖，蔡襄“工于书，为当世第一”，邵必以“善篆隶”获誉一时，后世有“三绝碑”之称。加之韩琦名臣故事，在元代就有“四绝碑”之名。

此碑又称《相州昼锦堂记》。其文见欧阳修文集，并选入《古文观止》。“昼锦堂”是北宋名臣韩琦在至和二年（1055年）出知相州时在署衙后院所建的休闲场所之一，反用《汉书·项籍传》“富贵不归故乡，如衣锦夜行”句意而为堂名。嘉祐三年（1058年），韩琦拜中书门下平章事、集贤殿大学士，自此开始长达十年的宰相生涯。欧阳修在嘉祐六年（1061年）出任参知政事，成为韩琦最重要的政治盟友之一，其间，韩琦请欧阳修为昼锦堂撰写碑记。

北宋昼锦堂原址在相州署衙后院，即今河南省安阳市文峰区马号街高阁寺一带。南宋范成大在乾道六年（1170年）出使金国沿途所记的《揽辔录》中记载：“过相州……昼锦堂尚存，金尝更修饰之。”在明代被藩王（赵王府）占据之后，弘治年间彰德知府冯忠在“韩王庙”东侧（即今安阳市老城内东南营街路北），按照原规模格局移建了昼锦堂。可惜的是，北宋原刻的《昼锦堂记碑》在元代之前就遭毁灭。现存之碑，乃“至元间再模而刻”，起初置立于大德二年（1298年）重修的韩王庙“庭西”（参见元人纳新《河朔访古记》卷中“魏郡部·彰德城中嘉惠曲昼锦坊”条），有论者以为当指元世祖至元（前至元，1264—1294年）年间依据宋刻拓本摹刻复立。元代摹刻的《昼锦堂记碑》后又久埋地下，至清代顺治年间才重新出土于安阳老城鼓楼西，遂移立于韩王庙，并于乾隆年间建碑亭加以保护。现存韩王庙旁新昼锦堂碑亭内的《昼锦堂记碑》是元代复刻之碑，而亭外所竖则是近年复制品。

蔡襄（1012—1067年）所书《昼锦堂记》在两宋金石、书史著述中多有提及，如董逌（活动于北宋晚期至南宋初期）《广川书跋》卷十、董史（旧一作董更，主要活动于南宋晚期理宗朝）《（皇宋）书录》卷中，其中董逌所记“蔡君谟妙得古人书法，其书《昼锦堂》，每字作一纸，择其不失法度者，裁截布列，连成碑形，当时谓‘百衲本’，故宜胜人也”（《广川书跋》“昼锦堂记”条），广为后世人所信据。然而，此碑的宋刻原石拓本闻所未闻，元代重刻之碑的早期拓本也未见传世。清代以来，李光暎《观妙斋藏金石文考略》卷十三、刘青藜《金石续录》卷四、毕沅《中州金石记》卷四、武亿等《安阳县金石录》卷五、王昶《金石萃编》卷一百三十六等均见著录。本拓系清末旧拓，品相较好，

图 3　《昼锦堂记碑》拓本

较之现存之碑有多字完整。墨拓部分，连额高约 244.5cm，因遭不当裁剪而成上宽 114cm、下宽 109cm。右下角新钤“富春方爱龙过眼”“一吟堂所藏两宋石刻文字拓本之记”朱文二印，左下角新钤“方爱龙所藏金石书画”白文印。此碑系蔡襄在治平二年（1065 年）三月拜端明殿学士出知杭州之前所书，也是他一生中最后的书碑之作。因为“百纳”而成碑形，故而端正谨严，现存字形多存颜真卿、柳公权碑版书迹姿态，或许因元人重为摹刻，而损失了些自然之味。邵必篆额从李阳冰而来，已见宋人篆书装饰气象。原碑刻手蹇亿是熙宁年间（1068—1077年）的中书省玉册官。

图 1　波士顿美术馆宋代艺术品特别展中英文导览

波士顿美术馆藏宋孝宗书苏轼诗句

宋向阳

（IPG Photonics, 200 Innovation Way, Nashua, NH 03602）

波士顿美术馆（Museum of Fine Arts, Boston）可以说是海外宋代艺术品（书画，瓷器，佛像等）收藏的重镇，2016 年由中国艺术部主任白玲安（Nancy Berliner）策划在 Paul and Helen Bernat 274厅开辟了全新的宋代艺术特别展，命名为“宋－中国艺术的黄金时代”(Song, the golden era of Chinese Aesthetics 960—1279）。在展厅中央的幽暗光线里，矗立着一块以陈容《九龙图》云水纹为底的导览板，左上侧一幅绢本团扇，内容是宋孝宗赵昚行楷书写的苏轼诗“平生睡足连江雨，尽日舟行擘岸风”。这个别有深意的开场白，以南宋皇帝书写的北宋名家诗句彰显了有宋一代内敛含蓄的美学风格。

考察南宋书法史可以发现存在着“双线”发展，一条线是文人士大夫阶层延续北宋书风，发挥“尚意”风潮，另一线则是以高宗为代表的南宋皇室书家的“复古”思潮[①]。高宗以帝王身份想将追求“尚意”的北宋书法重新牵回魏晋钟、王的传统轨道上去，在高宗看

① 方爱龙：《南宋书法史》，上海古籍出版社，2008 年。

来，皇家翰林院的艺术，不仅是诗与美的艺术，而且还是道德和政治理想的艺术——其基于新儒学“文以载道”的主张，而这个“道”必须是由国家来代表[②]。高宗的书学观念也深刻影响了孝宗以后的皇室成员。可惜的是南宋一朝始终没有出现赵孟頫这一类的书坛领袖和全才型人物，所以南宋皇室的这股书法复古主义思潮，也只能在有限的势力范围内传播，未能成为时代主流。

宋孝宗赵昚（1127—1194 年），初名伯琮，宋太祖七世孙，秦王德芳之后。高宗赵构南渡不久，唯一的皇子早夭，此后再无子嗣。绍兴二年（1132 年），高宗命人访求宋太祖赵匡胤后裔，从中选出诸子，育于宫中。当时有赵伯琮（封普安郡王）和赵伯玖（后改名璩，封恩平郡王）二人。伯琮由张婕妤抚养，赵璩则由吴才人抚养。开始形势对伯琮极其不利，尤其绍兴十二年（1142 年），养母张婕妤去世，而吴才人又被册立为皇后。高宗最终要在两位皇子间做出选择，所以他出了两道考题。他先将自己临写的《兰亭序》分赐两位皇子，后有批字云，依次临五百本。结果，“重华（孝宗禅位后居重华宫）七百本上之，而恩平讫无所进。盖勤殆之分，天命之所以去留也。”[③]高宗又赐予二位皇子各十个宫女，“阅数日，果皆召入。恩平十人皆犯，普安者完璧也。已而皆竟赐焉。上意遂定。”[④]最终，伯琮以其连续对临兰亭七百本的勤勉之举和高度自律的表现赢得高宗信任，遂在三十二年（1162 年）改名昚，立为皇太子，同年高宗行内禅之礼让位于赵昚[⑤]。即位后，赵昚励精图治，平反岳飞冤案，起用主战派，力图收复中原，并发展经济，整顿吏治，半壁江山曾为之焕然一新，《宋史》评价“卓然为南渡诸帝之称首”。对于养父赵构，他也是竭尽孝道，不仅在物质生活上满足其种种欲望，在治国大计上往往委曲求全，即便在书法风格上，也完全承继高宗，庙号“孝宗”确是实至名归。

然而孝宗的艺术天赋以及书画修养明显不及高宗，其书法受到了高宗极为严格的督导，规行矩步，沉稳规范。明代史学家陶宗仪在《书史会要》中说：“孝宗书有家庭法度。”高宗曾训示孝宗“先写正书，次行，次草。《兰亭》《乐毅论》赐汝，各先写五百本，然后写草书”[⑥]。而且如上所言让他写自己的临本，结果孝宗完全学高宗，几可乱真[⑦]。

根据《宋会要》《玉海》等历史资料统计，孝宗书帖和书事并不少[⑧]，但他的传世可靠

---

② 方闻：《超越再现：8 世纪至 14 世纪中国书画》，浙江大学出版社，2011 年。

③ 李心传：《跋高皇御书临写本》，俞松：《兰亭续考》卷二。

④ 周密《齐东野语》卷十一。

⑤ 内禅的真正原因是南宋君主对金国君主以“侄”自称，无端矮一辈，若金朝主幼，则未免太过屈辱，所以往往禅位以存国体。

⑥ 桑世昌《兰亭考》卷二。

⑦ 曹宝麟：《中国书法史 宋辽金卷》，江苏教育出版社，2009 年。

⑧ 塚本麿充：《宋代皇帝御書の機能と社会》，神戸大学美術史研究会，2007 年。

作品并不多（参看表格），而且有多幅书作被当作高宗手笔，直到 20 世纪，才重新定为孝宗所书。比如现藏辽宁省博物馆的泥金草书《后赤壁赋》，从元代起就被人认为是徽宗或高宗所书，后来经杨仁恺[9]和徐邦达[10]始考订为孝宗御笔。

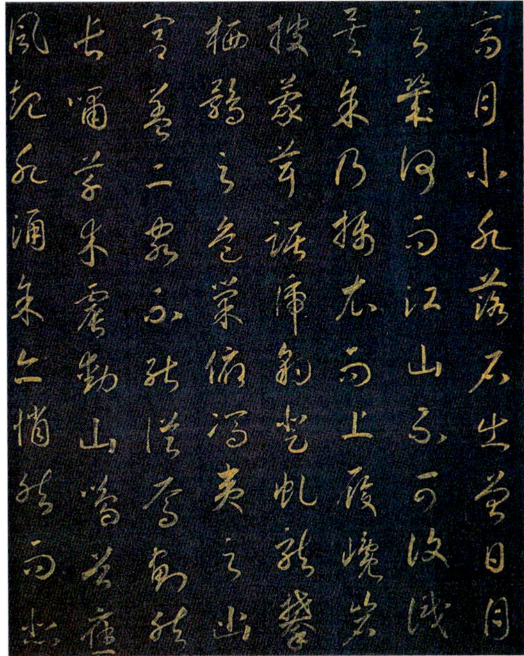

图 2　辽宁省博物馆藏孝宗草书《后赤壁赋》局部（左）和高宗草书《洛神赋》局部（右）

宋孝宗传世书迹表

书迹	馆藏地	备注
政道帖	三希堂法帖	赐曾觌
乾道御札二通	台北林氏兰千山馆	允文敕，疑
和灵隐长老偈拓本	日本京都东福寺	塚本麿充《宋代皇帝御書の機能と社会》
赐问佛照禅师语拓本	日本京都东福寺	同上
赐佛照禅师颂拓本	日本京都东福寺	同上
太白名山碑拓本	日本京都东福寺	同上
韩世忠神道碑题额	原碑在江苏吴县	“中兴佐命定国元勋之碑”十字
草书赤壁赋卷	辽宁省博物馆	杨仁恺《关于宋孝宗赵昚后赤壁赋的几点考察》
轻舠依岸七绝纨扇	美国大都会博物馆	方闻判为高宗书，徐邦达由春云初起摹本证为孝宗手笔

⑨　杨仁恺：《关于宋孝宗赵昚后赤壁赋的几点考察》，《杨仁恺书画鉴定集》，河南美术出版社，1999 年。

⑩　徐邦达：《古书画过眼要录》，湖南美术出版社，1986 年。

苏轼七言联句纨扇	美国波士顿美术馆	阮元认为高宗书，徐邦达等定为孝宗
池上疏烟七言联句纨扇	美国大都会博物馆	《珊瑚网》卷四三高宗题赵希远画，方闻判为孝宗书
题篷窗睡起册	台北“故宫博物院”	朱惠良据“寿皇书宝”印判为孝宗书高宗诗
法书赞	日本	朱惠良：疑为高宗书
春云初起七绝方幅	私人收藏	勾摹本，徐邦达由“选德殿书”印确定为孝宗书
只因青帝七绝纨扇	嘉德四朝宸翰拍卖	尝刻入潘氏海山仙馆法帖

又如下图所示高宗御书《杜甫诗》与大都会博物馆收藏的两幅孝宗书诗局部比较，无论是字形结构还是点画笔法都如出一辙。一些细微的差别在于孝宗用笔多圆转而高宗多顿折，章法上孝宗字距匀称横直皆成行而高宗则错落有致，这也从侧面反映出孝宗中规中矩的性格特征。徐邦达在《南宋帝后题画书与院画》一文中评论孝宗“书法似高宗而工力较差，结体未稳，笔法亦拙钝些，直笔有战（颤）动处，可能是晚年之作”。[11]

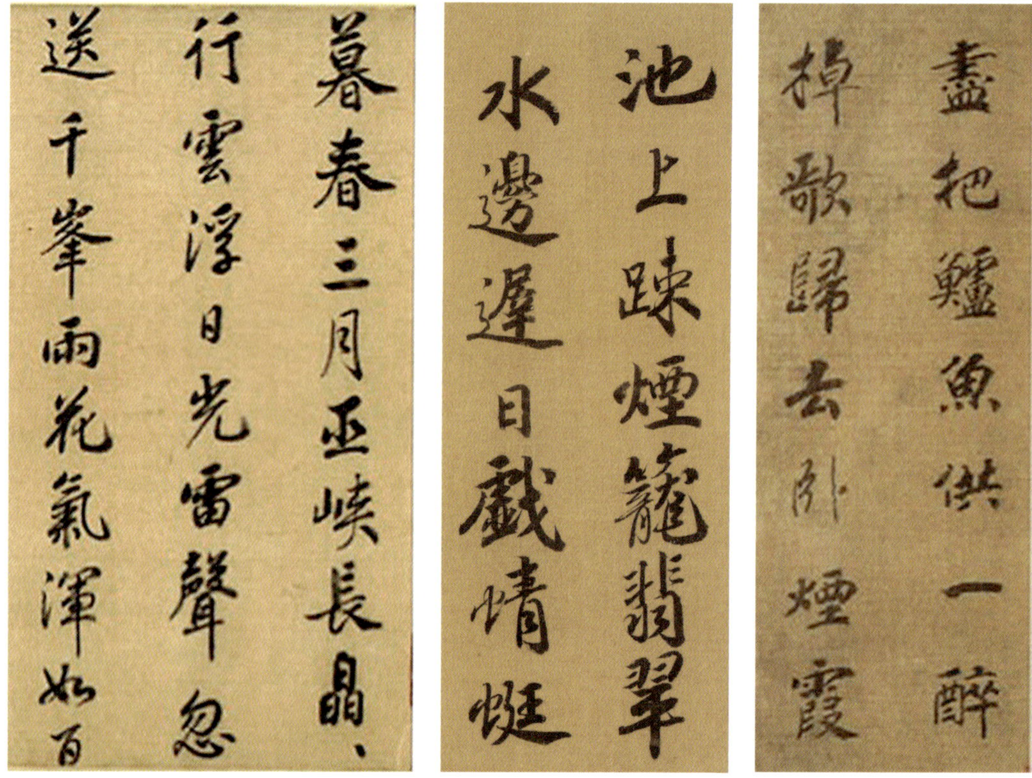

图 3　台北“故宫博物院”藏高宗书《杜甫即事诗》（左）、纽约大都会博物馆藏孝宗书《池上诗团扇》（中）和《轻舠依岸七绝团扇》（右）

⑪　徐邦达：《古书画伪讹考辨》，江苏古籍出版社，1984 年。

再看波士顿美术馆所藏的孝宗书苏轼诗，其结体、运笔等方面与上述两件大都会藏纨扇书法习惯完全一致，相互印证均是孝宗御笔。书写的内容出自苏轼诗《与秦太虚、参寥会于松江，而关彦长、徐安中适至，分韵得风字二首》之二，此诗句著录在《东坡全集》卷十，全诗云："二子缘诗老更穷，人间无处吐长虹。平生睡足连江雨，尽日舟横擘岸风。人笑年来三黜惯，天教我辈一樽同。知君欲写长相忆，更送银盘尾鬣红。"东坡此诗句其实是源自杜牧五言诗《忆齐安郡》中四句"平生睡足处，云梦泽南州。一夜风欺竹，连江雨送秋"，齐安郡即黄州，杜牧曾做黄州刺史，而东坡也谪居黄州，其情其景自然会引发诗人的共鸣。

苏轼乃是孝宗所景仰的北宋士人，孝宗曾亲为东坡文集撰写序，在位时追赠苏轼太师称号，赐谥号"文忠"，平日里他总是把苏轼的文章放在身边，百读不厌，还说"敬想高风，恨不同时"，所以手书此诗联句更在情理之中。

按波士顿美术馆的馆藏图录，此幅与夏圭《风雨行舟图》裱成对幅（见图 4），左侧是清代经学大家阮元的题跋"此御书乃宋高宗笔，诗则苏文忠公旧句也。渔隐丛话载文忠此诗作'平生睡足连江雨，尽日舟横拍岸风'，今苏诗刻本亦作'舟横擘岸风'，今此幅专为行舟设景，自是南宋初本作'行舟擘岸'也"。又阮元在《施顾注东坡诗》有一题记云："昔乾隆间冯星实先生，辑苏诗注，曾访于余，余略举一二事告之。嘉庆间余购得宋画册，内有团扇幅，南宋画院画风水之景，岸树枝皆右偃水中，一舟右行，帆甚饱满。扇背绢有宋高宗题苏诗二句云'平生睡足连江雨，尽日舟行擘岸风'。今施注本作舟横，且引莱公诗（寇准诗句'野水无人渡，孤舟尽日横'），与画意题句皆不合。况此诗前一首有'送客今朝西北风'之句，是横字大错，注时已然。思陵（高宗陵寝）所写，尚是不误之本。"

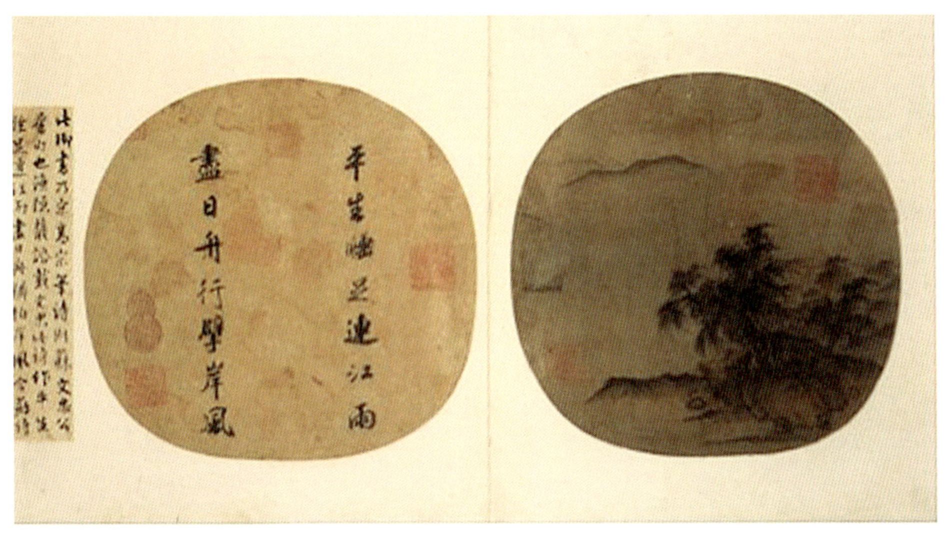

图 4　波士顿美术馆网页上显示的团扇对幅（馆藏编号 12.891）

阮元（1764—1849年），江苏仪征人，字伯元，清嘉庆、道光两朝名臣，乾嘉学派经学家，在经史、数学、天算、编纂、金石、校勘等方面造诣极高。他曾奉敕续编《石渠宝笈》，遍览内府秘藏，将清宫收藏的历代书画，梳理详解写成《石渠随笔》。即使如此，他仍认为此诗是高宗所书，这也证明清代区别高宗孝宗书法还是难事。

细察扇面，并无署款，钤有葫芦朱文印“御书”和两方白文印“黔宁王子子孙孙永保之”“朴孙心赏”。由此可知纨扇经明代黔宁王子沐昂收藏，清代流入阮元之手，再到清末由完颜景贤收藏，1912年由时任波士顿美术馆东方部主任的冈仓天心购藏。

黔宁王沐英（1345—1392年），朱元璋养子，明朝开国、镇边之功臣。幼年父母双亡，被朱元璋收留，因当时膝下无子，收他为义子，改姓为朱。十八岁开始担当军事要任，二十三岁协助朱元璋攻福建，立下大功，朱元璋赐他沐姓。沐英功在平定云南，并在云南大力发展屯田军垦，四十八岁时病逝于云南任所。朱元璋追封他为“黔宁王”，其子孙世代镇守云南，承袭“黔国公”爵位，直至明亡，达二百七八十年。沐昂（1379—1445年）是沐英第三子，喜好诗文，常与文士交往，编有《沧海遗珠》，书中共有五十多首吟咏其收藏品的诗作。沐璘（1430—1458年）是沐昂长孙，明代鉴藏家王世贞说“沐府珍宝金贝，充斥库藏，几可与皇家收藏抗衡”。

完颜景贤（1876—1926年），字享父，一字任斋，号朴孙，别号小如庵。满洲镶黄旗人，生于贵族之家，家富收藏，其中书籍、碑帖、书画尤多，精于赏鉴，所见甚广。张伯驹在《北京清末以后之书画收藏家》一文中言：“清末至民初北京书画收藏家，首应推完颜景贤。三虞堂主人，三虞者，唐虞永兴《庙堂碑》册、《汝南公主墓志铭稿》卷、《破邪论》卷也。”[12]他与清末收藏家端方（1861—1911年）交好，继承了其大部分旧藏。惜时局动荡完颜景贤旧藏三分之二流转到日本，而波士顿美术馆通过冈仓天心于1912年5月也从他手中购得近二十幅名书画，其中有宋徽宗《摹唐人捣练图》（12.886），夏圭《风雨行舟图》（12.891）和宋孝宗书《苏轼诗》（12.892）对幅、宋理宗书《皇甫冉诗》（12.890）、范宽《雪山萧寺图》（12.889）、李唐《春社醉归图》（12.893）、董源《平林霁色图》（12.903）、王振鹏《姨母育佛图》（12.902）以及仇英《弹箜篌图》（12.891）等。

从上文的比较图也可以看出，这些字是出自一人之手，而其他书迹已经从印玺及文献记载证明为孝宗御书，从而确证本文所述为孝宗书法，册页上阮元题跋应该是在资料不足的情况下得出“高宗御笔”的结论。

本文是对波士顿美术馆收藏的宋孝宗书苏轼诗的一个简单介绍，希望能为书画爱好者在观赏这幅作品时提供一个路径。

---

⑫　张伯驹编：《春游琐谈》，中州古籍出版社，1984年。

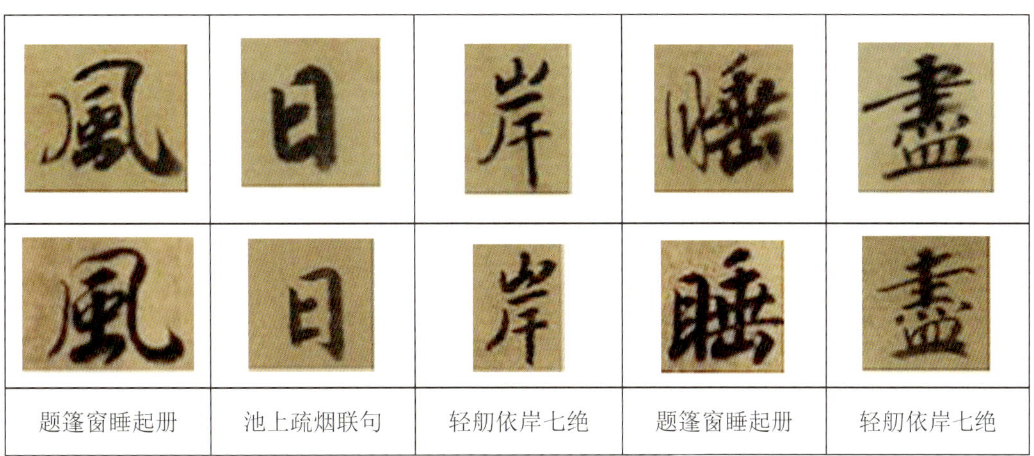

图5　孝宗书苏轼诗（上）与孝宗其他书法（下）之比较

杭州南宋时期酒业的考释与讨论

胡云法

【内容提要】

宋代酒封泥的研究和考证，是一个全新的学术课题。它存世稀少且鲜为人知，但其传递的信息，对于还原宋代酿酒的历史的重要性，是显而易见的。封泥上的铭文，是一种特殊的文化载体，具有鲜明的时代特征，它与同时代的政治、经济、文化、商贸、风俗等诸多方面相联系。本文披露的这些酒封，从一个侧面再现杭州南宋时期酒业盛况。为我们客观、真实地认识、了解、探讨、考证杭州南宋时期酒的种类和酒文化，提供了实物资料。

【关键词】杭州南宋；封泥；酿酒；种类；文化；考释

一

杭州，不仅是一座有着优美自然风光、景色宜人的风景旅游城市，更是一座有着悠久历史和灿烂文化的历史文化名城。

“华夏民族之文化，历数千载之演进，造极于赵宋之世。”[①] 璀璨的宋文化是中华文化的黄金时代，也是杭州历史上辉煌的时期。无论是经济、生产、商贸、民情，还是政治、道德、

① 陈寅恪：《邓广铭〈宋史职官志考正 〉序》，《金明馆丛稿》二编，第245页。

科技、文艺、宗教等众多方面，都有其独特的成就，影响深远。

“钱塘自宋南渡建都，其山川宫阙，衣冠礼乐，遂甲天下。”[②] 杭州南宋文化的繁荣和成就，是在广泛继承、总结并发展包括北宋在内前代已有成果的基础上形成的，是宋人开拓创新的产物。

二

我国是世界上最早酿酒的国家之一，有着五千多年的悠久历史。利用曲菌糖化与酒化结合酿酒的古老传统技术，是我国酿酒工艺的独创，在世界酿酒史上占有光辉的一页。在中国漫长的酿酒史上，宋代是我国酿酒业发展的重要阶段，它和同期的陶瓷、绘画、制版印刷等一样，有着辉煌的成就和优秀的文化内涵，是宋文化的重要组成部分。

南宋定都杭州之后，一跃成为全国的政治、经济、文化中心。随着政权的日趋巩固和经济的不断繁荣，都市酒楼林立，酿造工艺日新月异，各地名酒纷呈京师，竞相争奇斗艳，酒的消耗和酿制大大超过北宋。乾道元年（1165 年）仅京城官库，“日售钱万缗，岁收本钱一百四十万，息钱一百六十万，曲钱二万”。[③]

然而，随着岁月的流逝，当年的繁荣景象早已淹没在历史的长河中，与酒有关的实物也几乎荡然无存。今天，从都城遗址建筑废土里拣拾的那些酒封泥中，兴许还能让我们再度寻找到当年杭城酒业的繁华。

封泥，又称“泥封”，是一种盖有印戳文字的泥作团块。它不同于早期用于重要文件、书信或物品传递用途的封泥。而是用于陶瓷瓶、罐、瓮等容器上的密封盖器。这种既简便，又实用的工艺，在今天绍兴黄酒的酒甏封口上，还能见到它的踪影。宋代封泥种类涉及酿酒、食品、蔬菜、中成药等多个方面，本文讨论的仅限笔者收藏与酒有关的封泥。

宋代酒封的研究和考证，少有人涉足，在学术上是一个全新的课题。笔者试图以这些杭州多年来收藏的酒封泥为切入点，“让历史说话，让文物说话”，以实物为依据，用古代文献资料相佐证，真实地还原杭州南宋时期酿酒的盛况和名酒的种类。

三

据《武林旧事》《西湖老人繁胜录》等文献记载，南宋时，两浙名酒约有 67 种，其中以杭州数量最多。宫廷名酒、各地州府官酒、民间制酒，品种繁多。宫廷名酒有蔷薇露、流香、

② ［宋］吴自牧《梦粱录》，《学津讨原本梦粱录跋文》，浙江人民出版社，1984 年，第 198 页。

③ ［元］脱脱等：《宋史》卷 185《食货志》，中华书局，1976 年点校本，第 4522 页。

思堂春、凤泉、玉练槌等；官府名酒有清白堂、蓝桥风月、万象皆春、庆华堂、紫金泉、珍珠泉酒、长春法酒、菊花酒等；民间制酒如东阳酒、金盘露等不计其数。酒的种类有黄酒、米酒、果酒、红酒、猥酒（酒糟酿制）、滋补保健酒等一应俱全。

说起南宋名酒，当首推宫廷御酒“蔷薇露”。这里展示的封泥有两件：一件直径9.5厘米，厚2.5厘米，戳朱红印文“蔷薇露”酒名（图1），外饰双线方框；另一件，直径11厘米，厚2.7厘米，戳“丙寅年供进煮蔷薇露”印文字款（图2），标有酿造的时间和供御的专属用途，颇为珍贵。南宋人周密《武林旧事》卷六《诸色酒名》记载诸多酒名中，排列首位的是“蔷薇露”。[4]陆游《老学庵笔记》卷七：“寿皇时，禁中供御酒，名蔷薇露，赐大臣酒谓之流香酒。”有关“蔷薇露”禁中御酒的逸事，在《武林旧事》卷六《乾淳奉亲》中记载：“太上（高宗）又赐官里（孝宗）玉酒器十件，垒珠嵌宝器皿一千两，克丝作金

图1 戳朱红印文“蔷薇露”酒名

图2 戳“丙寅年供进煮蔷薇露”印文字款

龙装花软套阁子一副。侍宴官吴郡王（高宗吴夫人弟弟吴益）已下，各赐金盘盏、匹段、并蔷薇露酒、香茶等。”[5]文献说的是南宋第二代皇帝孝宗，前往德寿宫向已退位的太上皇宋高宗夫人祝寿时，太上皇在赏赐众人的物品中有“蔷薇露”酒，此举足以证明该酒为宫廷用酒。图2字款中的“丙寅年”，为甲子纪年。南宋期间有1146年、1206年和1266年三个丙寅年，此酒是其中的一年酿造的。

据笔者考证，宋代“蔷薇露”酒名，可能和唐宋时进口的香水有关。南宋《诸藩志》记载：蔷薇水，大食国花露也。唐代以来的中国史书，如《旧唐书》《经行记》《宋史》《辽史》等，均称阿拉伯帝国为大食国。蔷薇水在当时有可能即香水的意思，这种用蒸馏法提取制作的技艺，在南宋时应该还不太成熟。南宋诗人杨万里在《和张功父送黄蔷薇并酒之韵》中说：“海外蔷薇水，中州未得方。”就有此意。蔷薇是酒名，也是花名。由此想象“蔷薇露”酒，应该和蔷薇花香有关的一种颜色酒。

“煮流香”酒（图3），是南宋宫廷中的又一款名酒，封泥残长7.6厘米，宽6.8厘米，

---

④ ［宋］周密：《武林旧事》卷六《诸色酒名》，西湖书社，1981年，第101页。

⑤ ［宋］周密：《武林旧事》卷七《乾淳奉亲》，西湖书社，1981年，第119页。

厚2.5厘米，戳有朱红“煮流香”印文字款。《武林旧事》卷六《诸色酒名》中位序第二，[⑥]酒名后附“并御库”注脚，明确表明此酒的属性。陆游《老学庵笔记》卷七中称其为“赐大臣酒谓之流香酒”，说的是帝王赏赐给大臣们的专用酒。《西湖老人繁胜录》酒名中称其为“内库流香”，[⑦]与《武林旧事》记录的“并御库”，应同属一种性质。《武林旧事》卷二《御教》中言：“凡支犒金银钱帛，以巨万计，悉出内库，户部不与焉。”[⑧] 由此得知，“内库”是皇宫大内的御用之库。

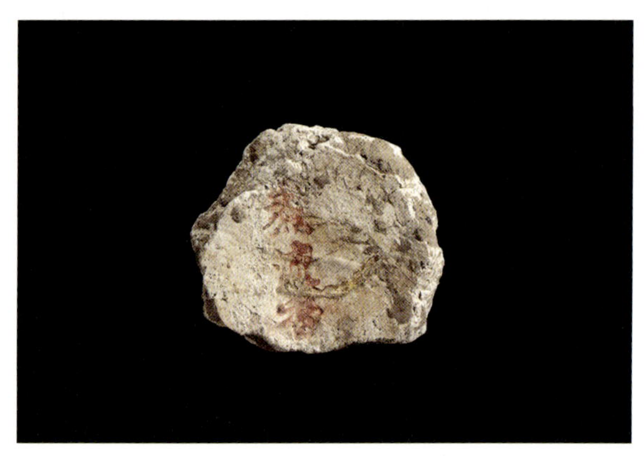

图3　“煮流香”酒

“煮流香”和图二封泥字款中的“煮”字，即指煮酒。所谓煮酒，按朱肱《酒经》“煮酒”著述，是把装在瓶中的酒，再放在甑中用水、汽煮蒸，瓶子放在竹屉上，不着甑底。在具体操作过程中要注意火候，不可以不熟，也不可过熟。古人依靠观察和经验评定酒煮的程度，一般认为“候甑箄上酒香透出”，瓶中“酒滚即熟矣”。煮酒的目的，一是杀死酒中的微生物，把酒的成分基本稳定下来，防止成品酒发生酸败；二则是通过加热，促进黄酒的老熟和部分溶解的蛋白质的凝结，使酒的颜色清亮透明（参见李华瑞《宋代酒的生产和征榷》）。[⑨] 传统绍兴黄酒酿造称煮酒为“煎酒”，是酿酒的最后一道工序，控制好坏直接关系到酒的质量。古人煮酒，不仅是加工过程，还是酒的名称。上好的煮酒，不仅选料、用水讲究，还需长时间存贮。

说到煮酒，影响最深的是《三国演义》第二十一回中，那个“曹操煮酒论英雄”的精彩故事。“青梅煮酒斗时新，天气欲残春”（晏殊《诉衷情》），表示在诸多有关“煮酒”的诗意描述中，宋人更喜欢“青梅煮酒”。“枝上青青结子，子中白白藏仁。那时别是一家春。劈泥尝煮酒，拂席卧清阴”（王炎《临江仙·栽梅》）中的“劈泥”，指的是去除酒瓮口上的封泥。对于宋人来说，“青梅煮酒”不仅是一个节令性的饮宴活动，还是高雅情趣与美好生活的象征。

“思堂春”酒（图4）。泥封直径11厘米，厚2厘米，中间戳墨色“思堂春”印文酒名，两边另戳文字模糊难辨。按《武林旧事》卷六《诸色酒名》“思堂春”酒标注，封泥右则

---

⑥　[宋]周密：《武林旧事》卷六《诸色酒名》，西湖书社，1981年，第101页。

⑦　[宋]西湖老人：《西湖老人繁胜录》，《杭州掌故丛书》之《南南古迹考（外四种）》编辑，浙江人民出版社，1983年，第103页。

⑧　[宋]周密：《武林旧事》卷二《御教》，西湖书社，1981年，第22页。

⑨　[宋]朱肱著、高建新编著：《酒经》，中华书局，2011年，第145页。

图 4　“思堂春”酒

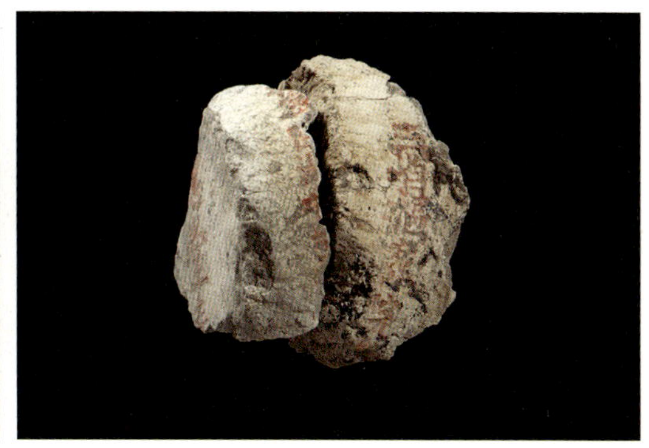
图 5　“三省枢密院激赏库”

五字应为“三省激赏库”，[⑩] 左侧看似“煮酒”字样。“思堂春”酒封泥边款见有“三省枢密院”和“枢密院激赏库”字样，文字完整的话可能是“三省枢密院激赏库”（图 5）。《梦粱录》卷九载，“三省，即尚书省、中书省、门下省。枢密院，置院于中省之北，今在都堂东，止为枢属列曹之所。”旧址在今杭州卷烟厂北侧六部桥附近。

“激赏库”为宋代官署名，隶属三省，置于绍兴年间，专供边防将士军需物资之用，后兼管供应朝廷和官吏所需物资。《南宋馆阁录续录》卷六“再讲暴书会”条云：“淳熙五年（1178 年）……九月二十三日会于道山堂，……铺设图画、古器、琴砚，如绍兴十三年之制，分送纸籍、香茶有差。三省、枢密院两厨各送思堂春酒三十瓶，折食钱一百十六。”从中获悉，“思堂春”酒也是朝廷的专属用酒。“玉壶买春，赏雨茆屋。”古人以“春”称酒。封泥中的“春”字指酒，宋代酒名很多都带有春字。今天“剑南春”酒名自唐沿用至今，就是一个很好的实例。

“凤泉·殿司”酒（图 6）。泥封直径 11.1 厘米，厚 3.3 厘米，戳朱红“凤泉·殿司”酒名，外饰一圈环状花纹。《武林旧事》卷六《诸色酒名》及《西湖老人繁胜录·酒名》中都记载了此酒。字款中“凤泉”为酒名。“殿司”属官署名，即“殿前司”。《梦粱录》卷九《三衙》载：“殿前司，在凤凰山八盘岭中，置衙。”又《武林旧事》卷二《御教》载：“是日，太上皇于都亭驿设帘幄以观。驾至，邀上入幄，宣唤管军官，赐大金碗酒于帘外。都人赞叹，以为盛观。时殿司旗帜以黄，马司以绯，步司以白。……”由上得知，殿司即殿前司（殿司）、侍卫马军司（马司）、侍卫步军司（步司）三府衙之一的称谓，笔者藏有一南宋景德镇青白瓷墨书“殿司”（图 7）铭文瓷片，可与其相印证。殿司为皇宫的警卫军队，府衙在凤凰山皇宫后院。此酒属宫廷官府酿酒。

“供进浮碧”酒，封泥大小两件。大者（图 8）：直径 12.5 厘米，厚 3.5 厘米，上戳“供进浮碧”楷书印文酒名，字体工整。小者（图 9）：残径 9.5 厘米，厚 2.4 厘米，戳朱红“供进浮碧”楷书酒名，字体印色浓重。“供进”指供奉、进献之意。“浮碧”为酒名。在《武

⑩　[宋] 周密：《武林旧事》卷六《诸色酒名》，西湖书社，1981 年，第 101 页。

图6　“凤泉·殿司”酒

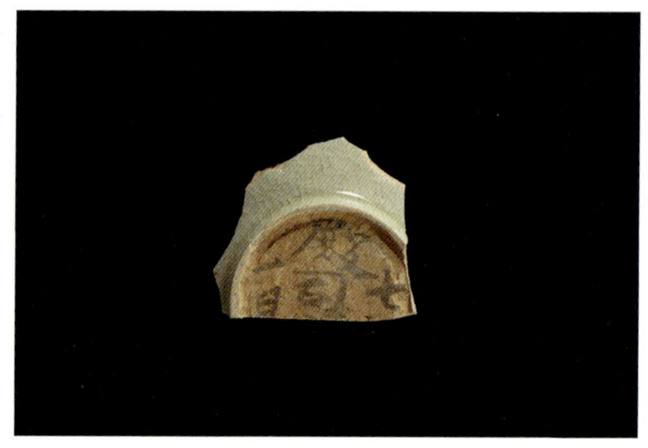
图7　“殿司”铭文瓷片

林旧事》《西湖老人繁胜录》中未载入此酒。从相似的酒名推测，和记载的“宣赐碧香”同为一类酒。“碧香”酒，曾是北宋风行的名酒，以杭州、明州（今宁波）等地和驸马王晋卿家所酿酒为最。该酒用碧桃花瓣混曲而酿成，酒色浅黄，香淡而清。当年苏东坡品尝了王驸马家酿制的碧香酒，有《送碧香酒与赵明叔教授》诗：“碧香近出帝子家，鹅儿破壳酥流盎。不学刘伶独自饮，一壶往助齐眉饷。”据《梦粱录》卷十《点检所酒库》记载：“更

图8　“供进浮碧”酒，大者

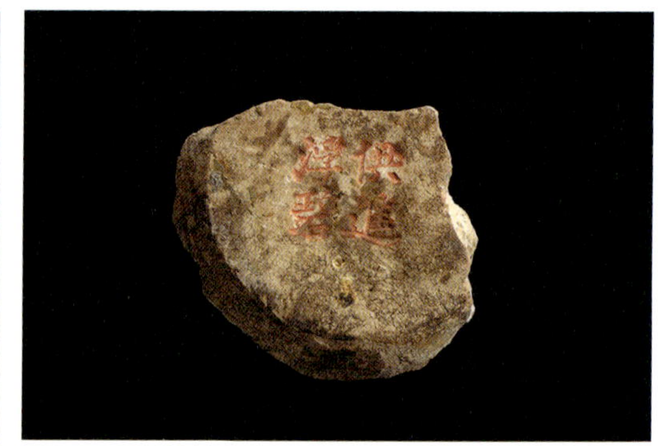

图9　“供进浮碧”酒，小者

有碧香诸库。如钱塘门外上船亭南名为钱塘正库，有楼，匾曰先得……西桥东曰煮碧香库。”⑪南宋有多家官酒库同煮此酒，可见名气之大。

“菊花酒”酒（图10）。泥封直径11厘米，厚2厘米，上墨书“菊花酒·谨封”铭文，加盖四字篆书朱红官印。菊花酒，又名菊华酒，因其色黄，故又名“黄花酒”。宋代大臣扬杰陪同来宋取经的高丽名僧义天，“遍历从林，问法受道”。重九游九华山之顶莲花峰时饮此酒。后奉诏游至钱塘（杭州）。时苏东坡正在杭州知州任上，故赋《送扬杰》一首诗曰：“太华峰头作重九，天风吹滟黄花酒。”

据考证，菊花渍酒或酿酒，大约始于西汉。葛洪《西京杂记》中记载了汉代重阳节采菊花和米酿成醇酒，作为养生长寿之酒饮用。唐宋间更加流行，成为道士或医家提倡的养

⑪　［宋］吴自牧：《梦粱录》卷十《点检所酒库》，浙江人民出版社，1984年，第87页。

生滋补酒。当时宋人酿造菊花酒的方法：一种是以菊花晒干用生绢布包扎好，放入酒中浸渍七日而成；另一种方法如《圣惠方》载：“九月九日菊花晒干，取家糯米一斗蒸熟，用五两菊花末，搜如常酿法，多用细面曲为宜，酒熟即压之去渣，每温一小盏服。”菊花有清肝明目，疏风利咽等功效，是养生、延年益寿的饮用佳品。从封泥墨书字款“谨封”和所见官印推测，此酒应是地方官府上供给朝廷用的。

图 10　“菊花酒”酒

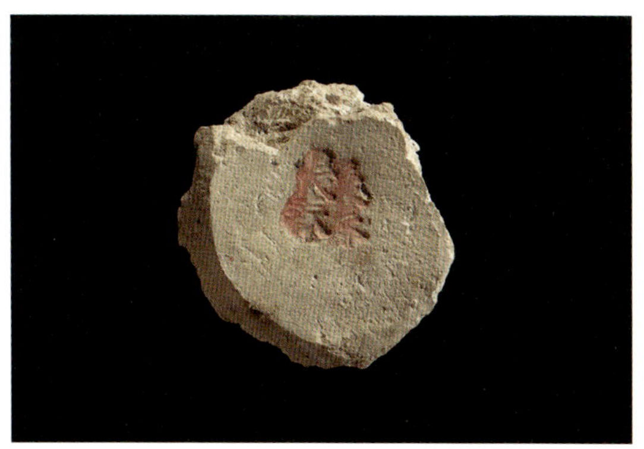
图 11　“长春”酒

“长春”酒（图 11）。泥封直径 10.2 厘米，厚 2.1 厘米，上戳“长春”朱红印文酒名，由于印戳重复加盖了两次，致使文字有部分重叠。“长春”酒，经考证可能即“长春法酒”。“法酒”，指按照一定法式酿造的酒。《宋史·职官志》中有“法酒库”一职，属宋官署名，专门为皇帝御用、祭祀、给赐酿酒。“长春法酒”出现在南宋晚期，属官府名酒。

据林正秋《宋代生活风俗研究》“宋代酿酒与酒文化”[⑫]中介绍，是南宋宰相贾似道府中酿造的一种养生美酒。贾似道（1213—1275 年），字师宪，台州人，理宗贾妃之弟。官拜右丞相兼枢密使、少师、少傅、太师等高位。

宋理宗景定五年（1264 年），贾似道以刚刚酿成的长春酒及配方进贡理宗皇帝。该酒用当归、川芎、半夏、五味子、熟地黄、甘草、白术、人参、石斛、丁香等十几味中药制成，用纱布将中药包裹浸于酒内，春天七日，夏天三日，秋天五日，冬天十日即成可饮。每天早晨一杯，中午一杯，连饮些日子，有“壮筋骨、滋血脉、除湿实脾”等健体养生之功效。“长春”酒封泥的发现，证实了南宋此酒存在的事实。

“真珠泉”酒（图 12）。封泥直径 10.2 厘米，厚约 2.5 厘米，上戳“临安府清真珠泉”朱色印文，由于印戳移位，致使个别文字有缺失。印文中“临”字，仅剩头部左侧少许笔痕；“安”字上面部分字迹尚可辨认；“府清真珠”四字的字迹基本完整；“泉”字上半部的“白”字可看清。泥封中间尚有两字模糊不清，难以辨认。

---

⑫　林正秋：《宋代生活风俗研究》第四章《两浙名酒》，中国商业出版社，1997年，第 103—104页。

图 12 “真珠泉”酒

“真珠泉”酒，又谓“珍珠泉”酒。林正秋在《宋代生活风俗研究》谈到“两浙名酒”时说：“真珠泉酒，北宋景祐年间（1034—1037 年），杭州官府取雷峰塔下的泉水，因水累累而出如贯珠而得名，南宋时成为京师官府酿造的名酒。”[13] 印文“临安府”，是南宋时期杭州的府衙。据杭州考古所考古发掘认定，临安府治遗址位于杭州市上城区荷花池头一带，南起河坊街，北至三衙前，东依劳动路，西邻南山路，总面积超过百亩。[14]《武林旧事》卷六《诸色酒名》中，“真珠泉”排序第十。[15]《西湖老人繁胜录·酒名》中称其谓“珍珠泉”。[16]

印文中的“清”字，谓“清酒”。“清酒”，古人指经过反复澄清之后的酒。“清酒”是对“浊酒”（带酒糟）而言，是未经加煮的酒。宋人朱肱在《酒经·收酒》中言：“大抵酒澄得清，更满装，虽不煮，夏月亦可存留。”《齐民要术·法酒》中又说：“合醅饮者，不复封泥。令清者，以盆盖，密泥封之。”[17]“醅”指没有过滤的酒。经过不断过滤澄清，酒的颜色会越来越清亮，味道越来越芳醇，酒的品质也越来越好，当然，清酒的价格也会随之而高。诗人李白在《行路难三首》（其一）说：“金樽清酒斗十千，玉盘珍羞直万钱。”就是说此。白居易诗《题酒瓮呈梦得》又说清酒：“若无清酒两三瓮，争向白须千万茎。曲蘖销愁真得力，光阴催老苦无情。”如果没有清酒两三瓮，如何能抵抗岁月白人须发。酒能消愁真的非常有用，但光阴催人老实在无情。

“小槽”酒（图 13），泥封直径 9.5 厘米，厚约 2 厘米，戳朱红楷书酒名“小槽”，字体工整，印色鲜明。

宋人《西湖老人繁胜录·酒名》中有“步司小槽”。[18]“小槽”，原指精致小巧的压酒

---

⑬ 林正秋：《宋代生活风俗研究》第四章《两浙名酒》，中国商业出版社，1997年，第 103—104页。

⑭ 杜正贤：《南宋都城临安研究——以考古为中心》，上海古籍出版社，2016 年，第 223 页。

⑮ [宋] 周密：《武林旧事》卷六《诸色酒名》，西湖书社，1981 年，第 101 页。

⑯ [宋]西湖老人：《西湖老人繁胜录》“酒名”，《杭州掌故丛书》之《南南古迹考（外四种）》编辑，浙江人民出版社，1983年，第 103页。

⑰ [宋] 朱肱原著、高建新编著：《酒经》，中华书局，2011 年，第 140—141 页。

⑱ [宋]西湖老人：《西湖老人繁胜录》“酒名”，《杭州掌故丛书》之《南南古迹考（外四种）》编辑，浙江人民出版社，1983年，第 103页。

图 13　“小槽”酒

槽床，在此引用作酒的名称。《梦粱录》卷九《三衙》曰：“侍卫步军司，在铁治岭西。”[19]“步司”，为三衙之一“侍卫步军司”的简称，是皇城的警卫军队，衙址在铁治岭西（今凤凰山皇宫后院）。

“小槽”酒名提示，此酒为经槽压“折澄”后的一种清酒，唐宋文人雅士诗词中常有引用。陆龟蒙《看压新醅寄怀袭美》诗句：“晓压槽床渐有声，旋如荒涧野泉清”，槽床渐渐传入的压酒之声，恰似山野间淙淙流淌的清泉，美妙动人，从而足见诗人压酒时的那种愉悦之情。醅，指没有过滤的酒。

中唐诗人李贺《将进酒》，开篇“琉璃钟，琥珀浓，小槽酒滴真珠红”诗句中，小槽，指小巧的压酒槽；酒滴，指在酒槽中榨压酒。名贵的琉璃酒钟，琥珀般的浓色，酒槽压出的酒如真珠一样的红。一说“真珠红”是酒名，因酒液呈色而得名。而笔者认为“小槽酒滴真珠红”，诗人想要暗示的是一种意象中的美酒，而不是光指以槽压酒。“小槽”酒取名可能与其遐想的内涵有关。

关于压酒、饮酒的美妙，南宋诗人陆游也说：“小槽春夜压春醪，天与龟堂慰作劳”（《酒熟书喜》），“侯印何由得酒泉，小槽新熟亦欣然”（《酒熟》）。在美好的春夜里上槽压榨春酒，心中的喜悦难以按捺；身挂侯印者哪能和酒泉真正相逢，见到小槽中压出新酿熟的酒，同样也能感到无比的欣慰。

“小槽”，原本只是一种压榨酒的工具，但古人经常和美酒联系在一起，由此推测“小槽”酒，应该是一种新酿制的清酒。

图 14　“入香眉寿”酒

“入香眉寿”酒（图 14）。封泥残径 9.4 厘米，厚 2 厘米。中间戳硕大墨色楷书“入香眉寿”酒名。《武林旧事》卷六《诸色酒名》中载有“眉寿堂”酒，两者应是同一款酒的不同称呼。

酒名中“入香”，指的是酒香；“眉寿”，为长寿的意思。古代，人们对饮酒与养生保健的关系早就有认

⑲　[宋] 吴自牧：《梦粱录》卷九《三衙》，浙江人民出版社，1984 年，第 79 页。

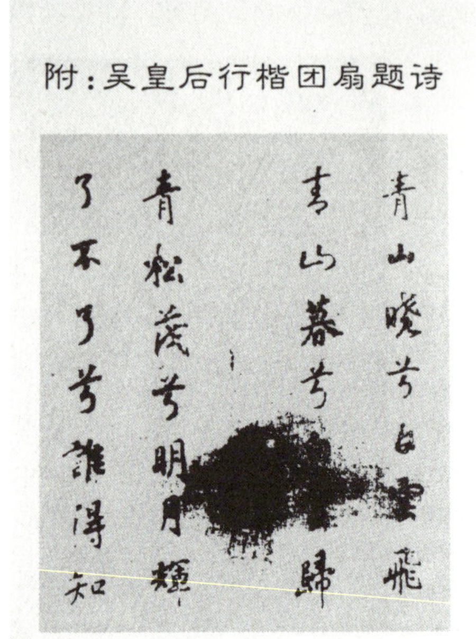

（左）图 15　“蓝桥风月”酒

（右）图 16　吴皇后行楷团扇题诗

识。《诗经·豳风·七月》中有“为此春酒，以介眉寿”的诗句，把酒和长寿联系在一起。诗句中“春酒”指冬天酿酒，春天始成，故名“春酒”；“介”为祈求之意；“眉寿”，指长寿。人老了眉上有长毛，叫秀眉，所以称长寿为“眉寿”。酒名“入香眉寿”，可理解为长寿之酒。

南宋诗人韩淲有诗《朝中措》（平江施·生朝）：“五湖烟水百花洲。别乘最风流。人道紫枢家世，清时衮衮公侯。名园绿水春无价，蜀绵舞缠头。眉寿年年今日，宝杯香霭飞浮。”诗中最后两句有该酒的佳传。

韩淲（1159—1124 年），字仲止，一作子仲，号涧泉，南宋孝宗朝吏部尚书韩元吉之子。祖籍开封，南渡后隶籍信州上饶。他是南宋中后期文坛上颇有名声的诗人，著有《涧泉集》等诗集。

“蓝桥风月”酒（图 15），是一款充满浪漫情调的皇家用酒，酒香中散发着裴航“蓝桥遇仙” 神奇的爱情故事。泥封残长 9 厘米，宽 8.2 厘米，厚 2.3 厘米，上戳朱红行楷“蓝桥风月”酒名，行笔端庄雅重，气息清远，格韵高雅，与故宫藏吴皇后行楷团扇题诗对照（图 16），两者字迹相近。据《书史会要》卷六所说，她书法学习高宗皇帝，并且写得很像，有“人莫能辨”之妙。[20]

“蓝桥风月”酒，《武林旧事》《西湖老人繁胜录》《梦粱录》等南宋时期杭州的风俗志书上均有记录，为南宋名酒，由宋高宗赵构的夫人吴皇后娘家吴府所酿制。《武林旧事》

---

⑳　洪丕谟：《中国历代帝王书法欣赏》，上海远东出版社，2007 年，第 131 页。

卷六《诸色酒名》后王府酒中有“蓝桥风月吴府”。[21]《西湖老人繁胜录·酒名》载：“蓝桥风月出吴府也。”[22]《梦粱录》卷十《后戚府》：“宪圣慈烈吴皇后宅，在州桥东。”[23]参照《咸淳临安志》皇城图中方位的标注（图 17），吴府与都亭驿相邻，位于中河州桥和六部桥的东侧，南面靠近皇宫东华门，东近候潮门，府址大概在今天杭州东南化工厂旧址一带。2009 年底至 2010 年初，原化工厂旧址商品房开发基建时，曾在废土中发现许多南宋瓷器精美碎片和“慈宁殿”“御厨”“贵妃”“贵妃位”“后苑”“翟贵”等众多宫廷用瓷铭文刻款，笔者推测可能和吴府当年存在有某种内在的联系。

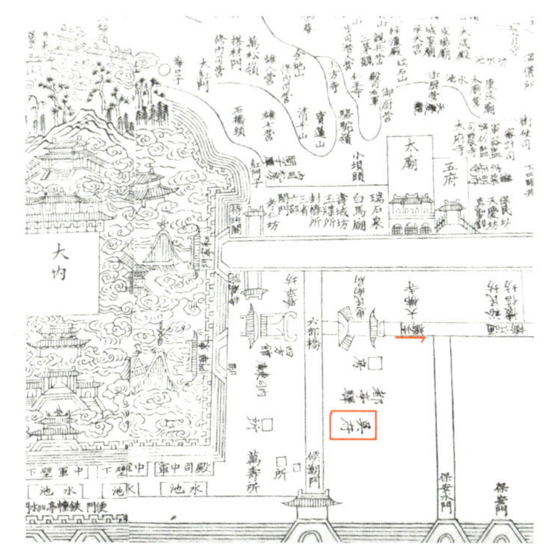

图 17 《咸淳临安志》皇城图中方位的标注

“蓝桥风月”一词，见于南宋诗人吴儆《送张丞归平江》诗：“来何迟暮去何忙，不道离人欲断肠。清节如君谁可继，遗风他日愈难忘。鲈肥酒熟归时好，水绿山青去兴长。便恐鹓行须篦羽，蓝桥风月两相忘。”吴儆（1125—1183 年）字益恭，原名备，字恭父，休宁人。与兄吴俯讲学授徒，合称“江东二吴”。高宗绍兴二十七年（1157 年）进士。

据《宋史》卷二百四十三《后妃下》记载说：宪圣慈烈吴皇后（1114—1197 年），宋高宗皇后（图 18），开封（今属河南）人。年十四岁，高宗为康王，被选入宫。高宗即位，随高宗南渡，常以戎服侍左右。从幸四明，卫士谋叛变，入问高宗所在，她加以哄骗，得免。高宗航海还越，进封才人。颇知书，博习书史，又善翰墨，日见宠遇，进贵妃。韦贤妃（高宗生母）自金返国，亦爱她。邢皇后（高宗前夫人）死于五国城消息传至，群臣累请立皇后，绍兴十三年（1143 年）遂立她为皇后。绍兴三十二年（1162 年），高宗禅位，称太上皇后，迁居德寿宫。

图 18 宋高宗皇后，台北“故宫博物院”藏

---

[21] ［宋］周密：《武林旧事》卷六《诸色酒名》，西湖书社，1981 年，第 101 页。

[22] ［宋］西湖老人：《西湖老人繁胜录》“酒名”，《杭州掌故丛书》之《南南古迹考（外四种）》编辑，浙江人民出版社，1983年，第 103页。

[23] ［宋］吴自牧：《梦粱录》卷十《后戚府》，浙江人民出版社，1984 年，第 84 页。

孝宗即位，上尊号寿圣太上皇后。乾道七年（1171年）加号寿圣明慈。淳熙二年（1175年）又加号寿圣齐明广德。高宗死，遗诏改称皇太后，居慈福殿。光宗即位，更号寿圣皇太后。绍熙四年（1193年）寿80岁，加尊号隆慈备福。孝宗死，正太皇太后之号，因光宗称疾不执丧，代行祭奠礼。垂帘宣光宗手诏，立皇子嘉王为皇帝，册夫人韩氏为皇后，撤帘。庆元元年（1195年）加号光佑，迁居重华宫。三年十一月病死，年83岁。溢宪圣慈烈，附葬永思陵。[24]

吴皇后享年83岁，是历代皇后中寿命最长者之一。她曾“母仪四世”“功佑三代”，高宗、孝宗、光宗、宁宗都曾得到她很大的帮助，对于稳定南宋前期政权有较大的贡献。

“表勳”酒，两件藏品。大者（图19）：直径11.5厘米，厚3.1厘米，上戳朱红楷书“表勳”酒名，字体工整；小者：（图20）长9厘米，宽7.5厘米，厚1.8厘米，“表勳”酒名中“勳”字较模糊。酒名左侧见有黑色篆书印文，文字模糊，其中一字好像是“后”字。

图19　“表勳”酒，大者

图20　“表勳”酒，小者

酒名“表勳”释义：“表”为表彰、表示的意思；“勳”古同“勋”，指特别大的功劳，如勋章、功勋等。“表勳”可注解为表示特殊的功劳。此酒名在《武林旧事》《西湖老人繁胜录》等著作中均未记载。

宋人王大成《野老纪闻》和明清传抄的宋代稗官野史《宋稗类钞》中，载有此酒名。故事情节大致相同：“秦桧自遭施全狙刺之后，常独处一阁，虽奴仆非命不敢辄入。季年违豫，三衙杨存中、成闵、赵密往问疾，召入室中，款语久之。言及近日表勳酒颇佳，表勳乃赐酒名也。各赠两器，皆降阶谢，复坐，顾无仆使，自携出室。此亦寓驾驭之意。”

故事说秦桧因谋害岳飞遭受施全行刺后，不敢外出而常独居一阁，连自家仆人未经许可也不可入内。晚年生病，三衙少师恭国公殿帅杨存中（岳飞父子遇害时的监斩官）、马军太尉成闵、步军太尉赵密前去探问病情，召见入室。闲谈中，秦桧说起近日的“表勳”酒很好，乃是高宗御赐的酒。秦桧转送来者每人两瓮，见是御赐之酒，众人都降阶礼谢，

㉔　［元］脱脱等：《宋史》卷243《后妃下》，中华书局，1976年点校本，第8646—8648页。

当时因无仆人可使，秦桧让他们自己带出居室。故事让我们既看到秦桧的奸诈和权谋之城府，又足见御赐“表勲”酒的贵重。

藏品中还有戳盖“苏州之印”篆书官印的酒封泥（图21）。印章表明此酒可能是苏州地方官府上供给朝廷的贡酒。

“十洲春”酒（图22），泥封上戳朱红“十洲春”印文酒名，外饰方框纹饰。《武林旧事》卷六《诸色酒名》中载有此酒。

“谷溪春”酒（图23），泥封残径10.3厘米，厚3.2厘米。上有银锭样朱红印戳，多褪色。酒名缺第一字，可辨余下二字为“溪春”，经笔者考证全文为“谷溪春”。

“谷溪春”酒，在《武林旧事》卷六《诸色酒名》中载有“谷溪春兰溪”，㉕属浙江兰溪地方名酒。林正秋《宋代生活风俗研究》介绍南宋两浙名酒中婺州名酒，有金华堂、错认水、谷溪春。

还有“都酒”（图24），残径7.5厘米，厚1.4厘米，戳朱红“都酒”印文。“闲贵堂”酒（图25），残长6.3厘米，宽5.4厘米，厚1.2厘米，上戳朱红“闲贵堂”酒名，外饰边框。“满怀”酒（图26），残径7.5厘米，厚2.8厘米，上戳黑色“满怀”酒名，印文略模糊，是当年借此抒怀的一款好酒。

陶制模印酒封较少见，藏品有两种。其一，“皇都春”酒（图27）。藏有两件，外观稍显不同，略大者盖饰边线，缘外撇，直径4.3厘米；小者平面无饰，边缘垂直，直径3.9厘米。酒名为凸起阳文，体形较小，外观有点像今天的啤酒瓶盖，当年应该用于小口酒瓶上。

“皇都春”酒，在《武林旧事》卷六《诸色酒名》及《西湖老人繁胜录·酒名》中，均有记载。酒名“皇都”可能指都城临安（杭州）。其二“百花春”酒（图28）。其外观和“皇都春”酒陶封大者相似，盖上印“百花春”阳文酒名。林正秋在《宋代生活风俗研究》介绍南宋两浙名酒时为湖州名酒，与六客堂、若下春、碧兰堂同属其中。

宋代酒是官府专卖的商品，酒的酿造、销售由官府控制，严禁私酿私售。民间酿酒一般难成规模。民间酒封泥发现较少，藏品中有两件较为典型。一件盖黑色双线方印戳，字迹模糊难辨，惟见左侧黑色印文“岱山胡家巷新造四月半可吃”12字（图29）；另一件所戳黑色方印内，可识“徐三郎造”四字，左侧黑色印文“□岱山前巷新造□月半可□”12字（图30）。封泥文字信息具有典型的民作风格。《武林旧事》卷三《迎新》载有：“户部点检所十三酒库，例于四月初开煮，九月初开清。”㉖依照宋时的旧俗，四月初是迎接新酒酿成尝新的时节，“开煮”指煮酒开坛。从新酒开坛尝新的习俗和两件封泥的铭文内容分析，基本可判定酒的封泥应是民间酿造的酒。

文献资料显示，南宋酒、盐、茶的税收约占国家全部税收的十分之八，酒税是其中的

㉕ ［宋］周密：《武林旧事》卷六《诸色酒名》，西湖书社，1981年，第101页。

㉖ ［宋］周密：《武林旧事》卷三《迎新》，西湖书社，1981年，第41页。

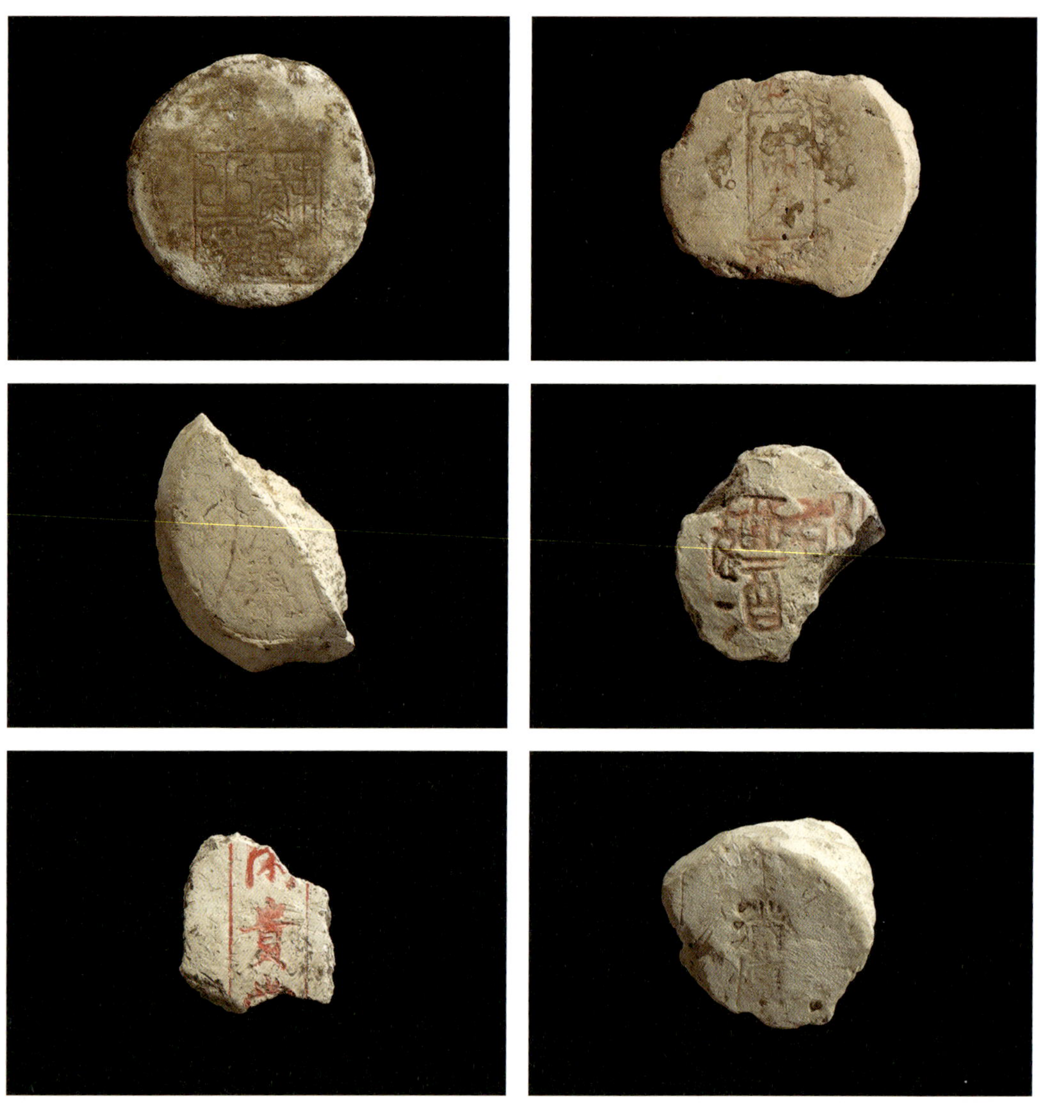

图 21　戳盖“苏州之印”篆书官印的酒封泥
图 22　“十洲春”酒
图 23　“谷溪春”酒
图 24　“都酒”
图 25　“闲贵堂”酒
图 26　“满怀”酒

21	22
23	24
25	26

图 27　“皇都春”酒
图 28　“百花春”酒
图 29　“岱山胡家巷新造四月半可吃”
图 30　“□岱山前巷新造□月半可□”
图 31　“西库”
图 32　“南库”
图 33　“北库”

27	28
29	30
31	32
	33

重要来源之一。官府设有点检所酒库和安抚司酒库。点检所酒库，主管京城及其近郊的酿酒业。其下设有东库、南库、北库、中库、西库、南上库、南外库、北外库、西溪库、天宗库、赤山库等13座。各库都设有煮酒库和专卖酒楼。封泥“西库”（图31）、“南库”（图32）、“北库”（图33）是其中的3库，从残留文字位置看，其旁还有酒名或其他内容的文字。据文献《都城纪胜·酒肆》和《梦粱录》卷十《点检所酒库》记载：“曰西库，又名金文正库：清界库，在三桥南惠迁桥侧；煮界库，在涌金门外、有酒楼，匾之曰西楼。南库，元名升阳宫：煮界库，在社坛南；新界库，在清河坊南，酒楼匾之曰和乐。北库：煮界库，在祥符桥东；清界库，在鹅鸭桥东，酒楼匾之曰春风。”[27]

四

“文物承载灿烂文明，传承历史文化，维系民族精神，是老祖宗留给我们的宝贵遗产，是加强社会主义精神文明建设的深厚滋养。”[28]封泥易碎且难保留，存世稀少，是不可多得的宝贵文化遗产。其鲜明的时代特征和浓厚的文化气息，对于正确地还原历史的重要性，是显而易见的。它是当年南宋宫廷，以及社会酒业状况的客观反映，是我们正确解读、研究南宋酿酒与酒文化的一个重要物证。残存的封泥及文字，是一种特殊的文化载体，它传递的信息，真实地反映了杭州南宋时酒业的原貌，是研究、考证南宋酿酒历史和酒文化的直接依据，将为挖掘和弘扬杭州优秀的南宋文化，体现其重要的历史和文化价值。

（本文摄影为章益林先生，在此表示感谢）

㉗　［宋］吴自牧：《梦粱录》卷十《点检所酒库》，浙江人民出版社，1984年，第87页。

㉘　《习近平对文物工作作出的重要指示》，《人民日报》2016年4月13日。

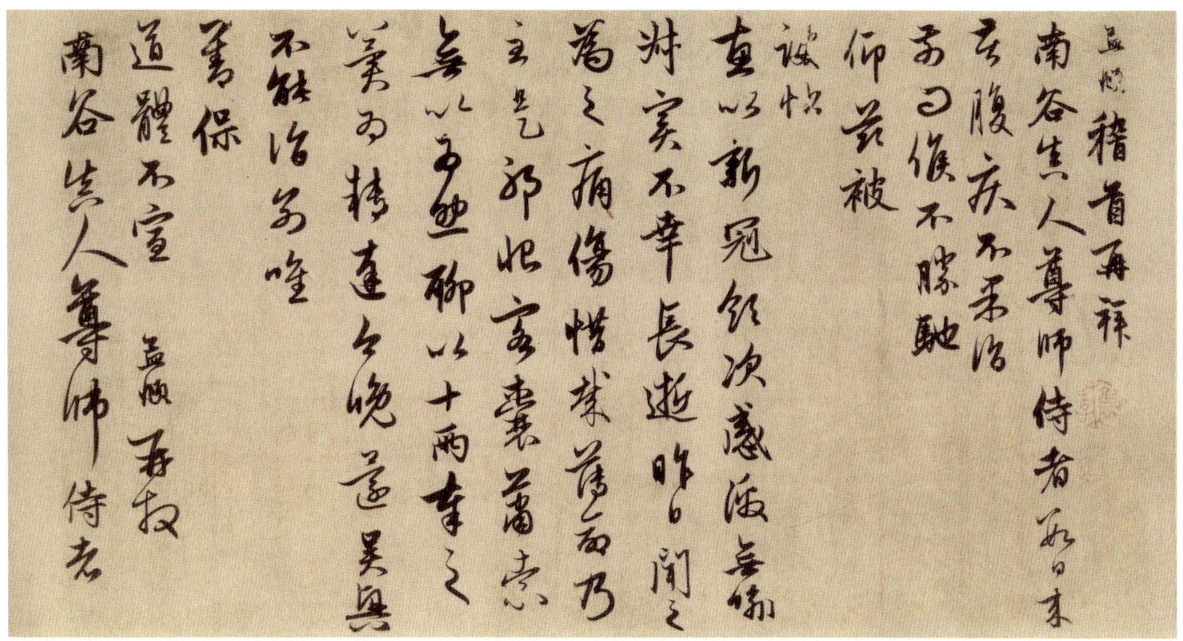

图 1　赵孟頫《南谷帖》　上海博物馆藏

赵孟頫与元代杭州饥疫

赵　华

从大德十一年（1307 年）到至大二年（1309 年），杭州经历了元代历史上最惨烈的一次饥荒和瘟疫，赵孟頫的相关作品反映了这一情况。本文从上海博物馆藏《南谷帖》出发，通过一系列相关作品的清理和考证，重建了这一历史片段。

一、师友相契

上海博物馆藏赵孟頫书《南谷帖》（图 1）真迹，未见馆方有相关考证文字。

此帖大意是说：赵孟頫到杭州数日，一直苦于腹疾，没去拜访南谷尊师，也没有去吊唁刚刚去世的朋友“叔实”，只是随信寄了十两宝钞请南谷尊师转达。

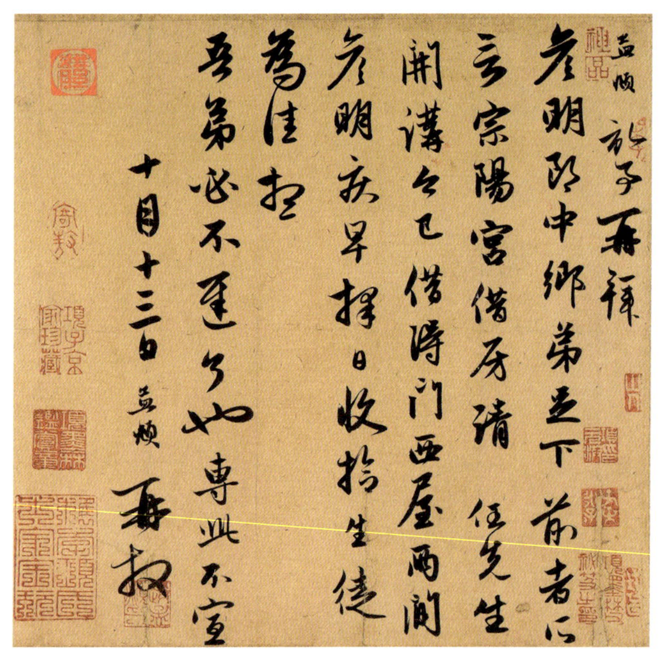

图 2　北京故宫博物院藏赵孟頫《宗阳宫帖》

上款"南谷真人"即杜道坚，元世祖时即奉旨提点道教，住持杭州宗阳宫。据《松雪斋文集》卷九《隆道冲真崇正真人杜公碑》："孟頫粤从髫岁夙慕高标，先君将漕于金陵，真人假馆于书塾，携持保抱，缘契相投。"又据任士林《松乡集》卷一《通玄观记》自叙："通玄观在吴兴计筹山白石顶，尊师杜道坚所建。师，有道之士，蓟丘李衎、吴兴赵孟頫、金华胡长孺实与之游，执弟子礼，余最晚。"赵孟頫自幼拜南谷真人为师，任士林后进相从。

任士林，字叔实，即札中提及的"叔实不幸长逝"，赵孟頫曾为其作墓志铭，见《松雪斋文集》卷八《任叔实墓志铭》。约大德三、四年（1299—1300 年），赵到杭州时，故人张君锡以任士林的文章请赵孟頫书碑，赵赏其文而"梦寐思见之。数年（约大德七、八年，即 1303—1304 年），叔实自四明来杭"，赵任得以相识，"相与为友，而宗阳宫杜宗师馆之于宫……授徒以为食"。

北京故宫博物院藏赵孟頫《宗阳宫帖》（图 2）所言正是这一经历："前者所言宗阳宫借房。请任先生开讲。今已借得门西屋两间。彦明疾早择日收拾生徒为佳。"这里的任先生还是任士林。

大德九年（1305 年）十月，任士林甚至还曾经为赵孟頫代笔捉刀，见《松乡集》卷三《汴张府君墓志代赵子昂作》。为人撰写行状、墓志，一般有较丰厚的润笔，赵孟頫家境殷实，所以往往将机会推让给好友。若不计为父兄妻子所作这类文字，《松雪斋文集》所收一共不到 20 篇，其中就有杜道坚、任士林二人。生前代劳借房、推让润笔，死后为写墓志，应该说任是赵的非常亲近和重要的关系了。

据墓志铭，任士林去世时间是"至大己酉七月己亥"，即至大二年（1309 年）七月十九日。很显然，《南谷帖》书写时间距此不远。

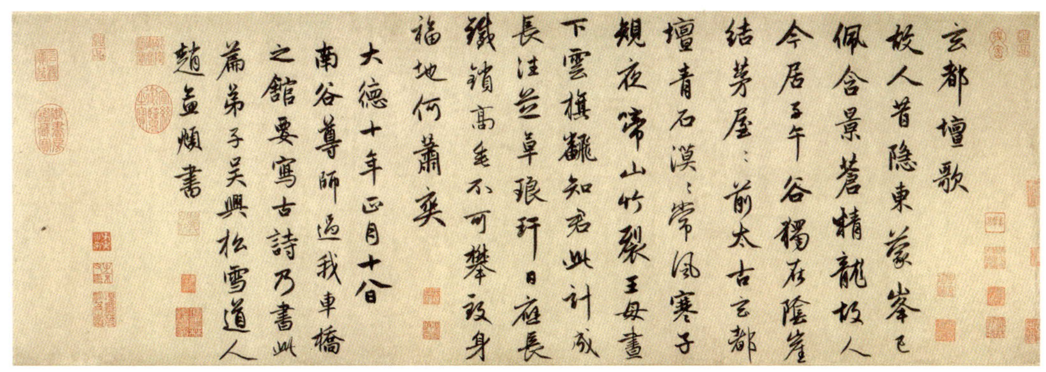

图 3　赵孟𫖯为南谷真人所书《玄都坛歌》

二、致礼简慢

据墓志铭，任叔实的去世地点是“杭州客舍”，即宗阳宫。宗阳宫其地原是宋高宗赵构赐给秦桧的宰相府。秦桧死后，赵构又收回去改建为德寿宫，退位后作养老之所。赵构的皇后吴氏、宋孝宗、孝宗皇后谢氏，都曾在此养老，先后改名慈福宫、重华宫、寿慈宫。德寿宫南宋后毁于大火，前半部改为民居，后半部改为道教的宗阳宫，所以这儿有座桥又称为新宫桥。德寿宫遗址目前仍在考古发掘中，传闻或将重建云云。

据大德十年（1306 年）赵孟𫖯为南谷真人所书《玄都坛歌》（图 3），赵孟𫖯在杭州的寓舍呼作“车桥之馆”。杭州城内原来有条河，名叫浣纱河，从涌金门引西湖水入城北行，连接京杭运河，浣纱河流经古钱塘门附近，有两座桥，南宋时是专门给皇帝车马进出用的，大的叫大车桥，小的叫小车桥，赵孟𫖯的寓舍就在这一带。

宗阳宫、车桥、浣纱河这些地名今已不存，据清康熙五十五年（1716 年）至雍正五年（1727 年）间彩绘本《杭城西湖江干湖墅图》（图 4）可见大概。

用今天的地图测算，从古钱塘门到德寿宫遗址步行距离大约 3 千米，元代一般乘船交通应在半个时辰以内，不算太远。

书信中，一方面“数日来苦腹疾”，另一方面“今晚还吴兴”，貌似身体不便、时间仓促，既“不果诣前问候”，也“不能诣别”。但就在任士林去世第二天，廿日，赵孟𫖯为范乔年跋《保母砖》（图 5）；廿二日，又为乔篑成跋《定武兰亭序》（图 6），并为《梦奠帖》（图 7）补钤印鉴，还能连夜乘船，亦非卧病不起。

时间充足、距离接近、关系亲密，既不谒师，也不吊友，反而在家中为人题跋书画。是什么原因让刚刚升官的赵孟𫖯，在师友之前如此异乎寻常地简慢呢？这要从元代江浙地区最惨烈的一次饥荒和瘟疫说起。

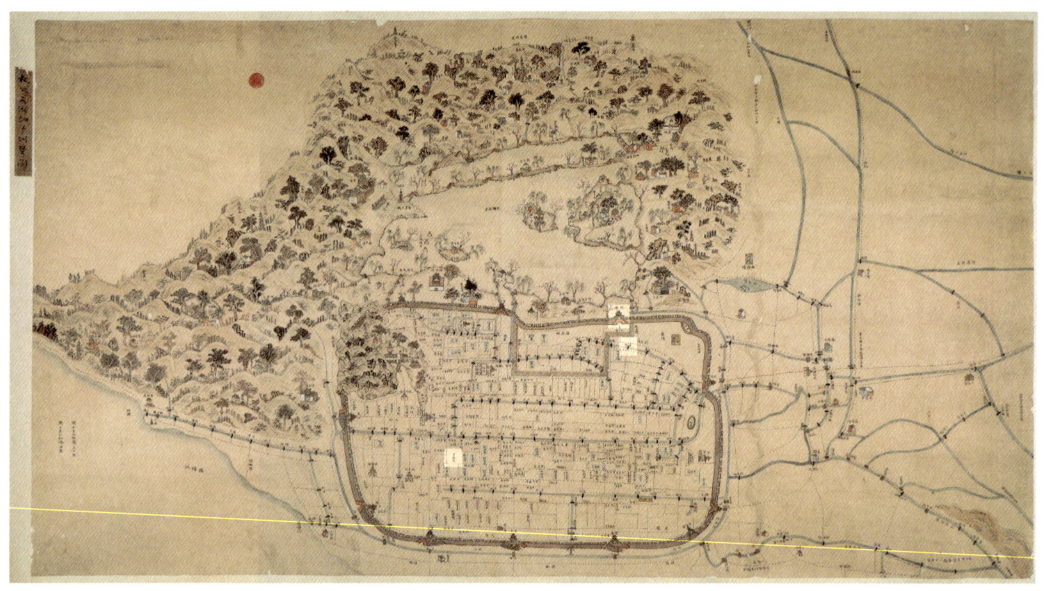

图 4　《杭城西湖江干湖墅图》

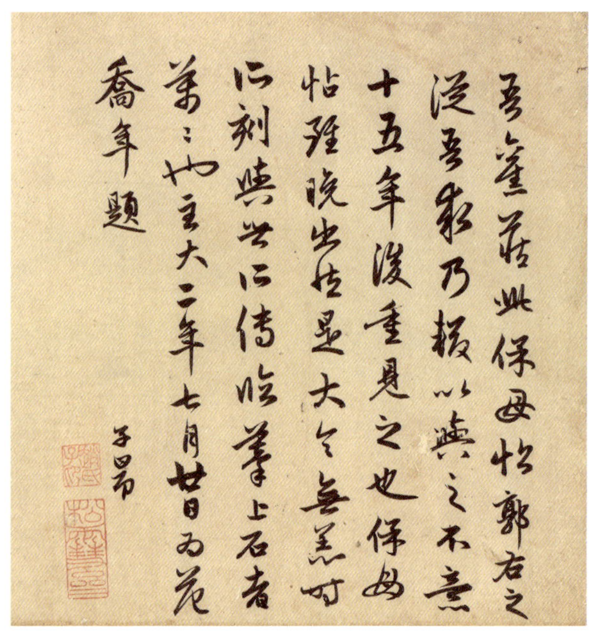

图 5　赵孟頫为范乔年跋《保母砖》

三、丁未大祲

大德十年（1306 年）夏秋之间，赵孟頫“疡发于鬓”，告病危，半岁卧病，辞去江浙儒学提举，闲居[①]。这一时期，江浙歉收，大饥已现苗头，如《元史》卷二十一《成宗四》记载：“五月丁亥（十八日），平江、嘉兴诸郡水伤稼……十月丁卯（三十日），吴江州大水，民乏食，发米万石赈之。”

大德十一年丁未（1307 年），江浙大祲。“祲”，阴阳相侵，水旱交替，为农业气象灾害之至极。丁未大祲见于《元史》记录，按时间先后序次如表 1：

① 赵华：《赵孟頫告病辞官考》，《故宫文物月刊》2017 年第 1 期。

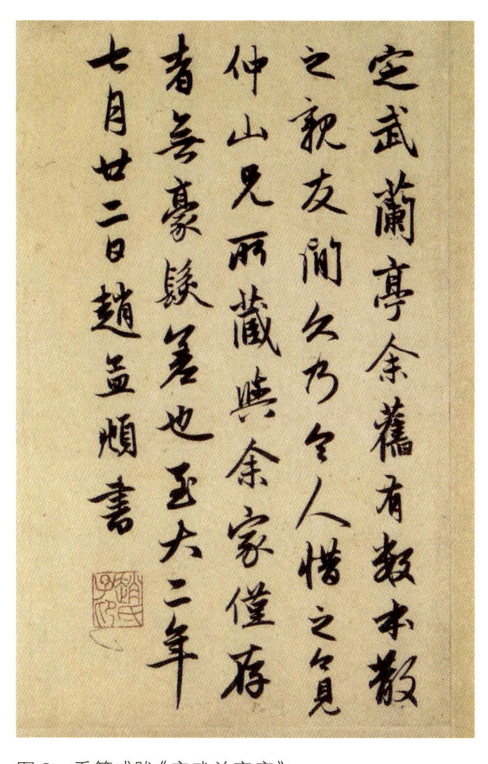
图 6　乔篑成跋《定武兰亭序》

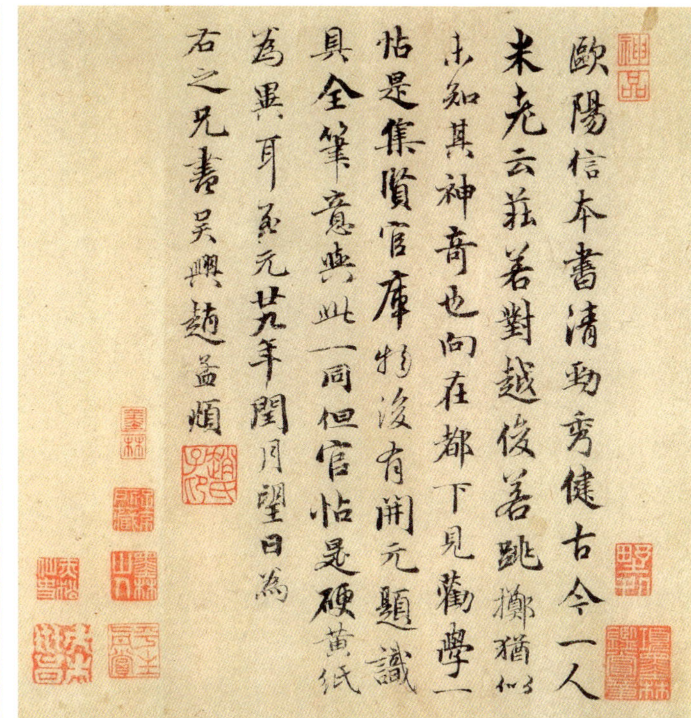
图 7　《梦奠帖》

表 1　《元史》关于大德十一年（1307 年）江浙大祲的记载

时间	记载	文献
春	十一年春，两浙大饥，首赞发廪赈之	张思民传
七月	江浙水，民饥	武宗纪一
八月	浙东、浙西、湖北、江东郡县饥	武宗纪一
九月	江浙饥，中书省臣言：“请令本省官租，于九月先输三分之一，以备赈给……”	武宗纪一
十月	杭州、平江水，民饥，发粟赈之	武宗纪一
十月		
廿五日	常岁海漕粮百四十五万石，今江浙岁俭，不能如数，请仍旧例，湖广、江西各输五十万石，并由海道达京师	武宗纪一
是年	江南大饥	赵宏伟传

元明人刘敏中、程钜夫、邓文原、吾衍、袁桷、黄溍、柳贯、宋濂、王祎、徐一夔、程敏政等人的墓志、笔记、诗文中，有关记载则更为具体，除了水、饥、赈以外，更是记录了旱、人相食、死者枕藉、饥民啸聚为盗等不见于正史的灾情。

四、告贷乞米

这样的大灾也深刻地烙进了告病辞官后，赵孟頫的文集和书法作品中。

《松雪斋文集》卷九《元故将仕郎淮安路屯田打捕同提举濮君墓志铭》：“大德丁未岁大祲”；同卷《故嘉议大夫浙东海右道肃政廉访使陈公碑》：“适两浙大饥，绍兴尤甚，死者相枕藉”。

记载丁未大祲的书法作品有两件。

一件是致德辅教授《李长帖》。此札书风合于大德末年，钤“赵子昂氏”印，一损[②]，“乡间大水”“米又大贵”为灾情初始合于表 1 统计之《张思民传》，当是大德十一年（1307 年）春夏，赵孟頫已经开始担心“何以卒岁”的问题了。虽然有“水来稍早”和“春，两浙大饥”，然是年正月成宗崩，大位虚悬，经过宫廷政变，海山于五月二十一日继位，为元武宗，七月癸酉（十一日），方才见报“民饥”。

另一件是《为牟成甫告贷书》。单国强将此作定为至治二年（1322 年）[③]，笔者在研究印鉴分期时专门引用过这件作品[④]，从印章损坏情况看，其上下限非常明确，且与“第一损期”《闲居赋》和“第二损期”《松江宝云寺记》书法风格一致，均应归入一、二损印鉴分期交替的同一年。又据其内容“荒歉”可以将此作准确地厘定至“大祲”的大德丁未下半年，也印证了风格判断。

按照书法风格和印鉴分期，这一年书法作品还应有：故宫博物院藏《高峰和尚行状》《远游》，辽宁省博物馆藏《秋声赋》，台北“故宫博物院”藏《七札册 • 致季统山长秘书足下 • 付至纸素帖》《闲居赋》等作品。

五、戊申大疫

连岁饥馑，疫疠大作，丁未大祲一直持续到至大二年（1309 年），以至大元年（1308 年）疫情最重，《元史 • 武宗纪一》里至大元年（1308 年）的灾报更是从大德十一年（1307 年）的四条增加到六条，时间跨度也延续了全年，灾情由大饥发展到大疫，“中书省臣”甚至在朝堂上说出了“死者相枕藉，父卖其子，夫鬻其妻”等极端描述，饥者、死者“枕藉”在《元史》历代皇帝本纪中总共只出现过两次。

② 赵华：《赵孟頫赵子昂氏元朱文印分期研究》，《故宫文物月刊》2014 年 6 月总第 375 期。

③ 单国强：《赵孟頫信札系年初编》，《故宫博物院院刊》1995 年第 2 期。

④ 同注 2。

表2　《元史》关于至大元年（1308 年）江浙大饥、大疫的记载

时间	记载	文献
正月	绍兴、台州、庆元、广德、建康、镇江六路饥，死者甚众，饥户四十六万有奇，户月给米六斗，以没入朱清、张瑄物货隶徽政院者，鬻钞三十万锭赈之	武宗纪一
春	至大元年春，绍兴、庆元、台州疫死者二万六千余人	五行志一
六月	中书省臣言："江浙行省管内饥，赈米五十三万五千石、钞十五万四千锭、面四万斤。又，流民户百三十三万九百五十有奇，赈米五十三万六千石、钞十九万七千锭、盐折直为引五千。"	武宗纪一
七月	江南、江北水旱饥荒，已尝遣使赈恤者，至大元年差发、官税并行除免	武宗纪一
九月	中书省臣言："……江浙饥荒之余，疫疠大作，死者相枕藉。父卖其子，夫鬻其妻，哭声震野，有不忍闻……"	武宗纪一
十一月	诏免绍兴、庆元、台州、建康、广德田租，绍兴被灾尤甚，今岁又旱，凡佃户止输田主十分之四	武宗纪一
闰十一月	以杭州、绍兴、建康等路岁比饥馑，今年酒课免十分之三	武宗纪一
是年	又以钞一十四万七千余锭、盐引五千道、粮三十万石，赈绍兴、庆元、台州三路饥民	食货志四
是年	以江南、江北水旱饥民，其课差、夏税并免之	食货志四
是年	初，大德、至大间，越大饥，且疫疠，民死者殆半	张升传
是年	大德丁未，浙东大祲，戊申，复无麦，民相枕死	胡长孺传

仅以上是年赈恤可考者不完全统计：米一百六十四万七千石，钞七十九万八千锭，等。

另《续文献通考·卷二十二》述台州"人相食"、《巴西集·旌表义士夏居墓志铭》称"死相跆藉，幸不死，则气息仅属"、《元文类·何长者传》具体到"收聚遗骼枯胔数十万具"。

六、幼女夭亡

以现在医学眼光来看，预防控制传染病有三个重要环节：控制传染源、切断传播途径、保护易感人群。根据传世书画、文集、著录整理至大元年（1308 年）赵孟頫的主要活动，显然没有能做到很好的防护，如表 3：

表 3　赵孟頫至大元年（1308 年）活动简表

时间	地点	活动	收藏或著录
2 月 16 日	杭州	为薛玄卿题李衎墨竹《四清图》	堪萨斯纳尔逊博物馆藏
同月	杭州	李衎绘《墨竹》二幅相送任士林，孟頫亦为之题诗	《式古堂书画汇考》
5 月 29 日后	杭州	为王泰来撰《有元故征士王公墓志铭》	《松雪斋文集》
7 月	杭州	为刘致跋欧阳询《化度寺邕禅师塔铭跋》	藏处不详
9 月 12 日	杭州	为郝天挺作《左丞郝公注唐诗鼓吹序》	《松雪斋文集》、传元好问《唐诗鼓吹》
9 月	杭州	书《吴江重建留珠蓝若碑》	北京大学图书馆藏拓片
9 月 24 日	杭州	九月廿四日……湖上兜率寺，见赵子昂学士，不遇，乃侄赵仲美具茶讫，致意。	郭畀《客杭日记》
9 月 28 日	杭州	廿八日……玄同观见赵子昂，时郝左丞坐正席，子昂问都下事	郭畀《客杭日记》
是年	杭州	书段从周撰《止斋记》(段从周撰于十月十六日)	上海博物馆藏
是年	杭州	书方回撰《故总管张公墓志铭楷书卷》	北京故宫博物院藏
12 月	湖州	《德昌总管雪后见过而余适往德清别业归来承惠诗走笔奉和》	《松雪斋文集》
12 月	湖州	《三日后再雪德昌复枉骑见过既而复和前篇见赠辄亦次韵》	《松雪斋文集》
次年	湖州	《己酉元日朝拜喜晴总管次前韵见教复和一首》	《松雪斋文集》

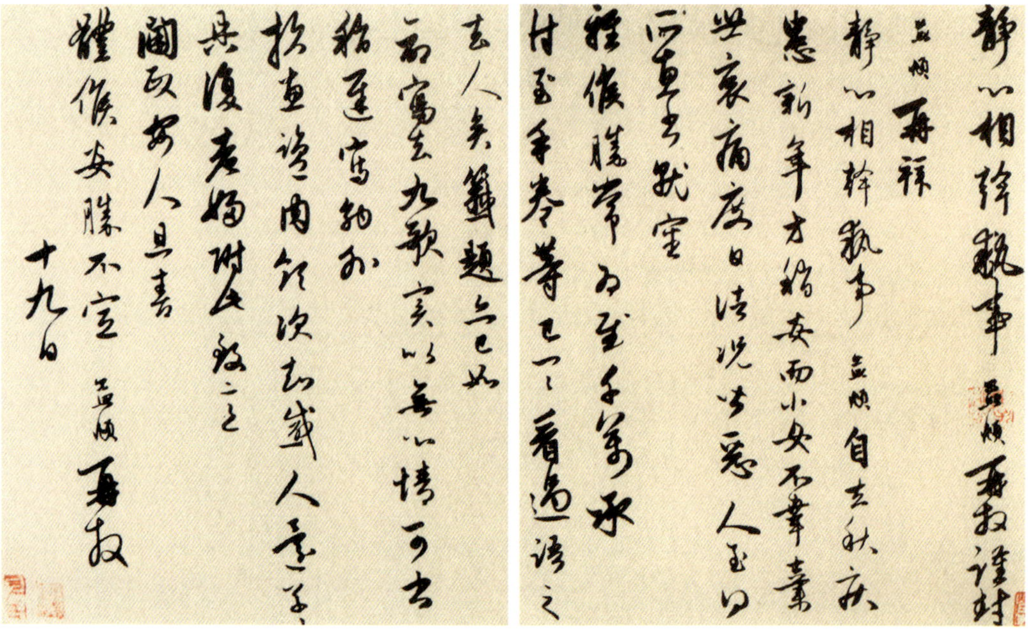

图 10　吴森《小女帖》

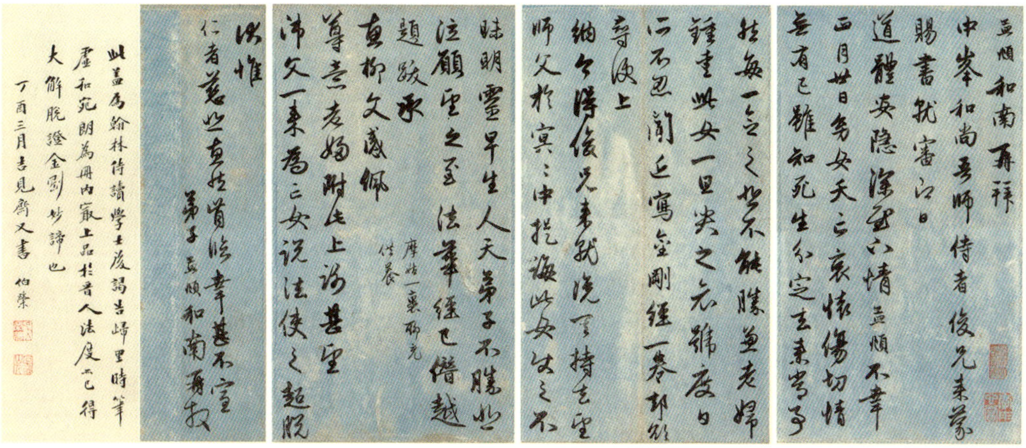

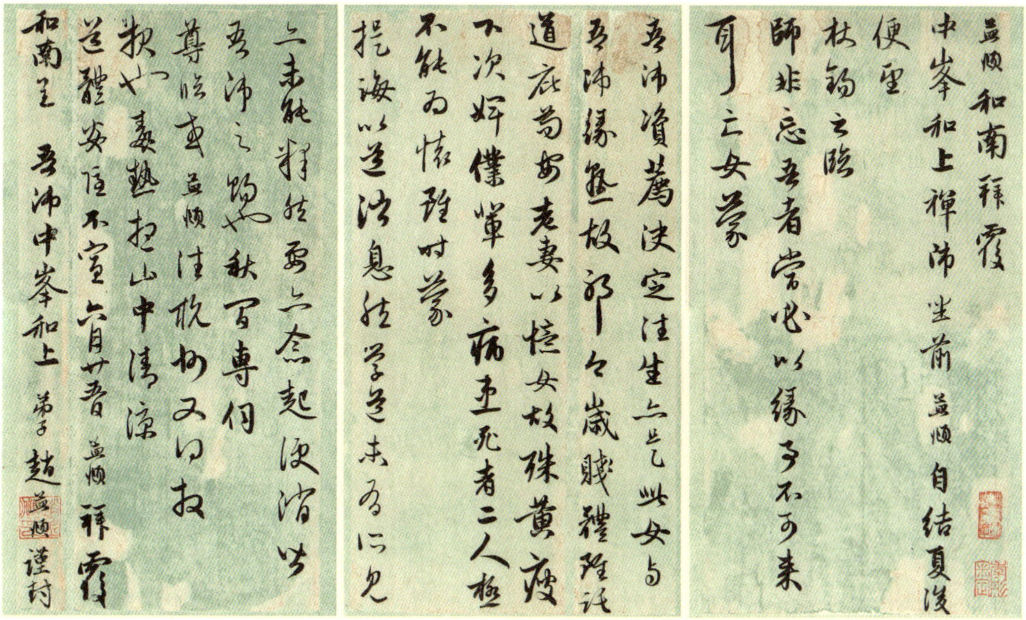

（上）图 11　赵孟頫《中峰和尚六札册幼女夭亡帖》
（下）图 12　赵孟頫《中峰和尚六札册亡女帖》

高频率的社会活动，赵孟頫本人和家庭同样未能幸免时疫，整理共有三帖提到赵家群体病患、死亡和幼女夭亡等情况：

致吴森《小女帖》（图 10）——“孟頫自去秋疾患，新年方稍安，而小女不幸弃世”；

致中峰和尚六札册《幼女夭亡帖》（图 11）——“孟頫不幸，正月廿日幼女夭亡”；

致中峰和尚六札册《亡女帖》（图 12）——“亡女蒙吾师资荐，决定往生……下次婢仆辈多病患，死者二人”。

致中峰和尚六札册另有纪年明确的至大四年（1311 年）《长儿长往帖》、皇庆元年（1312 年）、《得旨暂还帖》，故吴荣光跋《幼女夭亡帖》谓：“此盖为翰林侍读学士后谒告归里时笔”，即皇庆二年（1313 年）正月廿日，近人多种系年、考证、评传都以此为据，但吴跋并未提出任何可靠证据，这是一个错误的系年：

1. 赵孟頫之女婚嫁情况见于其《神道碑》：“女六人，长适强文实，次适海道运粮万户费雄，次适李元孟，次适王国器，次适刘某。”[⑤] 缺第六女，可知上述三帖中所述夭亡的幼女为同一人；

2. 据《幼女夭亡帖》，小女去世的时间是“正月廿日”；

3. 《小女帖》书于“十九日”，显然不可能是正月，由“诸况皆恶”“实以无心情可书，稍迟写纳”分析，此帖小女去世尚不会太久，故很有可能就是二月十九日；又有“人至得所惠书，就审”“人还”“草草具复”等语，此帖当在家乡时所书；

4. 《亡女帖》书于“六月廿五日”，帖中“便望杖锡之临”“必以缘事不可来耳”“秋间专伺尊临，或孟頫往杭州，又得相报也”“想山中清凉”等语，书写地点仍然只能是吴兴或德清。

5. 按《得旨暂还帖》，皇庆元年（1312 年）六月二十日赵孟頫回到吴兴，次年春“及半岁，复召。皇庆癸丑六月，改翰林侍讲学士知制诰同修国史”[⑥]，六月廿五日，赵孟頫已在大都，吴荣光跋论显然不能成立。

6. 三帖中，提及管道升时，前二帖称“老妇”，后一帖称“老妻”，按统计，此称谓改变的下限和上限约在至大二年（1309 年），不超过纪年明确的、反复称管道升为“老妻”的《长儿长往帖》和《得旨暂还帖》[⑦]。

综合信息后可知，“幼女夭亡”不可能是皇庆二年（1313 年），只能是戊申大疫后的至大二年（1309 年）正月。《小女帖》《幼女夭亡帖》《亡女帖》分别书于二月十九日、期间、六月廿五日。

由此，可以把赵孟頫的这段经历完整叙述：至大元年（1308 年）秋，赵孟頫在灾疫最盛的杭州频繁出席各种活动，受时疫感染，府中上至“官人”“幼女”，“下次婢仆辈多病患”，不得已将活动中心由杭州迁回到吴兴和德清，故与时任湖州的马昫马德昌有至大二年（1309 年）的元日唱和。赵家为这场大疫付出了惨重代价，赵孟頫“去秋（至大元年）疾患，新年方稍安”，幼女于至大二年（1309 年）正月廿日弃世，婢仆死者二人，一家哀痛，至于半年，并翘望中峰和尚的“杖锡之临”。

---

⑤ ［元］欧阳玄，元翰林学士承旨荣禄大夫知制诰兼修国史赠江浙等处行中书省平章政事魏国赵文敏公神道碑，《圭斋文集》卷九，《四部丛刊初编》影印上海涵芬楼藏成化中刊黑口本。以下简称《神道碑》。

⑥ ［元］杨载：《大元故翰林学士承旨荣禄大夫知制诰兼修国史赵公行状》，任道斌点校：《赵孟頫集》，浙江古籍出版社，1986 年。以下简称《行状》。

⑦ 同注 1。

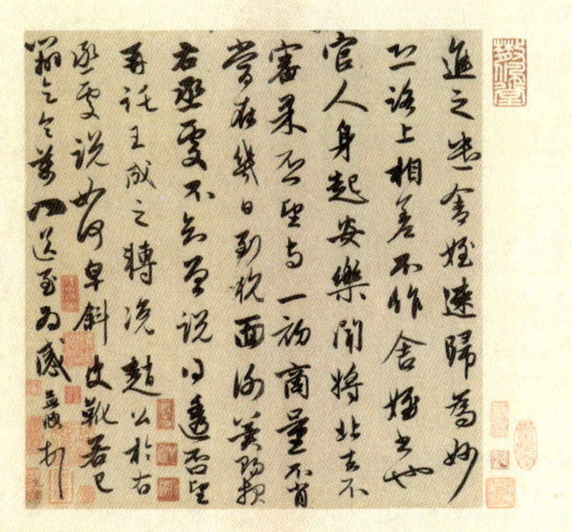
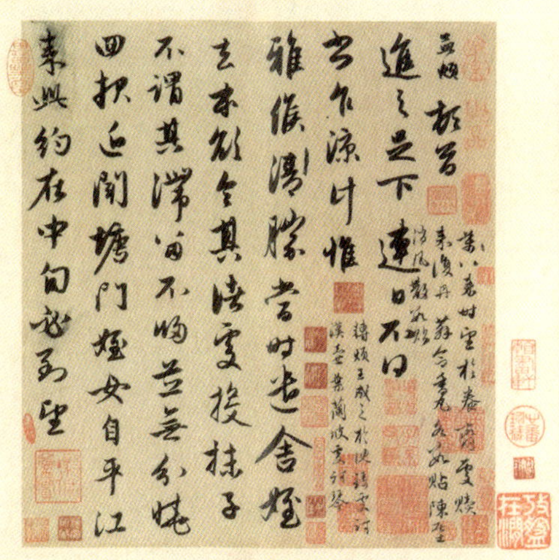

图 13　赵孟頫《乍凉帖》

关于赵孟頫的“去秋疾患”，按书法风格及内容排查，可能有关系的信札还有：台北“故宫博物院”藏《七札册》之致晋之尺牍《心腹帖》、致埜堂提举友旧执事《不望风采帖》、上海博物馆藏致直夫提举《近得帖》等。

七、乍凉需次

赵孟頫还有一件致崔晋《乍凉帖》（图 13），流丽迅捷，行书偏草，是典型至大书风。由“乍凉”可判断为初秋；由“几日到杭面谢”可排除一直在杭州的至大元年（1308 年）；由“闻（崔晋）将北去”可排除赵孟頫也将北去和已经北去的至大三、四年（1310—1311 年）；唯一时间窗口只有至大二年（1309 年）初秋乍凉时。至大二年（1309 年）六月廿五日《亡女帖》中有言“或孟頫往杭州”尚不确定，七月廿日已在杭州题跋《保母砖》，故可定“到杭面谢”的《乍凉帖》当在七月上旬。

帖首空白处补记提到三种成药：“万八来时望于养斋处赎‘来复丹’‘苏合香丸’各数贴，陈居士‘消风散’数贴”，均见于号称中国第一部成药典的宋代《太平惠民和剂局方》，按所载功能主治，“来复丹”“苏合香丸”应与《南谷帖》中所苦腹疾相关，如“苏合香丸”又有治疗“霍乱吐利，时气鬼魅，瘴疟，赤白暴痢”等记录，都是大疫时期所常用。

赵孟頫约七月中旬赴杭，非为私事，实出官命。《行状》有载：“至大己酉七月，升中顺大夫（正四品）、扬州路泰州尹（从四品）兼劝农事，未上。”曾有人以《湖州妙严寺记》的署款为一据，对“未上”提出了质疑[⑧]。

《神道碑》有近似描述“除扬州路泰州尹，进阶中顺大夫，需次于家”，说明了这个泰州尹的性质。

笔者所见最早使用“需次”一词为宋朝，指官吏授职后，按照资历依次补缺。元祐初，上官均上言“诸路吏选，有待试，有需次，率及七年，方成一任”[⑨]；实例如与杨万里、范成大、陆游并称为南宋四大诗人的尤袤“注江阴学官，需次七年”[⑩]，果然需次了7年；又如，南宋楼钥有诗“九江需次今几年，去去渌水依红莲”[⑪]，需次无期；元朝后期，需次甚至有长达10年的，如王豫齐曾两次需次：“泰定四年（1327年）郡守论荐公于浙东宣慰使司都元帅府，署台州路临海县儒学教谕，需次，至元三年（1337年）始就职……至正元年（1341年）调谕天台，需次七年乃视学事。”[⑫]前后合计需次17年；结合赵孟頫之后一年的大量书画创作和行踪，《行状》里的“未上”是没有疑问的。如果不是被元仁宗召入东宫，赵孟頫恐怕也会有“泰州需次今几年”的疑问。

八、灾情缓解

元代南粮北调，主要包括江浙、湖广、闽赣等地区。大德十一年（1307年），在湖广、江西增加漕粮的情况下，由于江浙减征，漕运总量仍较前两年有近10%的减少；至大元年（1308年），江浙已无力输出漕粮，“课差、夏税并免”，还接受了百多万石的赈济[⑬]，这些粮食也只能来自本省官田、临近的湖广闽赣，漕运总量较之前一年又有43万石减少；紧接着至大二年（1309年）、三年（1310年）秋粮连续丰收，漕运实现了翻倍增长。

由于粮多船少，元廷采取了多方面措施，保障漕运。至大三年(1310年)十月，以录用海船、量授官职等手段扩充官船数量，以世袭扩容等手段调动官船积极性，又通过“增给顾直（即雇值）”“和顾（雇）”民船补充运力；十一月，又将成宗大德六年所诛海运万户朱清、张瑄平反，启用其子，重开海运。[⑭]

饥、疫的发展，也必然体现在物价变化上，大德七年（1303年），江南米价“虽贵每

---

⑧ 叶定一：《赵孟頫任泰州尹之佐证》，《扬州师院学报（社会科学版）》1989年第4期。

⑨ ［宋］马端临：《文献通考》卷三十八《选举考十一》。

⑩ 《宋史》卷三百八十九《列传第一百四十八》。

⑪ ［宋］楼钥：《送袁恭安赴江州节推》，《攻媿集》卷四。

⑫ ［明］谢肃：《故庆元路儒学正豫齐先生王公墓志铭》，《密菴文稿》壬卷。

⑬ 赈济明细见表二。

⑭ 《元史》卷二十三《武宗二》，至大三年十月壬申、十一月戊子条。

石不过二十两”[⑮]；大德十年（1306年）“每石乃成三十两之上”[⑯]；接下来大德十一年（1307年）饥荒、至大元年（1308年）、二年（1309年）接连大疫，为特大灾害，米价只可能更贵，惜缺记载；尽管至大二、三年（1309—1310年）漕运大幅增长，但至大四年（1311年）粮价却回落到“二十五贯”左右[⑰]，也说明至大二、三年江浙秋粮实现了丰收。由此可得表4。

表4　元大德延祐间海运漕粮[⑱]、江浙赈济及米价统计

年号	大德					至大				皇庆		延祐
年序	七年	八年	九年	十年	十一	元年	二年	三年	四年	元年	二年	元年
公元年	1303	1304	1305	1306	1307	1308	1309	1310	1311	1312	1313	1314
漕运	166	167	184	181	167	124	246	293	287	283	232	240
江浙赈济	——	——	——	——	——	165	——	——	——	——	——	——
江浙米价	20-	——	——	30+	↑	↑	↑ ↓	↓	25	——	——	——

（漕运及赈济单位：万石；大德十年、十一年赈济缺少具体数据；米价单位：贯／石；上下箭头符号↑↓表示米价涨跌趋势；加减符号+、-表示超过或不足；表中数据经四舍五入到个位）

九、田苗茂美

随着灾情缓解，赵孟頫的心情也逐渐摆脱了“去秋疾患”“幼女夭亡”的阴影。

至大二年（1309年）底代管道升所书《久不上记帖》（图14）中，亲家之间恢复了通信。天气“正寒”，已近年关；而“二哥久出，兹喜锦还”，让整件作品又增添了欢乐祥

---

⑮　价格记载见《元史》卷九十六《食货四》；另元代钞法，1两等于1贯。

⑯　［元］刘埙：《呈州转廉访分司救荒状》，《水云村泯稿》卷十四。

⑰　此价格见于《元史》卷九十六《食货四》“京师赈粜之制”，又言“京师赈粜之制，至元二十二年始行。其法于京城南城设铺各三所，分遣官吏，发海运之粮，减其市直以赈粜焉。凡白米每石减钞五两，南粳米减钞三两，岁以为常”，实际就是给官吏定量供应的平价粮。这里的市直可参考来自江南粮价加运输费用。据《元史》卷九十三《食货一》“海运”记载：“凡运粮，每石有脚价钞。至元二十一年，给中统钞八两五钱，其后递减至于六两五钱。”扣除运输费后，京师赈粜价基本上与江南市直相当；这一点从京师市场粮价与江南粮价的比价也可见之，大德七年江南米价不过二十两，杨士奇、黄淮《历代名臣奏议》卷六十七记录了同年郑介夫的奏状：“而京城之间，寻常米价亦是半定一石。”元代50两为1锭，半锭即25两，正好比江南米价高出5两。

⑱　《元史》卷九十三《食货一》“岁运之数”。

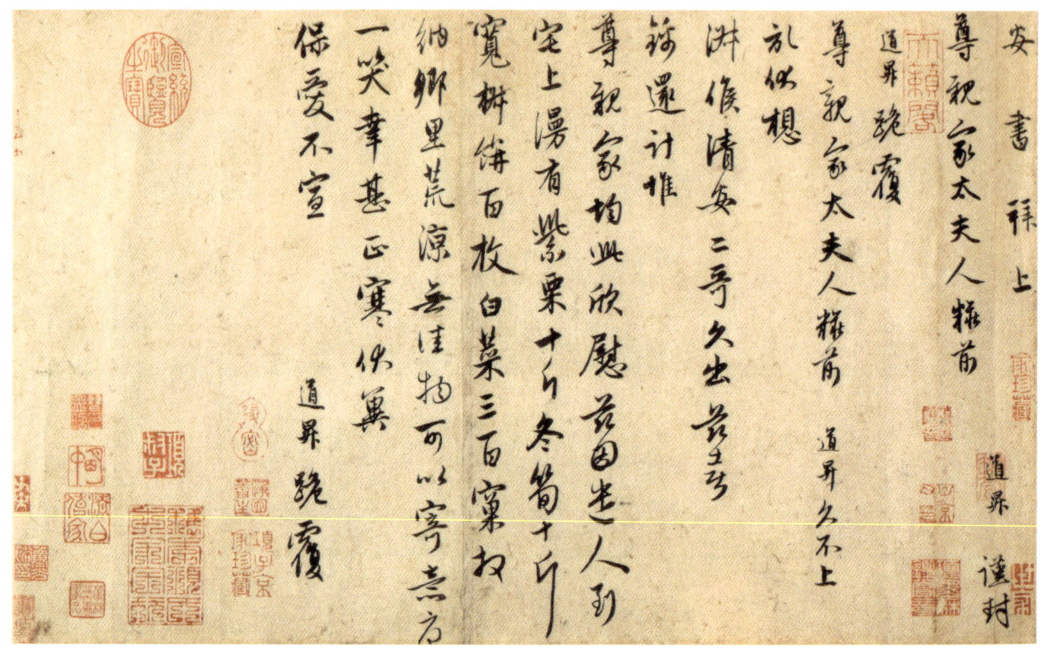

图 14　《久不上记帖》

和，这里的“二哥”即赵孟頫的二女婿海道运粮万户费雄，“久出”指海道运粮，风向好的情况下浙西大都往返大约只在廿天左右，又漕舟不足，扩容未启，必然数度往返，而“风涛不测，粮船漂溺者无岁无之”[19]，所以每次久出“锦还”都值得欣慰；连年灾疫刚刚好转，最好的礼物就是食物果蔬，如“紫栗十斤、冬笋十斤、宽椒饼百枚、白菜三百窠拜纳”云云，虽有“乡里荒凉，无佳物可以寄意”的谦辞，仍然挡不住丰收的喜悦。

至大三年（1310 年），平复了腹心之疾和丧女之痛，无论是农桑还是官场，赵孟頫都获得了巨大的丰收。据《行状》，这一年“仁宗皇帝在东宫，收用文、武才士，素知公贤，遣使召至”，上海博物馆藏《欲得汰绵帖》《田苗茂美帖》正是出于遣使催请这一背景。

《欲得汰绵帖》（图 15）中，江浙行省的“参政”意欲登门拜访，赵孟頫推测“十五日恐未能行也”，随信又向孙行可询问苗情“田苗想都好”；接下来的《田苗茂美帖》（图 16），得到孙行可的回报：“田苗茂美，甚善”，并落实“省中来催请，于十五日到德清”，让孙行可“分付洒扫”，落款“八月九日”，两信间隔当在三五日间。九月初，赵孟頫启程北行，告病辞官后惊心动魄的四年“闲居”生活正式结束。

---

⑲　据《元史》卷九十三《食货一》“海运”记载：“当舟行风信有时，自浙西至京师，不过旬日而已……然风涛不测，粮船漂溺者无岁无之，间亦有船坏而弃其米者。”

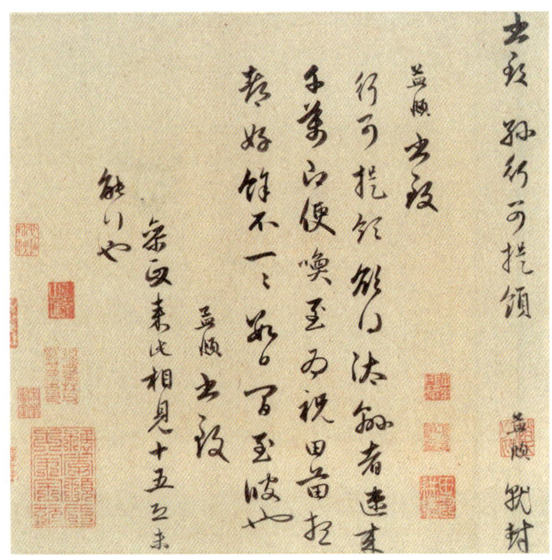

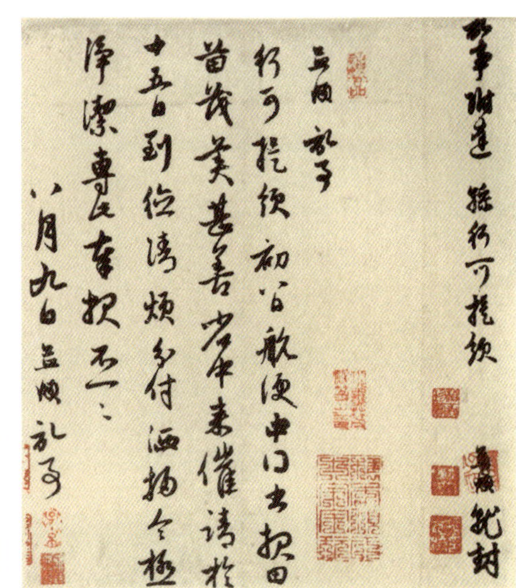

（左）图 15　《欲得汰绵帖》
（右）图 16　《田苗茂美帖》

十、余论

综上，赵孟頫至大二年（1309 年）七月赴杭，简慢师友的情节有了最合理的解释。按《任叔实墓志铭》：

至大初，中书左丞郝公以事至杭，闻君文名，举之行省，仅得湖州安定书院山长，而长子耒疾久不差，君念之郁郁不乐，俄亦得呕疾，竟卒于杭州客舍……卒于至大己酉七月己亥……耜与君之弟子严陵方某拜余霅水之上，涕泣请铭其墓石。

“疾久不差”的“差”即“瘥”，疾病痊愈的意思。任叔实长子耒久病不愈，卒，任叔实“亦得呕疾”，卒于至大二年（1309 年）七月十九日，仍是戊申大疫的余波所及。赵孟頫“数日来苦腹疾”，谈疫色变，又怎敢冒险谒吊。

多路合证，得其始末：

至大二年（1309 年）七月，赵孟頫由湖州过杭领命，官升正四品；廿日，为范乔年跋《保母砖》；廿二日，为乔篑成跋《定武兰亭序》并为《梦奠帖》补钤印鉴；得知任叔实十九日以时疫“卒于杭州客舍”，长子耒亦相前后；孟頫以“去秋疾患，新年方稍安，而小女不幸弃世”，此番赴杭前犹“苦腹疾”，赴杭后亦未见痊愈，接受教训的赵孟頫未敢“诣前问候”南谷尊师；需次泰州的诏命已领，而时疫之余悸未消，匆匆退避，连夜还走吴兴，于任叔实处“客囊萧索，无以为助，聊以十两奉之”，托南谷尊师转达叔实之次子耜，耜乃与严陵方某溯流霅水到吴兴请铭。

本文引用图版信息及释文

编号	时代	作者	作品名称	收藏单位	尺寸（cm）	释文
图 1	元	赵孟頫	致杜道坚·南谷帖	上海博物馆	24.9×49.8	孟頫稽首再拜南谷真人尊师侍者。数日来苦腹疾，不果诣前问候，不胜驰仰。兹被诲帖，惠以新冠，领次，感激无喻。叔实不幸长逝，昨日闻之，为之痛伤，惜哉，薄命乃至是耶。恨客囊萧索，无以为助，聊以十两奉之，冀为转达。今晚还吴兴，不能诣别，唯善保道体，不宣。孟頫再拜南谷真人尊师侍者。
图 2	元	赵孟頫	致彦明·宗阳宫帖	北京故宫博物院	27.5×28.7	孟頫记事再拜彦明郎中乡弟足下。前者所言宗阳宫借房，请任先生开讲，今已借得门西屋两间，彦明疾早择日收拾生徒为佳，想吾弟必不迟了也。专此不宣。十月十三日。孟頫再拜。
图 3	元	赵孟頫	玄都坛歌	北京故宫博物院	31.1×100.2	（略）
图 4	清	佚名	杭城西湖江干湖墅图	上海博物馆	——	——
图 5	元	赵孟頫	跋保母砖	美国弗瑞尔美术馆	——	（略）
图 6	元	赵孟頫	跋定武兰亭序	台北“故宫博物院”	——	（略）
图 7	元	赵孟頫	跋梦奠帖	辽宁省博物馆	——	（略）
图 8	元	赵孟頫	七札册·致德辅·李长帖	台北“故宫博物院”	25.9×40.9	顿首奉记德辅教授友爱足下，孟頫就封。孟頫顿首奉记德辅教授仁弟足下。孟頫。李长去后，至今不得答书，中间亦尝具记，不审得达否。发去物想已脱手，望疾为催促，并前项余钞付下为感。乡间大水可畏，虽水来稍早，未知可救否。米又大贵，未知何以卒岁，因便略此，专俟报音。不宣。孟頫顿首奉记。

续表

编号	时代	作者	作品名称	收藏单位	尺寸（cm）	释文
图 9	元	赵孟頫	杂书四帖·为牟成甫告贷书	北京故宫博物院	29.8×46.2	友人牟成甫之贫，香严所谓锥也无者。丰年犹啼饥，况此荒歉，将何以望其腹，而赡其老稺。渊明乞食，鲁公乞米，赖多古贤，可为口实，仁人义士，有能指鲁肃之囷，而实莱芜之甑者乎。吴兴赵孟頫白。
图 10	元	赵孟頫	致吴森·小女帖	上海博物馆	29.5×54.4	静心相干执事孟頫再拜谨封。孟頫再拜静心相干执事：孟頫自去秋疾患，新年方稍安，而小女不幸弃世，哀痛度日，诸况皆恶。人至得所惠书，就审，雅候胜常，为慰千万。承付至手卷等，已一一看过，语之去人矣。籤题亦已如命写去，《九歌》实以无心情可书，稍迟写纳。外款惠盐肉，领次知感。人还，草草具复，老妇附此致意阃政安人，且喜体侯安胜，不宣。孟頫再拜。十九日。
图 11	元	赵孟頫	致中峰和尚六札册·幼女夭亡帖	日本静嘉堂文库	29.3×17.2×4 开	孟頫和南再拜中峰和尚吾师侍者。俊兄来，蒙赐书，就审即日，道体安隐，深慰下情。孟頫不幸，正月廿日幼女夭亡，哀怀伤切，情无有已。虽知死生分定，去来常事，然每一念之，悲不能胜。兼老妇钟爱此女，一旦哭之，哀号度日，所不忍闻。近写金刚经一卷，却欲寻便上纳。今得俊兄来，就浼其持去，望师父于冥冥中提诲此女，使之不昧明灵，早生人天，弟子不胜悲泣愿望之至。法华经已僭越题跋，承惠柳文，感佩尊意。老妇附此上谢。甚望师父一来，为亡女说法，使之超脱，伏惟仁者慈悲，惠然肯临，幸甚。不宣。弟子孟頫和南再拜。（摩姑一裹聊充奉养）
图 12	元	赵孟頫	致中峰和尚六札册·亡女帖	日本静嘉堂文库	30.3×17.2×3 开	孟頫和南拜覆中峰和上禅师座前。孟頫自结夏后，便望杖锡之临，师非忘吾者，当必以缘事不可来耳。亡女蒙吾师资荐，决定往生，亦是此女与吾师缘熟故耶。今岁贱体虽托道庇苟安，老妻以忆女故，殊黄瘦，下次婢仆辈多病患，死者二人，极不能为怀。虽时蒙提诲，以道消息，然学道未有所见，亦未能释然，要亦念起便消，皆吾师之赐也。秋间专伺尊临，或孟頫往杭州，又得相报也。毒热，想山中清凉，道体安隐，不宣。六月廿五日。

续表

编号	时代	作者	作品名称	收藏单位	尺寸（cm）	释文
图 13	元	赵孟頫	六帖册·致崔晋·乍凉帖	台北私人	28.5×26.5 28.5×28.0 2 开	孟頫顿首进之足下。连日不得书，乍凉，计惟雅侯清胜。当时遣舍侄去，本欲令其诸处投抹子，不谓其滞留不归，并无分晓回报。近闻塘门侄女自平江来此，约在中旬必到，望进之遣舍侄速归为妙。恐路上相差，不作舍侄书也。官人身起安乐，闻将北去，不审果否，望与一初商量，不肖当在几日到杭面谢，冀赐报右丞处，不知曾说得透否。望再托王成之，转浼赵公于右丞处说如何，皁斜皮靴若已办，乞令万八送至为感。孟頫顿首。（补记：万八来时望于养斋处赎“来复丹”“苏合香丸”各数贴，陈居士“消风散”数贴。又：转烦王成之于沈铸处讨汉壶，叶兰坡处讨琴）
图 14	元	赵孟頫	代管道升书久不上记帖	普林斯顿大学美术馆	29.1×49.5	安书拜上尊亲家太夫人妆前。道升谨封。道升跪覆尊亲家太夫人妆前：道升久不上记，伏想淑侯请安。二哥久出，兹喜锦还，计惟尊亲家均此欣慰。兹因遣人到宅上，漫有紫栗十斤、冬笋十斤、宽椒饼百枚、白菜三百窠，拜纳，乡里荒凉，无佳物可以寄意，辱一笑，幸甚。正寒，伏冀保爱。不宣。道升跪覆。
图 15	元	赵孟頫	致孙行可·欲得汰绵帖	上海博物馆	29.5×27.2	书致孙行可提领，孟頫就封。孟頫书致行可提领。欲得汰绵者速来，千万即便唤至为祝。田苗想都好。余不具，数日间至彼也。孟頫书致。参政来此相见，十五日恐未能行也。
图 16	元	赵孟頫	致孙行可·田苗茂美帖	上海博物馆	29.5×27.0	记事附达孙行可提领，孟頫就封。孟頫记事。行可提领，初八日航便中得书，报田苗茂美，甚善。省中来催请于十五日到德清，烦吩咐洒扫，令极净洁。专此奉报，不一一。八月九日孟頫记事。

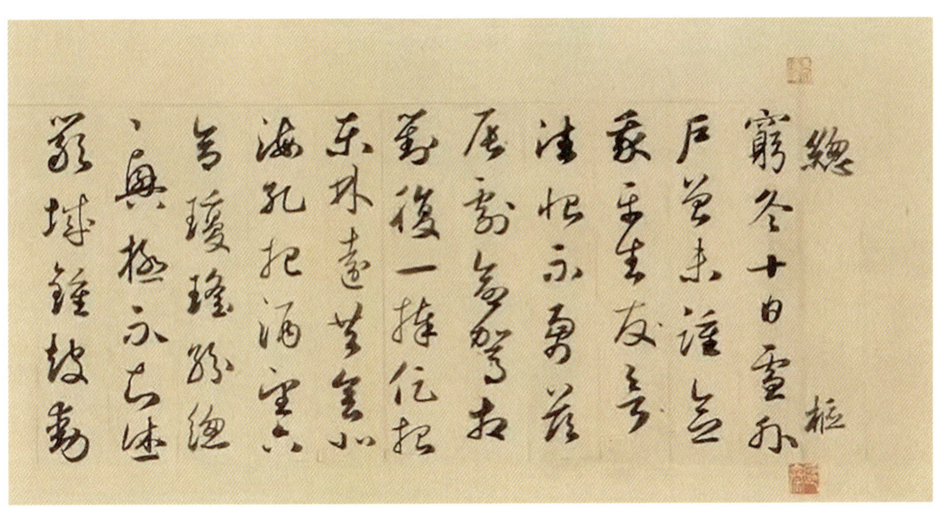

图 1 《武林胜集卷》中的鲜于枢行草书

鲜于枢书法风格分期

杨岩松

鲜于枢书法风格分期研究是对风格演变的描述，当然是基于具体作品的排比分析而得出的结论，作品的分期能够揭示书法家风格发展的基本脉络，同时给具体作品的判断和评价，提供参照。风格演变过程不清楚，则会导致鉴定上的边际模糊、丧失标准，变得“一切皆有可能”，无法进行具有学术意义的推导和判断。

鲜于枢书法在某一段时间内，具有高度稳定化的特点，研究方法上更适用于笔迹学一般原则。从研究对象来讲，书法风格的变化以行草最为明显，信息也较丰富，更适合于形态对比、习惯写法归类，所以本文以行草书为主要线索。

鲜于枢目前所能知道的创作期只有 15 年时间，一些作品由于各种原因没有年款或已经残损，所以关于他的书法风格演化以及分期，此前无人提及。根据目前资料，本文认为鲜于枢书法可以大概分为三个风格组群：一、前期的第 1 阶段：章草笔意。前期的第 2 阶段：二王书风。二、后期：典型书风。

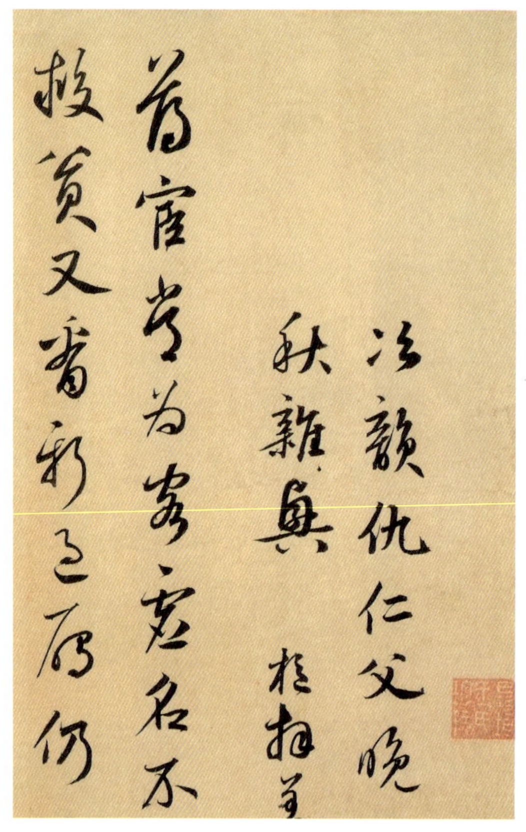

图 2　《晚秋杂兴诗》

图 3　《秋怀二章诗》

一、前期第 1 阶段：章草笔意（约 1287—1290 年）

《武林胜集卷》中的鲜于枢行草书（图 1）与《晚秋杂兴诗》（图 2）、《秋怀二章诗》（图 3）是现存鲜于枢行草书法最早的一组风格类型。三者签名“枢”字的典型前期模式以及书写习惯（图 4），表明它们互相联系，属于一个时期的作品（此问题笔者另有详文），它们的特点是结体趋向方正宽博、章草笔意浓郁，姑且称之为“章草笔意”书。

元代到明代初期，章草这种久已寂寞的书体再度兴起，成为一种时代性的独特景观，这与鲜于枢、赵孟頫为代表的“复古”风气有密切联系。目前所见流传的一本鲜于枢《章草千字文》拓本，对理解其早期的书法风格，有重要的参考价值。

楷书方面，1286 年的《跋王献之保母砖》、1288 年的《保母砖题跋》已经初步露出个性风格化的倾向，但早期的行楷体势趋向于方形扁宽，或许与章草包含的隶书横势有关。

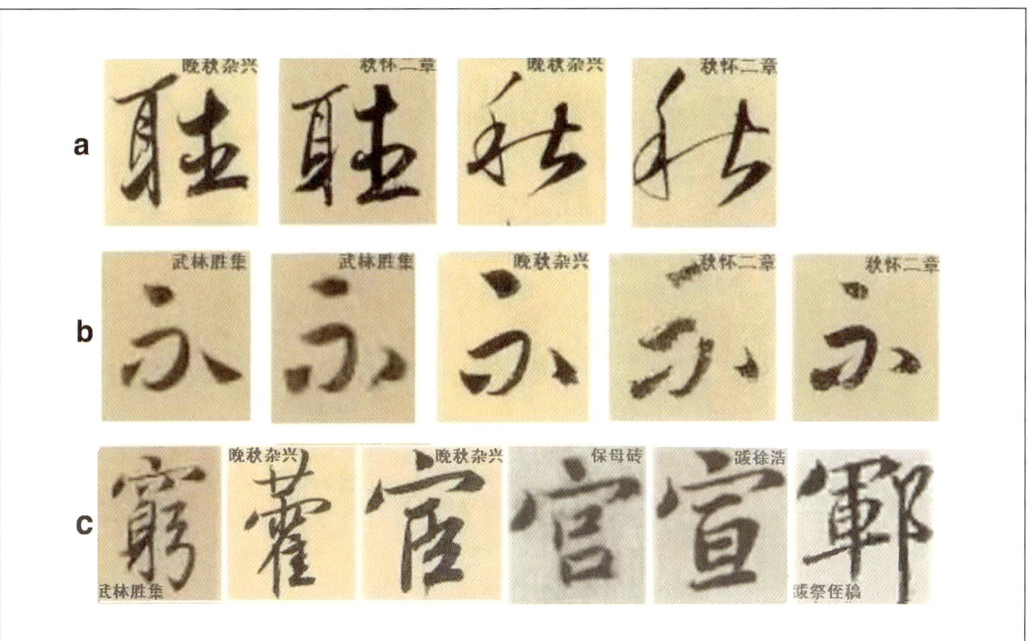

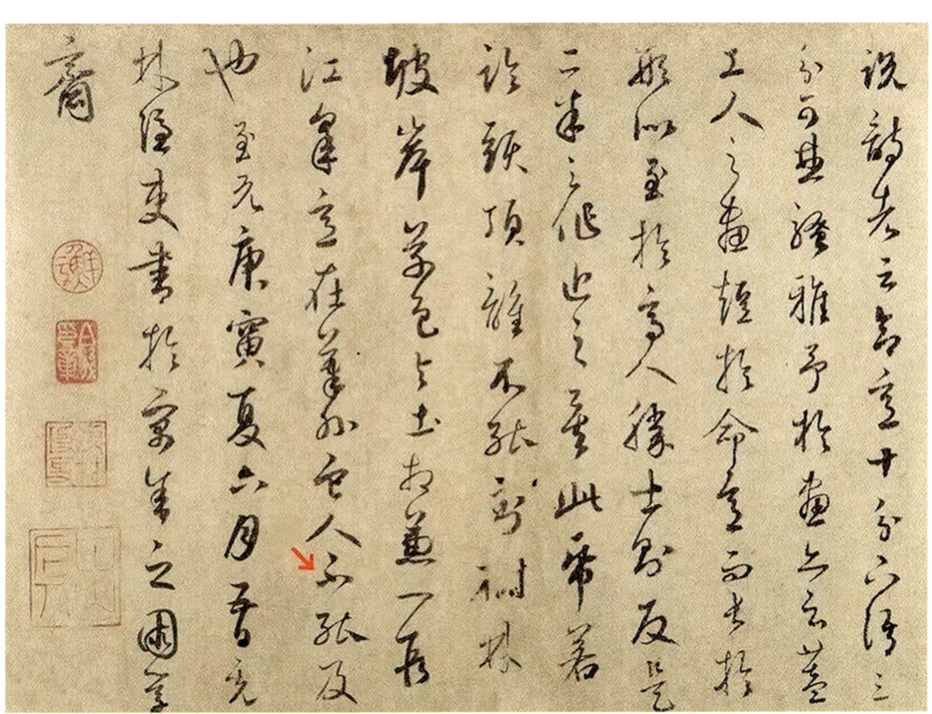

（上）图 4　三者签名“枢”字的典型前期模式以及书写习惯
（下）图 5　1290 年的《跋米云山图卷》

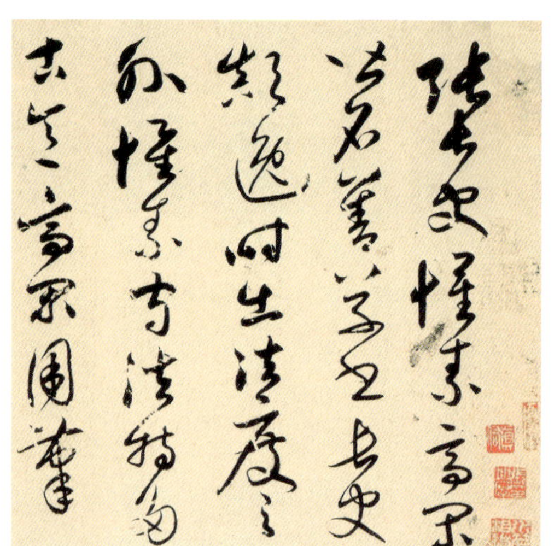

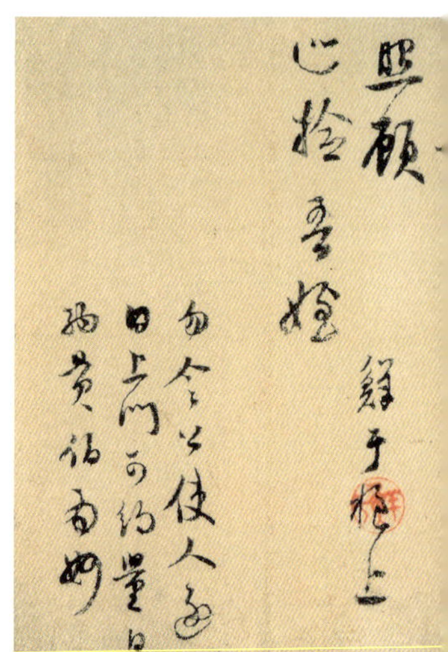

（左）图 6　1291 年的《王安石杂诗卷》
（中）图 7　《论草书帖》
（右）图 8　《林椿帖》

二、前期第 2 阶段：二王书风（约 1290—1295 年）

1290 年的《跋米云山图卷》（图 5）字形由方宽变为修长，章草的写法和特征逐渐消失，“不”字转变成今草写法，与早期作品明显区别。

1291 年的《王安石杂诗卷》（图 6），总体上是属于二王书风，同时也是大字草书探索的开始，用笔追求简练、直接，一些个性化习惯开始出现，是这个阶段的代表作。存世书作中与这两件系年作品风格最靠近的，是《论草书帖》（图 7）和“十诗五札”一组作品，以及《适来帖》《林椿帖》（图 8），这些作品以二王书法为指归，可以称之为“二王书风”阶段。

“十诗五札”内容涉及小孩病情和吃药的情况，其中的“观观”“善善”应分别是小孩乳名，《盛暑帖》（图 9）中有“小儿吃药，不无抛洒”的语句，吃药过程出现“抛洒”情况的，一定是不太大的孩子。根据史料鲜于枢有五个子女，如果按书写《跋米云山图》的 1290 年推测，鲜于枢大约四十岁出头，长子鲜于必强 13 岁（据《鲜于必强墓志》1278 年出生，1299 病逝，享年 22 岁）。其他孩子更小，家中有吃药“抛洒”的小儿合乎情理。那么“五札”诸帖书写于 1290 年左右，可以得到双重证据。

《论草书帖》内容是以二王书法为标准对唐宋草书的评论，风格基于《十七帖》，只是行笔气势稍加纵逸，书写特点与《跋米云山图》、“五札”一组作品相同。

《论草书帖》属于《鲜于枢、赵孟頫合卷》中的一件，合卷流传的年代可以追溯到很早的年代。同卷的三件赵孟頫书法，现在认为书写于 1288—1295 年之间（《论古人画迹札》

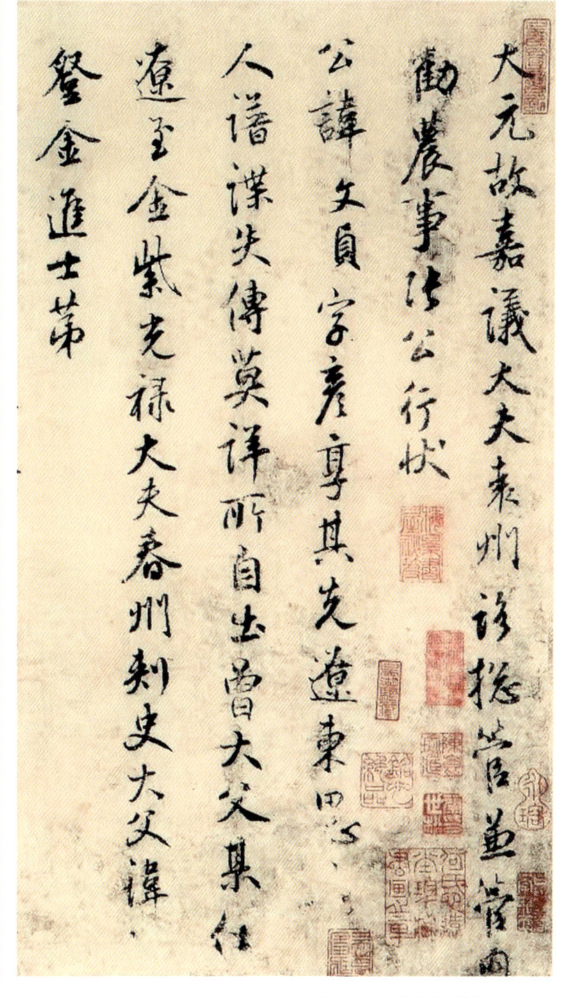

（左）图 9 《盛暑帖》
（右）图 10 《张彦享行状稿》

1288—1290 年、《论枕卧帖》1295 年、《论裴行俭帖》约 1295 年），这些可以为《论草书帖》的书写年代提供参照。

综合以上，“五札”诸帖和《论草书帖》书写时间模糊上限，应该是书写《跋米云山图》的 1290 年，下限是书写《张彦享行状稿》（图 10）的 1295 年，其中《林椿帖》与《张彦享行状稿》风格已经非常近似，书写时间应该大体相当。戴立强《鲜于枢之死试探》中，猜测《林椿帖》（文中称《文检吾侄帖》）或许是鲜于枢的临终遗书，但是从书写风格以及前期特征的“枢”字签名来看，这一帖似乎没有那么晚。

三、后期：典型书风（约1295—1301年）

世人最熟悉的典型风格，所谓“鲜于体”：纵势长方、重心居高、上紧下松。1295年的《张彦亨行状稿卷》具备了这些特征，后期的习惯写法，在此作中前所未有地出现了，因此标志着鲜于枢风格的形成，可以视为前、后分期的标志。1295年到1301年之间，有明确年款的作品（见下表），虽然书体不一、大小各异独，都具有上述结字特征，存在明确的艺术面貌。

鲜于枢1295—1301年传世有年款作品表

1. 张彦亨行状稿卷	元贞元年（1295）
2. 跋刘敞秋水篇	元贞二年（1296）
3. 跋定武五字损本兰亭	大德元年（1297）
4. 草书千字文卷	大德二年（1298）
5. 跋宋人蚕丝图卷	大德二年（1298）
6. 行草书杜甫茅屋为秋风所破歌卷	大德二年（1298）
7. 楷书赵秉文御史箴卷（无款残本）	大德三年（1299）
8. 跋王筠庭幽竹枯槎图卷	大德四年（1300）
9. 送李愿归盘谷序	大德四年（1300）
10. 行书赠笔工范君用序帖	大德五年（1301）
11. 跋苏轼枯木丛篠怪石图卷	大德五年（1301）
12. 跋赵孟頫书赤壁二赋册	大德五年（1301）
13. 跋杨凝式夏热帖	大德五年（1301）
14. 跋袁易钱塘杂诗卷	大德五年（1301）

鲜于枢行楷书在1286年的《跋王献之保母砖》、1288年的《保母砖题跋》已经初步露出个性风格化的倾向。但早期的行楷体势趋向于方形扁宽，或许与章草包含的隶书横势有关。1290年的《跋神龙兰亭》已经是颇具风格的作品，但即使如此，更加完整齐备的后期风格行楷书，仍然要到1295年的《张彦亨行状稿卷》。

吴湖帆赞此卷“元人法书第一”，并说：“……绝似怀仁集右军书序，婉转流利……”“书文双绝，不输颜鲁公论座位帖也”“颜鲁公《论座》《祭侄》具藏鲜于太常家，太常本工书，故于稿书更入神品，宜松雪拜倒……”这指出了此帖的主要特点：典雅敏锐与遒厚豪迈兼备，实际上这是过渡型作品的特点。鲜于枢后期风格演化的整体趋向，用笔越来越向力量、质感和写意性的方向追求，更加强调肩肘带动指腕，更有利于大字行草的表现，更加强调宏观而忽略细节。这些特点表现在小字反而非其所长，其晚年最为用心、精致的《跋王庭筠幽竹枯槎图》（图11）与《张彦亨行状稿卷》相比，依然有僵硬感，其他如《跋钱塘杂诗》（图12）显得生硬沉闷、《跋夏热帖》枯燥乏润、《跋赵孟頫赤壁赋》近似散漫草率。

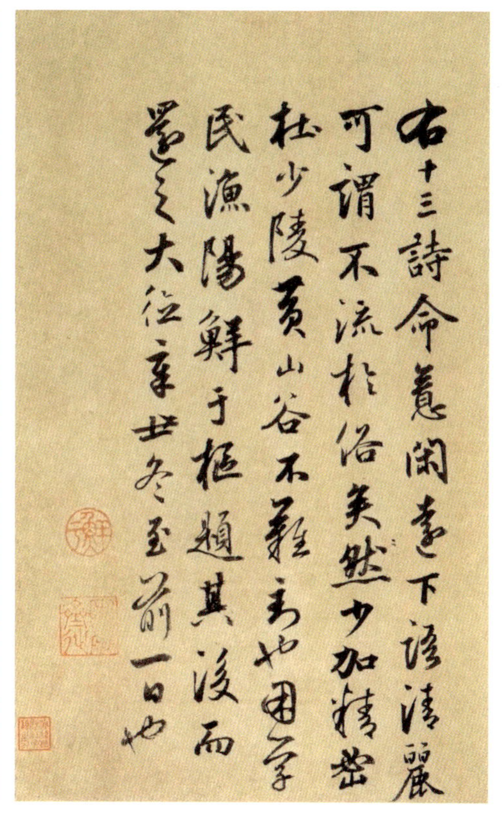

（左）图 11　《跋王庭筠幽竹枯槎图》
（右）图 12　《跋钱塘杂诗》

1298 年蚕丝图题跋

无年款的诗赞卷

1299 年萧山文庙碑

图 13　根据签名的写法变化

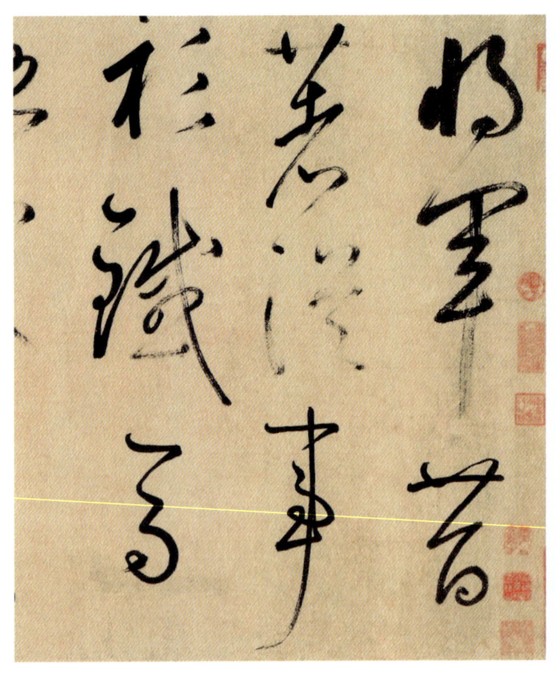

图 14　《魏将军歌》

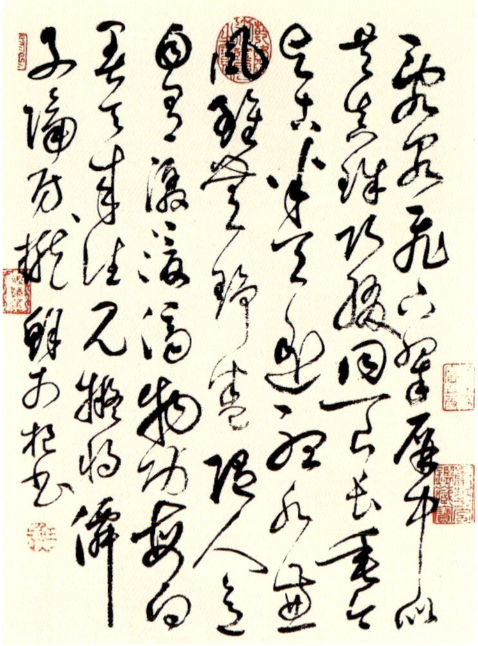

图 15　《水帘洞诗》

本文前面未提及的鲜于枢其他无年款作品，应都属于这个阶段，这些作品构成了鲜于枢在艺术史的风格形象，也是品评其艺术成就的主要依据。有几件作品的书写时间，还可以从书写习惯、风格发展的角度，做更具体探讨。如根据签名的写法变化（图 13），我认为《诗赞卷》大约书写于 1299 年。

《魏将军歌》（图 14）款识行书是后期典型风格。但是此帖学习、试验的色彩很强，表现在整体上模仿怀素《自叙帖》的痕迹明显，行楷题款与正文的狂草反差强烈，不作一气呵成。因此《魏将军歌》的书写年代，大约在中、晚期转换之间，与 1295 年的《张彦亨行状稿卷》相前后。

其他后期无款作品，我根据风格特点在作品列表（图附表）中做了一些尝试性的排序。将所有鲜于枢作品，参考有年款作品分期排列后，鲜于枢作品呈现出水准恒定、面貌明显，演化过程清晰的整体风貌。

在此基础上对另外一些传世作品可以有更加明确的认识，如《水帘洞诗》（图 15）、《老来幽事诗二首》以及“南宫天机妙笔”六字题签，在这个风格排序中显得格格不入。其余比较著名的作品，如《石鼓歌》《海棠诗卷》没有列入这个表格，我认为是赝品，具体理由另有专文论述。

鲜于枢存世书法真迹列表

作品名称	时代	收藏单位
1. 跋颜真卿祭侄文稿之一	至元廿三年（1286）	台北“故宫博物院”藏
2. 跋王献之保母砖帖	至元廿三年（1286）	北京故宫博物院藏
3. 武林盛集卷韵诗	至元廿四年（1287）	香港中文大学藏
4. 跋颜真卿祭侄文稿之二	至元廿五年（1288）	台北“故宫博物院”藏
5. 保母砖观款题名	至元廿五年（1288）	北京故宫博物院藏
6. 跋徐浩书朱巨川告身	至元廿五年（1288）	台北“故宫博物院”藏
7. 晚秋杂兴诗帖	无年款	北京故宫博物院藏
8. 秋怀二章诗帖	无年款	北京故宫博物院藏
9. 孤独本兰亭题跋（火烧无款残本）	至元廿六年（1289）	东京国立博物院藏
10. 跋米友仁云山图卷	至元廿七年（1290）	大都会博物馆藏
11. 盛暑帖（致澄虚扎一）	无年款	东京国立博物馆藏
12. 观观帖（致澄虚扎二）	无年款	东京国立博物馆藏
13. 善善帖	无年款	东京国立博物馆藏
14. 患牙帖	无年款	东京国立博物馆藏
15. 适来帖	无年款	上海博物馆藏
16. 论草书帖	无年款	台北“故宫博物院”藏
17. 王安石杂诗卷（卷首有残）	至元辛卯（1291）	辽宁省博物馆藏
18. 跋神龙本兰亭序卷	至元甲午（1294）	北京故宫博物院藏
19. 林椿帖	无年款	北京博物馆藏
20. 张彦享行状稿卷	元贞元年（1295）	中国台湾私人藏
21. 杜甫魏将军歌卷	无年款	北京故宫博物院藏
22. 跋刘敞秋水篇	元贞二年（1296）	北京故宫博物院藏
23. 跋颜真卿刘中使帖	无年款	台北“故宫博物院”藏
24. 跋定武五字损本兰亭	大德元年（1297）	台北“故宫博物院”藏
25. 跋蔡襄谢赐御书诗卷	无年款	东京台东区立博物馆藏
26. 楷书老子道德经卷（上卷、残本）	无年款	北京故宫博物院藏
27. 行书杜甫行次昭陵诗卷	无年款	北京故宫博物院藏
28. 行书九日诗帖	无年款	北京故宫博物院藏
29. 先茔帖（致白珽）	无年款	美国私人藏
30. 草书千字文卷	大德二年（1298）	丹东抗美援朝纪念馆藏
31. 跋宋人蚕丝图卷	大德二年（1298）	黑龙江省博物馆藏
32. 行草书杜甫茅屋为秋风所破歌卷	大德二年（1298）	日本京都藤井有邻馆藏
33. 行草诗赞卷（卷首残）	无年款	上海博物馆藏
34. 楷书赵秉文御史箴卷（无款残本）	大德三年（1299）	普林斯顿大学美术馆藏
35. 跋王筠庭幽竹枯槎图卷	大德四年（1300）	京都藤井有邻馆藏
36. 送李愿归盘谷序	大德四年（1300）	上海博物馆藏

续表

作品名称	时代	收藏单位
37. 行草书韩愈进学解卷（无款疑残）	无年款	首都博物馆藏
38. 透光古镜歌（尾残）	无年款	北京故宫博物院藏
39. 草书千字文残卷（残本四帧）	无年款	辽宁私人藏
40. 行书赠笔工范君用序帖	大德五年（1301）	北京故宫博物院藏
41. 跋苏轼枯木丛篠怪石图卷	大德五年（1301）	上海博物馆藏
42. 跋赵孟頫书赤壁二赋册	大德五年（1301）	台北“故宫博物院”藏
43. 跋杨凝式夏热帖	大德五年（1301）	北京故宫博物院藏
44. 跋袁易钱塘杂诗卷	大德五年（1301）	上海博物馆藏

（制表：杨岩松）

董其昌书法中的苏轼因素

刘九洲

董其昌书法师承，历来说法很多，现代学术已经不太引述古人关于此事的“论述”，而直接从董其昌的真迹中，寻找与古代法书之间的联系。

本文尝试描述董其昌书法的几次转折。虽然这是一种回顾与整理，但是指出每一个阶段的风格转折点，而且还具体到某件作品，显然，这是可以证伪的，因此，这个描述是一个学术论题。

一、董其昌书法风格的几次变化

随着看到的真迹越来越多，我们大约可以描述出董其昌书法的几次大转折。

董其昌对于古代法书的态度，是“转益多师”，并不是执着于某一家，以往大家依据文献，认为其早年从《多宝塔》入手，这是事实。董其昌 30 多岁的时候，就用颜体字体写诰命，直到晚年复出，依然可以随时使用这个字体。

董其昌在中进士后的几年内，小字突飞猛进，一跃而成大家，从（传）王维《江山雪霁图》有关信札（日本小川家族藏）的风格演变中，可以清晰看到这个变化。这主要源于学习米芾，《明史》中说，董其昌书法出自米芾，这是很准确的判断。1596 年，董其昌 42 岁时候的《黄公望富春山居图题字》，是董其昌学习米芾的代表作。

在40岁前后，董其昌的小字达到了一个很高水平，而且延续到60岁左右，以《玉烟堂董帖》所收诸作为代表。但是这时的大字、中等大小的行书，都还不算高明。

董其昌到45岁（1600年）前后，在退居江南的前期，董其昌似乎认识到了米芾的缺点，于是抛弃米芾，不再采用《盘古序》（大阪市立美术馆藏）中抛筋露骨的写法，转而刻苦学习王羲之，结字由开张转为内敛，风貌为之一变，在《罗汉赞》（1603年，东京国立博物馆）、《行穰帖小行书题跋》（1604年，普林斯顿大学博物馆藏）中，转变成功，这是董其昌第一次把王羲之写法自然转化成自己写法，当时董其昌还不到50岁。

与此同时，董其昌还认真学习唐人写法，《刻鹄不成》册页（1608年，台北藏），显示了董其昌谨守晋唐法书的道路，结字也有点缩头缩脑，这就是唐人的方法。甚至在写米芾名作《蜀素帖》诗词内容（即《行书临米芾吴江垂虹亭诸帖卷》，1609年，上海博物馆藏）的时候，依然是王羲之写法，而不是米芾的写法，此时，董其昌对米芾书法按道理说是非常熟悉的。这一时期，董其昌抛弃米芾，上溯晋唐，即便在一些立轴书法中，董其昌这种内敛写法，也展现得非常明确。

大约在50—55岁，董其昌有一批认真学怀素草书的作品，结体宽博，与学习王羲之的写法完全不同，笔致也完全不同于以往，于是，出现了一些面貌完全不一样的作品，如《郎官石壁记》（底特律艺术博物馆藏）。现在有人以为这一类作品不对，其实是对的，但是只有这么几年时间，董其昌是这么写的。

54岁之后，董其昌开始认真写大字，以《岳阳楼记》（1609年，北京故宫博物院藏）、《行穰帖己酉题跋》（1609年，普林斯顿大学博物馆藏）为标志，转学米芾大字，同时也学李邕，董其昌似乎感受到了以往学王羲之的问题，就是精致有余，气息不够，于是努力矫正。董其昌是一个极其聪明的人，一旦发现问题，他基本上能解决。只是这一次，他花了10多年时间，在1612年临写《天马赋》（上海博物馆藏）的时候，还力有所不及，类似于《岳阳楼记》（1609年），直到1624年，题写《潇湘图引首》（北京故宫博物院藏）的时候，可以轻松自如驾驭大字了，早期有点薄弱的毛病已经克服，大字变得雄壮且有变化，他的大字立轴随即有了气象万千的意思，水平很高，一望即知真伪。

70岁之后，董其昌有一个学习颜真卿的过程，有一批用笔很沉着的作品传世，与其他时期风貌完全两样。

到了晚年，在79岁、80岁的时候，董其昌专意学习（传）张旭《古诗四帖》（其实是彦修之作），行书、草书都为之一变，以斜势为主。

在以上的大转折中，董其昌每一次转折，都是在大力纠正上一个时期书法的失误，他对自身书法的敏感，远超常人。

二、董其昌学习苏轼书法时期分析

在这一系列转变中，隐藏着一次难以觉察的变化，就是从1612年开始，认真学习苏轼书法数年，一举改变王羲之书法重心不稳、有点畏缩的缺点，董其昌用苏轼的妍美，确定了晚年书法基调。

壬子年（1612年）秋天，董其昌的书法，出现了比较明显的苏轼面貌，如《西湖泛舟诗》（《吴越所见书画录》著录），但是这一年的元月书写的《补亡诗》（高士奇旧藏、题跋，中国美术学院出版社《玉烟堂董帖小楷墨迹本》一书收录）小楷，依然没有丝毫苏轼的影子，因此，1612年应该是董其昌学习苏轼的开始。

由于此类学习苏轼的作品，与董其昌风格较为接近，面貌比较隐蔽，前人谈论不多。以前极少公开的《行书临东坡尺牍册》（壬子，1612年，上海博物馆藏），以及大家熟悉的《临苏氏六帖》（1614年，台北藏），从中都可以看到董其昌的努力。在1614年的时候，董其昌见到苏轼信札，当场就可以临写得很好。

1615年，董其昌的古书画题跋中，已经流露出浓浓的苏轼意味，典型作品是《赵令穰湖庄清夏图题跋》（波士顿美术馆藏），虽然前后数跋，对比之下，自然是1615年带有苏轼风貌的行书题跋最佳。

1616年3月，爆发了著名的“民抄董宦”事件，董其昌在松江的家宅被焚，随后的一两年中，董其昌生活被完全打乱，但是其书法历程并未被打断。

在考察董其昌学习苏轼的过程中，我们发现，他的作品中，多次出现《临摹宋四家》这个题材，就是把宋四家的信札，汇集在一卷中临摹。在明代就汇编刻石的《鷓鴣馆帖卷四》《红绶轩法帖卷二》《剑合斋帖卷二》等法帖中，都有“临宋四家”这个题材。现在各博物馆，故宫、上海博物馆、台北也都有此题材真迹。

以往不太理解董其昌反复临写“四家合卷”是什么意思，现在看来，他是想找到唐宋笔法之间的差异，很显然，在临摹中，透露出他更加喜欢宋人笔法，同时，董其昌一直把宋四家作为可以超越的对象来看待。

由于这个题材多次重复，所以董其昌每一次临写的时候，态度也完全不一样。《宝鼎斋临宋苏黄米蔡帖》（1607年，北京故宫博物院藏）这件临本，写得比较幼稚，完全用晋唐写法临摹宋人，可以说写得不准。

在1617年的《临宋四家卷》（绢本，上海博物馆藏）中，董其昌显然已经多次临摹过，过于熟悉，已经无意于认真临写了，而是由着自己的笔踪，随意曲折，这个时候，他已经掌握了苏轼等人的主要写法。

但是过了一年，在“墨禅轩”款的《临宋四家》手卷中，董其昌又变得非常认真，临摹苏轼书法力求形似，临写黄庭坚也颇似苏轼（图1）。这卷写于“墨禅轩”中的《临宋四家》，系年在1617—1618年较为妥当。因为《兰亭八柱》中，董其昌《兰亭》1618年正月的款书中，

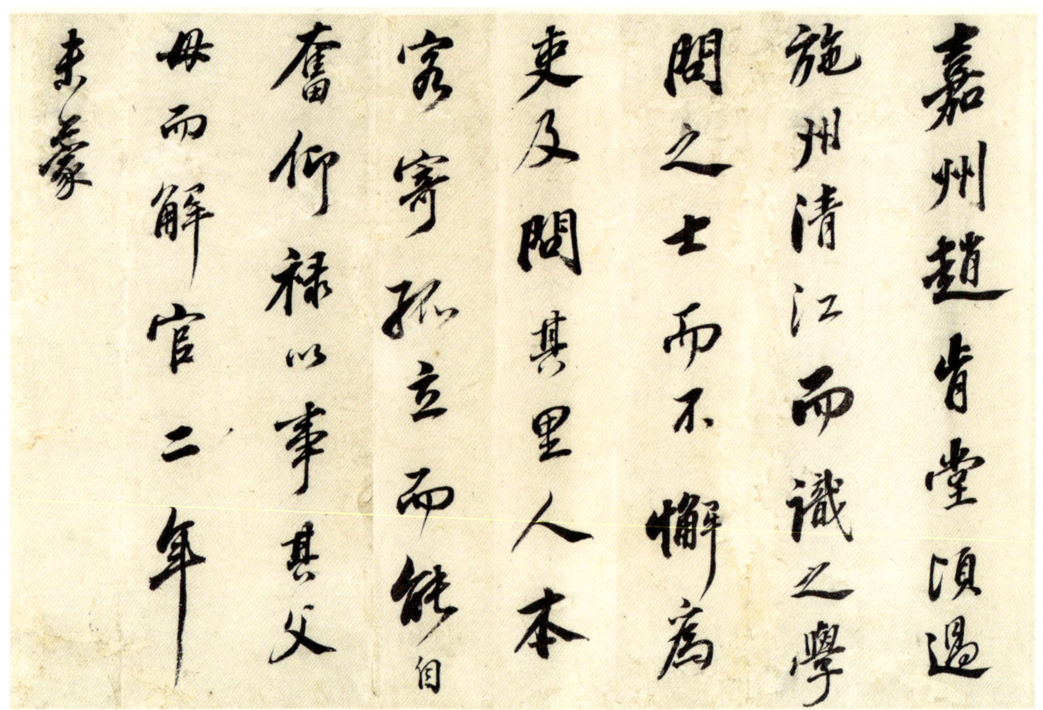

图 1　董其昌《临宋四家》

也有“墨禅轩”字样。

综合来看，1612—1617 年间，应该是董其昌学习苏轼书法的时期。此后如《书画册》（1618—1619 年，上海博物馆藏）、《画禅室小景图册》（1618 年，上海博物馆藏）、《徽宗雪江归棹图题跋》（1618 年）的题画中，已经完全看不出苏轼书法的沉重风味，而是妍美潇洒，大家以为这是董其昌的自家面目，其实是董其昌把苏轼的书法化于笔下了。

另外有一件名作，开始部分，应该也是写于 1619—1620 年前后，那就是《四印堂诗稿》（上海博物馆藏）。这一册诗稿中，有董其昌多种风格，也有多个年款，从 1621 年一直跨越到 1636 年，时间跨度较大。《四印堂诗稿》的难点在于，开始写于哪一年？现在看来，开始几页，风格非常接近苏轼，应该是接近整本书法中，第一个出现在眉批上的年款，“辛酉上巳”（1621 年）这个时间，也就是 1619—1620 年前后。

1618—1619 年，是董其昌延续苏轼风格的两年。到了 1620 年，董其昌在中秋节题王蒙《青卞隐居图》的时候，还是谨守苏轼法，但是在同一年的《秋兴八景》（上海博物馆藏）题字中，董其昌开始有意识进一步压缩字内空间，使得字法发生变化，形态也开始追求笨头笨脑的效果。

可能是董其昌觉得学习苏轼，导致字有些妍美，于是以拙补之，我们看到董其昌逃离了苏轼。此后董其昌书法再也没有回到 1619 年这种妍美之极的苏轼风貌上来。

三、董其昌《雪赋》手卷介绍

本文还要介绍一卷无年款的董其昌《雪赋》行书手卷（本书“古代书法编”，原大刊印），书写风格正是苏轼风貌，而且看起来了无痕迹，应是1618—1619年之作。

从题跋来看，这卷《雪赋》是杭州老一辈学者姜东舒的家传之物，有恽寿平、翁方纲跋，20世纪50年代，曾经给张宗祥、沙孟海、朱家济等专家鉴定过。“文革”期间，《雪赋》被藏于厨房砖洞，因此受损，开卷处大约损伤了七分之一，颇为可惜。

《雪赋》是一篇长文，董其昌素来不耐烦写长文，但是他一生反复书写《雪赋》，应该是非常喜欢这个内容。从董其昌生前刻帖来看，就多次收入他书写的《雪赋》，如《宝鼎斋法书·卷二》（1609年）、《书种堂帖·卷五》（1614年）、《书种堂续帖·卷三》（1617年）等。清代嘉庆二十一年（1816年），《如兰馆帖卷三》也收入一件董其昌《雪赋》。

从现在各大博物馆公开的藏品目录来看，董其昌书写《雪赋》条目，只出现了两次。因此，这一卷《雪赋》值得关注。

本文介绍的《雪赋》，从文字上看，虽然大体吻合，但是其中有多字，与正文不完全一致，卷后翁跋说是董其昌背临了这一卷《雪赋》，数千字长文，董其昌65岁左右依靠记忆书写，令人惊叹。

从书法技巧上看，如果将这一卷《雪赋》，与苏轼《后赤壁赋》（台北藏）并观，就可以看到各自的特点。

董其昌此作采用了苏轼的结体，较为扁阔，展卷观看，颇似苏轼《后赤壁赋》形态。细观之下，则是变化多端，缘于董其昌比较擅长使用笔尖，很多变化是随手得来。苏轼《后赤壁赋》相比之下，用笔较重，形态比较沉着，但是整体变化不多。

将董其昌的一些书法，与宋人书法并列比较，是一种认识董其昌的好办法，譬如，将董其昌与米芾的比较，其晚年所书《大字天马赋》，与米芾《吴江舟中诗》《虹县诗》相比，各自优点、缺点就非常明显。

综合来看，董其昌以《行书临东坡尺牍册》（1612年，上海博物馆藏）、《临苏氏六帖》（1614年，台北）为先导，以《书画册》（1618—1619年，上海博物馆藏）、《画禅室小景图册》（1618年，上海博物馆藏）的题字为运用，以《四印堂诗稿》《雪赋》《行书李白诗》（观远山庄藏，清代《玄赏斋帖》刻入，原石尚存）为主要代表作，上述一组名作，共同构成了董其昌追寻苏轼笔下、宋代妍美书风的清晰足迹。

发现萧山鲁爕光

吴　斌

2015年中国美术学院出版社刊印的一件董其昌大字《天马赋》据说源自绍兴，在册页末尾，有一段光绪乙未年（1895年）的题跋（图1），署款“卓叟”，出版时未考此为何人，卓叟跋中说自己见过不止一卷米芾《天马赋》真迹，家藏就有一卷侧理纸本，有方回、郭天赐和鲜于枢题跋。又提到了“小绿天庵”藏的一卷绿绢本，是米南宫“晚年剧迹，老而秃矣”。

卓叟家的米芾《天马赋》，今已不得见，无法评说。小绿天庵本《天马赋》，实际上是释达受（六舟）的藏品，有几种刻本，但都刻得不太好。达受在《游歙笔记》中，讲述了这件东西：

又于市上得米南宫《天马赋》真迹绢本，前有“楚国米芾”朱文印，盖晚年笔也，后钤“子由”朱文印，“登闻鼓院之印”等五六方。惜无题跋。疑后人割裁装之他卷矣，月波为余画《负米图》缀于后，荷屋中丞（吴荣光）补为之跋。

这位卓叟是谁？我们虽然觉着字体熟悉，可一时也没找到。一日乱翻书，在徐渭书《李白诗卷》后，突然见到了另一段卓叟题跋（图2），字体完全一致，又钤“鲁氏子子孙孙永宝”和“瑶仙”朱文印。卓叟、瑶仙，就是鲁爕光了。

鲁爕光在罗振玉的著作中，不止一次出现，他是罗振玉多件金石收藏的一位“上家”。

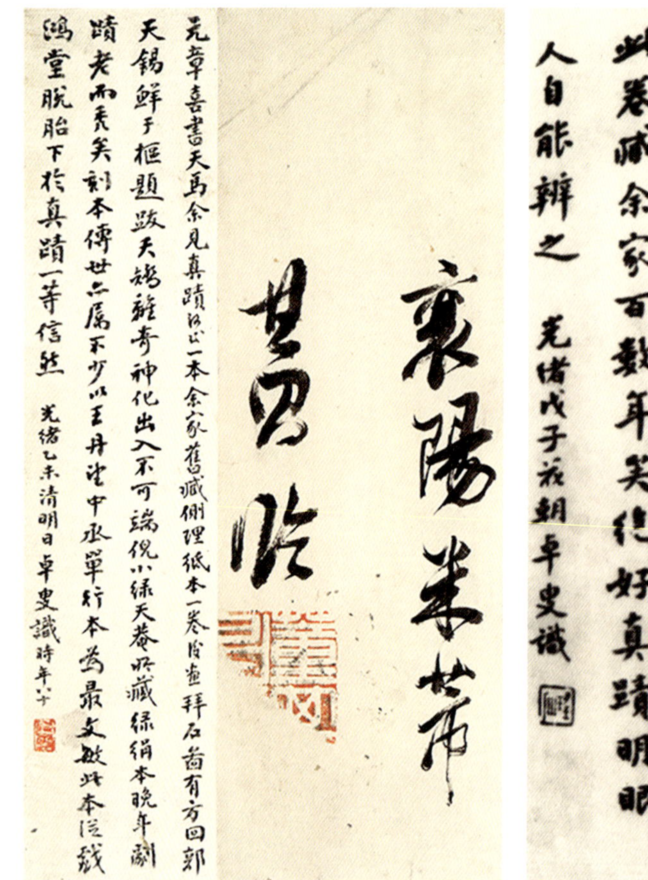

图 1　董其昌《大字天马赋》后的“卓叟”题跋

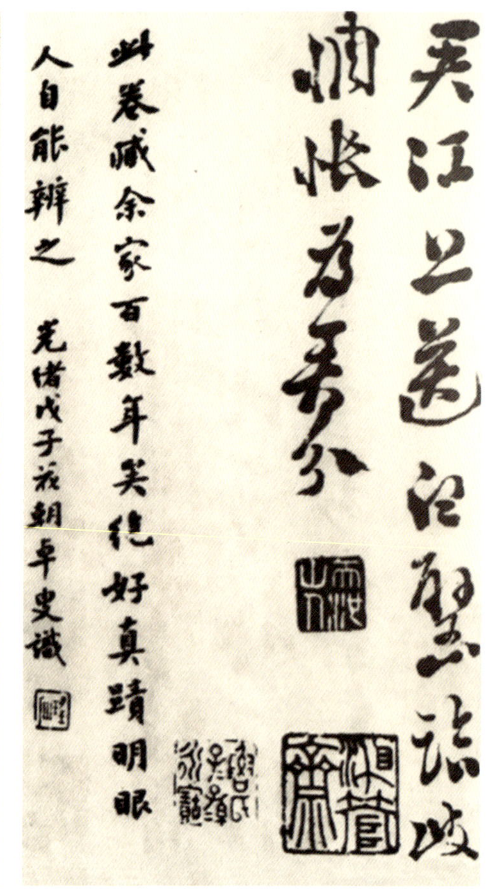

图 2　徐渭《李白诗卷》后“卓叟”题跋，民国神州国光社有影本

譬如，在《雪堂类稿乙·图籍序跋》的《〈两浙佚金石集存〉序目》中，罗振玉提道：“上虞铜漏铭，曩在郡城，萧山鲁卓叟观察燮光所赠。”

但是，罗振玉对这位“上家”，却不那么放心。罗振玉《雪堂类稿甲·俑庐日札》有《鲁燮光所藏“麟元砖”似非伪》，云：

> “光绪癸巳（1893 年），萧山鲁瑶仙观察燮光以麟元专（砖）见示，文曰：汉麟元元年九，下断六字，反书。案汉无麟元纪年，而专文似非赝，殊不可解。瑶仙好作赝专，吾乡王子献所印越郡专文，多是鲁君伪造。此非似赝。”

这位鲁燮光，是一位做赝砖的高手。有一天，拿着一块标着汉代麟元年号的断砖去找罗振玉，罗振玉心知汉代没有麟元纪年，但左看右看，越瞅越像真的，始终不敢否定，只

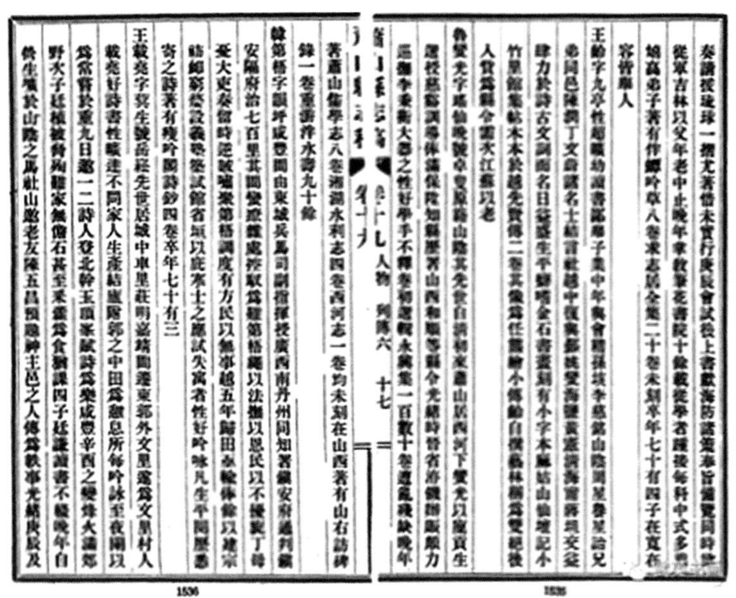
奏請授遊擊一摺尤著惜未實行庚辰會試後上書歎海防諸策奉旨留覽同時從
從軍吉林以父年老中止晚年掌教肇花書院十餘載從學者踵接每科中式多
婿高弟子著有作鄰吟草八卷東志居全集二十卷未刻卒年七十有四子在寬在
容皆舉人
王齡字九亭性超曠幼讀書踞舉子業中年與會稽孫垓李慈銘山陰周星譽星詒兄
弟同邑陳鍔丁文蔚諸名士結言社超中復與鄰縣變善黃瑗湯叢時京魂交從
肆力於詩古文詞商名日益盛生平嗜金石書畫刻有小字本黃庭山仙壇記不
竹軒館集帖本末於越先賢傳二卷其後爲任熊肿小傳自僕苦林稱爲雙絕後
人貲爲縣令需次江蘇以老
魯燮光字瑤仙晚號卓叟原籍山陰其先自山陰遷蕭山居西河下燮光以廩貢生
選授慈谿訓導遷保陞知縣歷署山西和順等縣令光緒時皆有吏績力
瀛海李慈衡大器之性好學手不釋卷初選輯永興集一百數十卷遭亂殘缺晚年

1535

蕭山縣志稿　卷十九　人物　列傳六　十七

著蕭山儒學志八卷湘湖水利志四卷西河志一卷均未刻在山西著有山右訪碑
錄一卷壹壽祥永壽九十餘
韓第梧字鳳岡咸豐間由東城兵馬司副指揮授廣西南丹州同知著籤安府通判籤
安隔府治七百里其間變徭雜處素號爲難第梧馳以法撫以恩民以不擾宸丁母
憂大吏奏留時匪氛熾梁第梧調度有方民以無事越五年歸田承榆侍餘以建宗
祠郎新塋設義塾登試館者頗以庇寒士之應試失寓者性好吟咏凡生平閱歷悉
寄之詩著有殘吟閣詩鈔四卷卒年七十有三
王毅亮字巽生號喬絃先世居城中東里莊明嘉靖間遷東郭外文星竈爲文星村人
毅亮好詩書性曠達不同家人生產結廬附郭之中田爲憩息所每吟詠至夜闌以
爲常嘗於重九日邀一二詩人登北幹玉皇峯賦詩爲樂咸豐辛酉之變烽火滿郊
野天子廷楨被脅徇難家無儋石甚至采薇爲食猶課四子廷謀讀書不輟晚年自
營生壙於山麓之虎社山邀老友陸五昌預題神主邑之人傳爲軼事光緒庚辰及

1536

图 3　民国《萧山县志稿》卷 19《鲁燮光传》

好说：“这貌似不像是假的吧？”后来，罗振玉在《再续寰宇访碑录》卷上，著录了这块“神奇”的汉砖，说：“考汉无麟元年号，而专字朴厚，绝非赝作，著之以质方雅。”

晚清另一位大学问家李慈铭，对鲁燮光也有评价。他在《越缦堂日记》中说：“光绪乙亥（1875 年）十月十七日庚辰。萧山人鲁瑶仙燮光来，此人不足取，然家世膴厚，喜收藏。”李慈铭一向毒舌，“此人不足取”是他骂人的风格之一。不过，李慈铭说鲁燮光家境殷实，是位藏家。

藏家鲁燮光，早在同治元年（1862年）十月，就和翁同龢有金石交。《翁同龢日记》记载：

（初九日）到尊古斋，遇鲁君瑶仙，名燮光，萧山人，寓南柳巷。君与汤氏有亲，亦世家矣，久为源侄诊脉治病，余却未往还，此君精鉴碑版，原原本本，其家收藏宋拓甚夥。兵火后尽失之矣。谈良久，甚洽。鲁君回寓取一旧拓褚登善《枯树赋》见示，笔势飘飘，与停云诸本绝异，有秦蕙田跋，称为宋拓。又《醴泉铭》一册，姚姬传旧物，梁山舟跋，推重殊甚，以为即谓之唐拓，亦无不可，今藏南城曾氏笙巢侍御所，欲售去者也。鲁君云，此是宋时复本，亦宋时拓，自言曾见宋拓《醴泉铭》七八册，皆浑厚飞动，有龙蟠虎卧之致。此拓虽圆劲，然是枣木版本。鲁君鉴家，其言当不谬。晚入城，灯下谛观《醴泉铭》，古厚可爱，夜分始卧。

这次翁鲁会，鲁燮光表现出了足够高的水准，他根据经验，敏锐地指出，声名在外的所谓唐拓《醴泉铭》实是翻刻。这册《醴泉铭》，民国期间由艺苑真赏社出版，确非原石本，

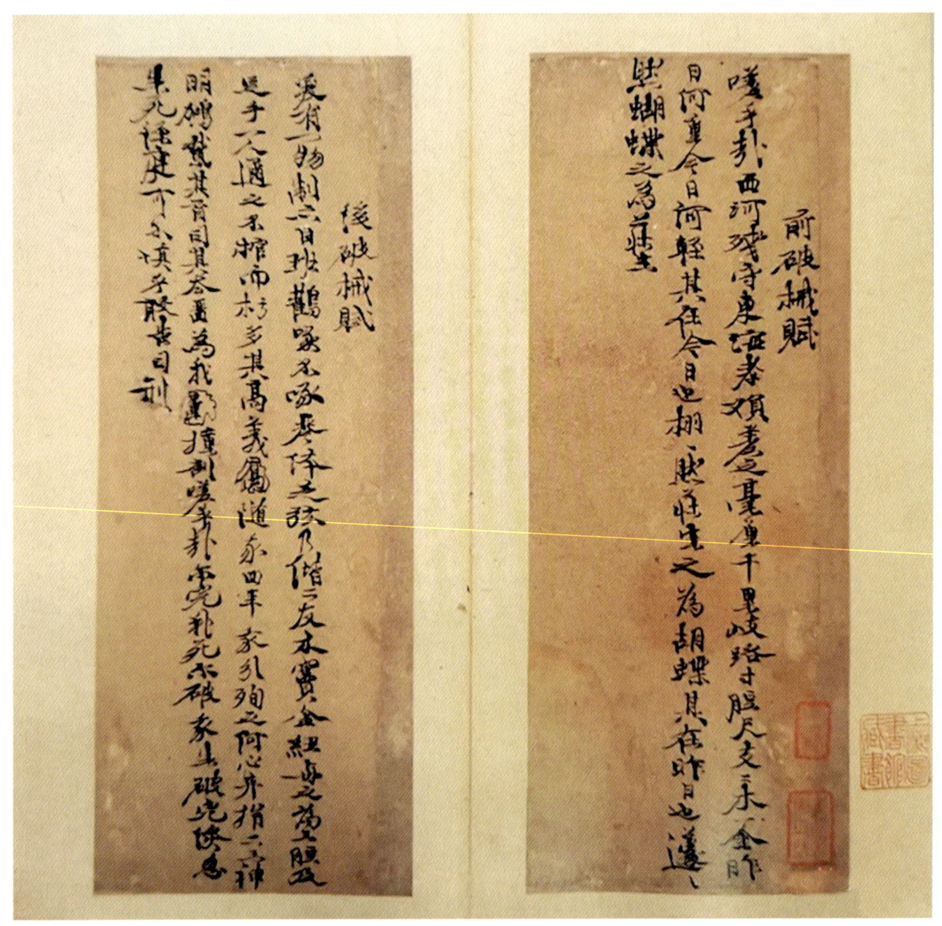

图 4　徐渭《破械赋》册，鲁照、鲁燮光父子旧藏。此册曾由山阴杜煦借摹刻石，册中附拓片两张及任洪致鲁燮光手札一通。刊于《上海图书馆馆藏精选图册》

王壮弘《增补校碑随笔》载之甚明。

鲁燮光在民国《萧山县志稿》中有传（图 3），可略知其生平：

鲁燮光，字瑶仙，晚号卓叟，原籍山阴。其先世自清初来萧山，居西河下。燮光以廪贡生选授慈溪县训导，俸满，保升知县，历署山西和顺等县令。光绪时晋省洊饥，办赈颇力，巡抚李秉衡大器之。性好学，手不释卷，初选辑《永兴集》一百数十卷，遭乱残缺。晚年著《萧山儒学志》八卷、《湖湘水利志》四卷、《西河志》一卷，均未刻。在山西著有《山右访碑录》一卷。重游泮水，寿九十余。

鲁燮光同翁同龢会面期间，正在北京行医。鲁氏是悬壶世家，鲁燮光的父亲是萧山名

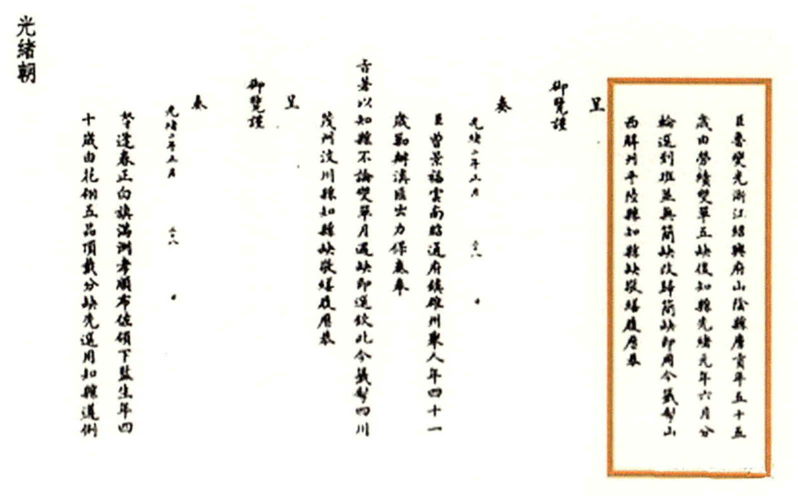
光緒朝

臣魯燮光浙江紹興府山陰縣廪貢年五十五
歲由勞績奨單五缺後知縣光緒元年六月分
輪選到班無與簡缺改歸簡缺即用今掣山
西解州平陸縣知縣缺敬繕履歷恭
呈
御覽謹
奏
光緒二年正月

臣曾景福雲南昭通府鎮雄州舉人年四十一
歲勸辦滇垣出力保奏奉
旨著以知縣不論雙單月遇缺即選欽此今掣四川
茂州汶川縣知縣缺敬繕履歷恭
呈
御覽謹
奏
光緒二年正月

聖達春正白旗滿洲孝順布佐領下監生年四
十歲由花翎五品頂戴分缺先選用知縣選例

图 5　《中国第一历史档案馆藏清代官员履历档案全编》（第 27 册 289 页）书影

医鲁照，鲁照字三桥。上海图书馆有一件徐渭书《前后破械赋》（图 4），即为鲁照旧藏。似乎鲁家对徐渭书法很钟情，上文所提到的徐渭书《李白诗卷》，也是“此卷藏吾家百数年矣”（鲁燮光语）。鲁氏原籍山阴，清初才徙来萧山，算来和徐渭是同乡，收藏徐渭真迹大概是出于乡贤情节。

清末书画家兼名医金德鉴，写过《烂喉丹痧辑要》，鲁燮光有序，序末署“光绪己丑春仲山阴七十五叟鲁燮光书”，由此推之，鲁燮光生于嘉庆二十年（1815 年）。这和鲁燮光在董其昌《大字天马赋》后跋所署的“光绪乙未清明日卓叟识，时年八十”所暗含的生年，是吻合的。

鲁燮光结识翁同龢时四十八岁（1862 年），不久，他弃医从仕。先任浙江慈溪县训导，后保升知县，这背后保人，应该就是翁同龢。鲁燮光一直和翁家保持着密切联系，因为在《翁曾翰日记》中（翁曾翰是翁同龢嗣子），也提到和鲁燮光的往来。

鲁燮光赴任山西，是在光绪二年（1876 年）初，在《中国第一历史档案馆藏清代官员履历档案全编》第 27 册，收录有他的一封奏呈（图 5），从中可以看出，他是轮选掣签抽到山西平陆知县一职的。

光绪八年（1882 年）九月，鲁燮光任山西和顺县令时，遭遇张之洞，就在上一年，张之洞任山西巡抚，他借整顿吏治之机，把矛头指向了鲁燮光。

此年九月初四，张之洞一道奏折，弹劾道：“和顺县知县鲁燮光因追催该县光绪五年钱粮尾欠，辄派家丁下乡按户追呼，勒索川资，立逼花户即日以贱价售产，以致顷刻之间，房产荡尽。买补仓谷，分派各里，家丁从中舞弊，勒令按斗折价，中多浮收。平日信任子

驗其貨物箱包上有無關卡驗過印記無印記者驗其與行店發單是否相符並可察看情形果係良懦估販便可不必十分苛求仰該局卽行轉飭遵辦惟應責成有行戶之州縣於行店來貨卸載時查其曾否完釐便可淸其來源其應如何稽察之處該局亦卽妥議思一簡要易行之法詳覆核奪至太原府南關印截一節殊可不必客貨不經省城者又將何以處之

批前和順縣魯夔光稟後任不接交代請檄調核算 光緒八年十一月十九日

左令則稟前任遺失卷宗曾革令則稟後任藉詞延宕

張文襄公全集　卷一百二十　公牘三十五　三

图 6　张之洞《批前和顺县鲁夔光禀后任不接交代请檄调核算》，《张文襄公全集》卷 110，书影

侄干预公事，抑勒骡行，支应扰累。此外控案累累，民怨鼎沸，当经委员查明属实。相应请旨，将鲁夔光即行革职，以儆昏贪。”

鲁夔光心中不甘，还想反击，就向张之洞禀报，说继任左兆熊交接县事拖延。张之洞当即写了《批前和顺县鲁夔光禀后任不接交代请檄调核算》（图 6），警告鲁夔光：“此等懒惰疲缓情状，乃州县衙门恶习，尤山西官场恶习，为此一事，尚无关大要。即诘问左令，亦必有说，若推之事事皆是如此，则大不宜矣。”意思是说，天下的衙门，一贯效率低下，山西的衙门，更是如此，你把事推到这上头，真不合适。

作为上司的张之洞，正反话随意说，像是有意和鲁夔光过不去。事实上，下令追催钱粮尾欠的，正是张之洞，当时，他设立清源局，清理库款，勒令全省范围内层层追索，鲁燮光是奉命行事。据《和顺县志》记载，鲁燮光还是有政绩的，譬如说，光绪六年（1880 年）六月，和顺县雹灾，翌年，鲁燮光争取赈银 615 两分发灾民。

张之洞为何要为难鲁燮光，一定要罢之而后快？我想，真正的原因或是因为张之洞和翁同龢交恶。翁张两人，斗了几十年，用张之洞晚年的原话说，是“叔平相国（翁同龢），一意倾陷，仅免于死，此种孽缘，不可解也”，所以，张之洞任山西巡抚期间，瞄准了翁同龢的这位故交。

鲁燮光在山西的几年中，一直没有闲着，遍访金石，写下了《山右访碑记》，共录入碑目 339 种，这是前所未有的山西碑目汇总。比之前孙星衍《寰宇访碑录》收录的晋碑多了一倍。

鲁燮光还收藏汉印，去世前的光绪三十四年（1908 年），辑《激庐汉印存》。何寿章在光绪十三年（1887 年）编《汉印管窥》，是吴大澂和鲁燮光藏印的合辑。

以前，我们对鲁燮光的书画藏品所知不多，但上文提到的董其昌《大字天马赋》，徐渭《李白诗卷》《破械赋》，都是极好的真迹。赵藩另有《马湘兰寿王百谷诗画卷子萧山鲁瑶仙大令燮光所藏》诗，这本马湘兰画卷，清代多次在文献中被提及。

根据鲁燮光对金石碑帖的研究水准和著述，结合他的友圈可以看出，这是一位在晚清有影响力的藏家。只不过，史料略隐蔽，不太好发掘。

2017 年 12 月，忽然看到“ART 一点”公众号推送了《带你偷师一场收藏年鉴定史的工作坊》文章（2017 年 12 月 10 日），简编了浙江省社科院陆蓓容的报告《收藏世界里的小人物——鲁燮光与〈家藏书画立轴杂录〉》，提到在国家图书馆普通古籍部找到了鲁燮光编写的家藏书画目录。

陆蓓容说：“其藏品几乎不见于现存的其他任何著录与目录，展现出‘地方’和‘下层’层面上的书画收藏。”这场关于鲁燮光的报告，白谦慎说：“以常识推断，类似鲁燮光这样的小收藏家很多。”

看到鲁燮光《家藏书画立轴杂录》的存世，我赶紧上网搜索，原来在更早年，陆蓓容就在《紫禁城》发表了《小吏的风雅》一文，介绍了此事。但是，作者对鲁燮光的生平不了解，甚至连传记都没找到，导致对他所藏书画的等级和他在收藏圈的地位，判定不准。陆蓓容认为：小吏鲁燮光尚处于附庸风雅的阶段；目录中的明清两代文人文徵明、沈周、唐寅、陈洪绶、董其昌、四王、王澍、张照、刘墉，次些的徐渭、娄坚、蓝瑛、黄慎、华喦，靠得住的都不会多，因为当时的好东西稀如星凤，并且非常贵。

事实上，以上名家的书画，在清末存量不少，不会很贵。鲁燮光能出现在翁同龢、罗振玉圈子中，以他的财力和眼力，收到以上真迹，绝非难事，上文列举的几件鲁氏旧藏，也完全证明了这一点。

陆蓓容提供了一页鲁燮光《家藏书画立轴杂录》（图 7）的书影，有些模糊，我认真看了，

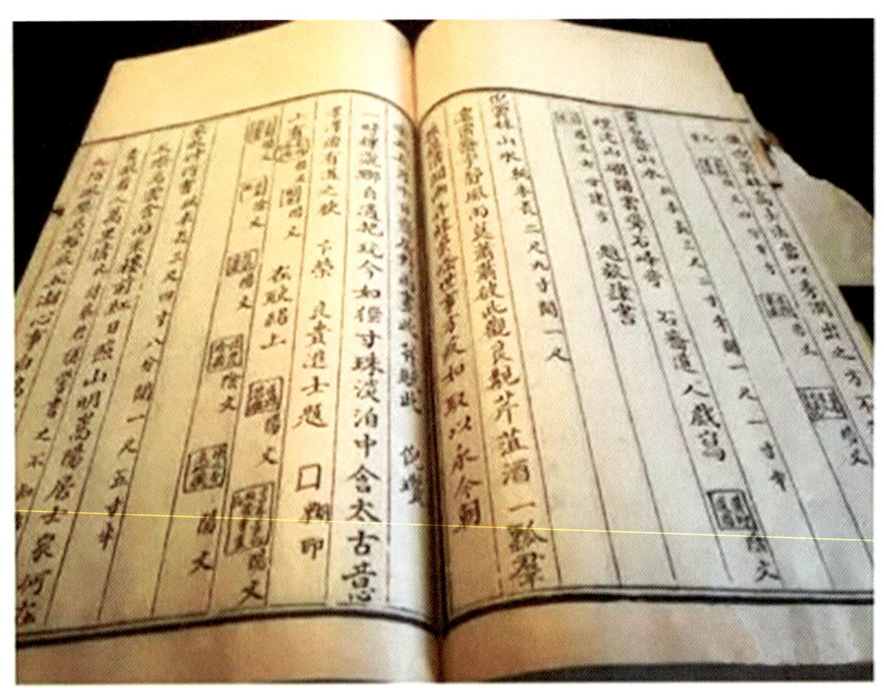

图 7　鲁燮光《家藏书画立轴杂录》书影，国家图书馆普通古籍部藏，转于“ART 一点”公众号。此页的倪云林山水，是著录于汪珂玉《珊瑚网名画题跋》卷十的《仿李成笔意图》。

是“倪云林山水”。这不是无著录的画作，它见于汪珂玉《珊瑚网名画题跋》卷十，画名为《仿李成笔意》。能随手收录这种名画的鲁燮光，已经不是小藏家了，这些事实，不能忽视。

可以试想，在当时的杭州一带，能够列出《家藏书画立轴杂录》这样的目录，且不乏真迹的藏家，又有几人？鲁燮光《家藏书画立轴杂录》的发现，是一件幸事。有识者若能整理出版，功莫大焉。

康有为早年信札的书法史意义

刘九洲

讨论康有为（1858—1927）的书法艺术，以往的文章，大多数从两个角度入手，一个就是从《广艺舟双楫》入手，讨论康有为的碑学思想。另外就是从他的晚年主要风格作品入手，分析作品本身的价值与影响。

本文主旨是介绍一批在“戊戌变法”之后，庚子年（1900 年）春天到夏天，康有为流亡海外期间，给他的两个女儿，康同薇、康同璧的 10 多件信札。康有为这两个女儿，也是他的子女中最有成就的两个人。

从信札的内容上看，内容颇为丰富，有很多值得解读的环节，可以看清康有为的真实思想，本文主要关注这批信札的艺术特点。以往介绍康有为的书法，主要是介绍其晚年主要风格的作品，这导致人们不太容易看清楚其书法艺术源流，对这些晚年书法的评论，事实上也有各种看法。但是这批早期信札，可能会让我们对康有为的书法有一个全新的认识。

我们可以从 20 世纪的书法的变局，来观察康有为的特殊贡献。

书法自晚清以来，面临两个显著的大变局，一个就是书法逐步退出实用领域，第二个就是摄影、印刷术的发展，使得传世历代书法名作，可以化身千万为民众所见。

这两个变化，一进一退，转变了书法环境，也促使书法在 20 世纪走上了一条与王羲之以来有点不一样的道路。我们现在回头看这 120 年的书法实践，可以看到一些前人未曾见到的情况，由此可以发现晚清以来书法的真实流向。

最大的变化来自实用性的丧失。

图 1 《康有为致康同薇康同璧信札》所存信封之一

实用性对书法至少有两重约束。第一重约束，就是日常人们写小字为主，这使得古代写小字的笔法被自然保存下来，笔法的秘密多在小字的自然变化中。没有人在大字中可以展示古典笔法，大字的转折已经超越毛笔自然弹性的范围，不可能自然做到笔法所需要的变化，只能借助外力（而不是锋毫）强力为之，这与毛笔的自然转折导致的变化，不可同日而语。

第二重约束，就是必须可辨识。在古代，你写的字，如果不容易辨识，那就丧失社会功能了。这个环境，导致书法的一般风格是平正为主，而不容易写出极端的风格。这种平正的风气，走到极端就是馆阁体，但是馆阁体笼罩中，也有一些有胆识的人走出了新道路，譬如说翁同龢。

20 世纪开始之后，实用性逐步丧失，上述两重约束就失效了，对于书法的直接影响，不是开始写狂怪字体，而是在学习书法之初，三尺孩童，就开始写大字。

熟悉书法的人都知道，古代大书法家一般是不写大字的，因为大字的难度远甚于小字，古代能写大字的人都是被文献特别夸奖的，譬如说米芾。一些大书法家的大字技术含量很低，水平远低于他自己的小字，譬如赵子昂。到了明代中期，大多数书法家因为涉足卖字，才逐步锻炼了大字能力，开始能写中等大小的立轴。晚明时期，书法家才普遍会写大字立轴书法，书写的时候他们都换上专门写大字的笔法。到了如今的 21 世纪，学习书法的新人，一开始就用大的毛笔写大字，只有很内行的人才写小字，这与古代情况完全相反。

与此同时，当代对每一个人的写字风格，失去平正的要求，开始着意追求风格。这是源自艺术评论的影响，似乎风格与个性才是书法成名的要诀，其实，当代评论家忽视了：个性是天生的，共性才是保证你处于第一梯队的关键。譬如说，沈曾植与康有为是熟悉的，但是他们互相之间的风格差异，并非是他们都成为大书法家的要素，当时他们还有很多共同的朋友，也都有风格，但是并没有在书法上成名。让他们成为大书法家的关键点，还是他们的书法与古代正宗法书之间的共性，而不是风格与个性。

丧失了实用约束的书法，类似于失去跑道的运动员，就不太容易展开这个运动项目了。康有为这批信札，事实上是我们现在可以看到的，康有为早期如何在古代的环境中书写的真实案例。后来康有为亲历了书法逐步丧失适用环境，于是他自己的书法也开始“风格优先”了。

很显然，书法环境的改变，直接改变了书法走向，与摄影术与图片印刷的发展，也是密切相关的。

图片印刷术的发展，一方面是一个好事情，使得所有人眼界大开，任何一个文人都可以看到历朝历代的法书名帖，这是古代做梦也想不到的事情，这肯定使得大家眼光大幅度提高，审美一下子上升很多。但是也带来了一个很明显的问题，印刷出来的古代名迹，因为印刷的原因，使得看起来比真迹更加黑，用笔更加扎实。这就使得人们的眼睛与头脑，事实上在熟悉一个古代大书法家也做不到的“动作”。印刷过后的书法，往往比原作好看，从长期来看，这是一个灾难性事件，等于是把“神仙动作”作为范例，让体操运动员来完成。

图 2　《康有为致康同薇康同璧信札》所存信封之二

与此同时，还有两个因素，增加了这个灾难性事件的程度。

一个就是吴昌硕在 20 世纪早期写石鼓文对联，影响很大，使得他的门人子弟都不自觉地用笔更加求深重，从画家齐白石到书法家沙孟海，都是如此。这种重笔墨与印刷品，相呼应，使得人们印象中的标准书法，越来越变“黑”。在 20 世纪初，吴昌硕这个写法，是非常激进的（见马一浮的评论），一般书法家（包括康有为）都不这么写，但是谁也没有想到，这个最为激进的写法，在 20 世纪书法领域，流行了很久。

另外一个因素就是馆阁体的影响，书法界素来看不起馆阁体，但是馆阁体的害处究竟

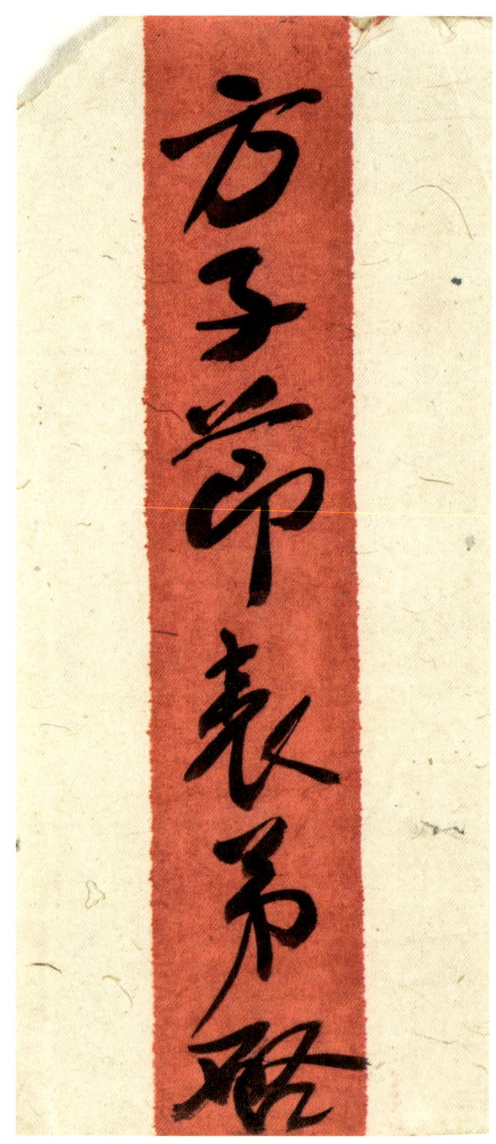
图 3　《康有为致康同薇康同璧信札》所存信封之三

是什么，一直没有人讲清楚。其实就是分布平正、用笔没有起伏。这方面的杰出书法家其实是钱泳，其小楷水准很高，但是问题就是平正无起伏。从技术上看，就是笔笔写实，这个写法，从视觉上看还是可以的，皇帝看起来也舒服，但是从艺术上看，就是有实无虚，这样的笔法方向是不对的。但是这个“笔笔实”的思维影响很大，导致现在很多不会写字的人，也会对大书法家的作品品头论足，用词基本上是“这一笔不实在”。其实古今法书大多有“不实在”这个特点，只有馆阁体，每一笔都很实在。

这两个思潮与判断方法，与上述摄影、印刷的影响相遇，就导致了书法在评价用笔这个关键环节，被误导了，标准出现了误差。

在今天，如果要纠正偏差，首先就是认识上要改革，而本文介绍的《康有为致康同薇康同璧信札》，正让我们可以看到，在康有为早期，在没有 20 世纪影响的时候，碑派大师的书法也是轻松活泼的，而不是 20 世纪流行的那样。

用笔活泼，这是一个笔法的关键点。

但是，在上述 20 世纪的变化因素影响下，导致了两个不好的影响。第一，就是在书法界每天都可以看到的，评论书法，时常说这一笔不好，那一笔不好，请教别人的时候，也问人家：请帮助看看，哪里不好？

书法这个事情，如果不好，整个书法都不好，而不会是哪一笔不好。书法是一种审美加上技巧导致的结果，不是体操选手的技术动作，可以纠正某一笔。大家看看《康有为致康同薇康同璧信札》，这些信札的书法，难道可以一笔一笔来分析吗？

第二个影响，教学中没有采用科学的办法，学习书法时候，过于强调临帖，过于强调大字，导致学习者的神经，过于紧张，这就自然导致大多数书写者，用笔过于僵硬，这又使得书法的入门，比较困难。

上述情况，让任何书写者，一方面有可能被评论为任何一笔“不扎实”而在各种竞争中，处于弱势，另一个方面，为了不沉沦，书写风格不再是以个人审美为指归，而是以假想敌为目标，互相竞争，于是群体风格越来越激烈。这些弊病，放在短时间，也看不清楚，但是放在120年跨度上，就可以看到一个清晰的轨迹。而本文推荐的《康有为致康同薇康同壁信札》，正是让我们找到一个1900年的观察点，这个观察点，让我们把康有为的优点，与20世纪书法的问题，同时看清了。

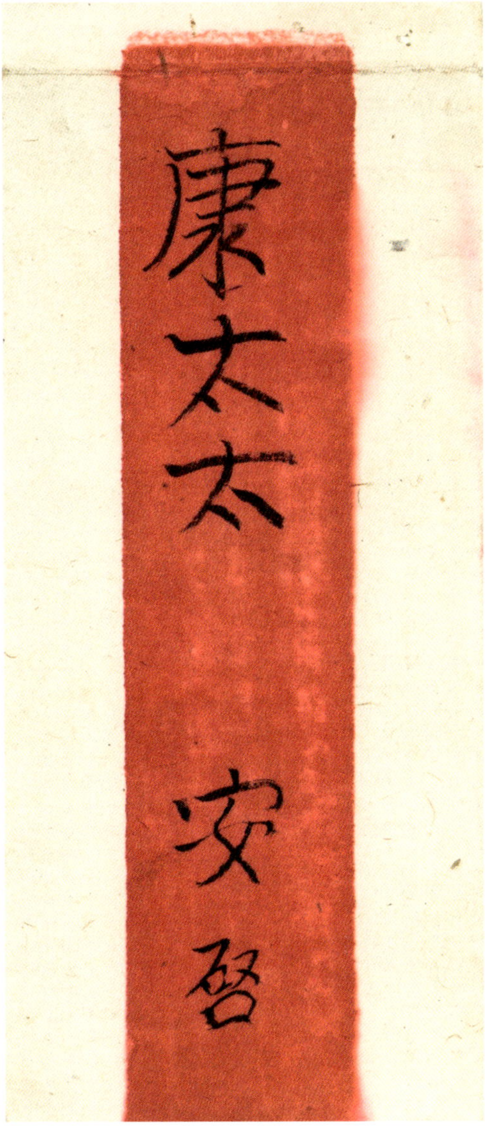

图4　《康有为致康同薇康同壁信札》所存信封之四

作品说明

1. 此册共计信札十二通十六纸，皆康有为庚子、辛丑年间家书，除一札致“子节表弟”者，余皆书付其女康同薇、康同璧。

2. 康有为一生共有十二个子女，六人早夭，真正长大成人的有二子四女。张夫人所生二女同薇和同璧乃是其中的佼佼者，前者直接参与戊戌变法，后者在变法失败后曾代表父亲赴欧美演讲。两人皆为当时的女界名流。

3. 康有为另有养子康同荷，此丛札中有“荷母子想安好”等语，应指此子。

4. 此套丛札据信文内容可推知，是康有为戊戌变法失败后流亡在外时之家书，家庭开支与亲友安排，时有所述，而虽称家书，然诸多国事，皆有提及。如其中一信言及“联军入河南追行在”，当指庚子年八国联军之事，诸信中亦提及李合肥、梁鼎芬、荣禄等人名，又有一信，明确标明时间辛丑正月。

5. 当时康有为家眷似在中国香港澳门间。按庚子辛丑时，康同薇是其父在中国香港的全权代表。

第一页（释文）

累书想收，祖母想安，家中想皆好。四月廿几为二姑寿日，可为我封廿元去。到旧账必应结者，由汝母酌支，结以百金为度（熟罗可买数丈，交执带来）。外祖母想健，五舅能安身不？

此告薇、璧。呈母。父示。

四月十二日。

缩小到70%

缩小到 80%

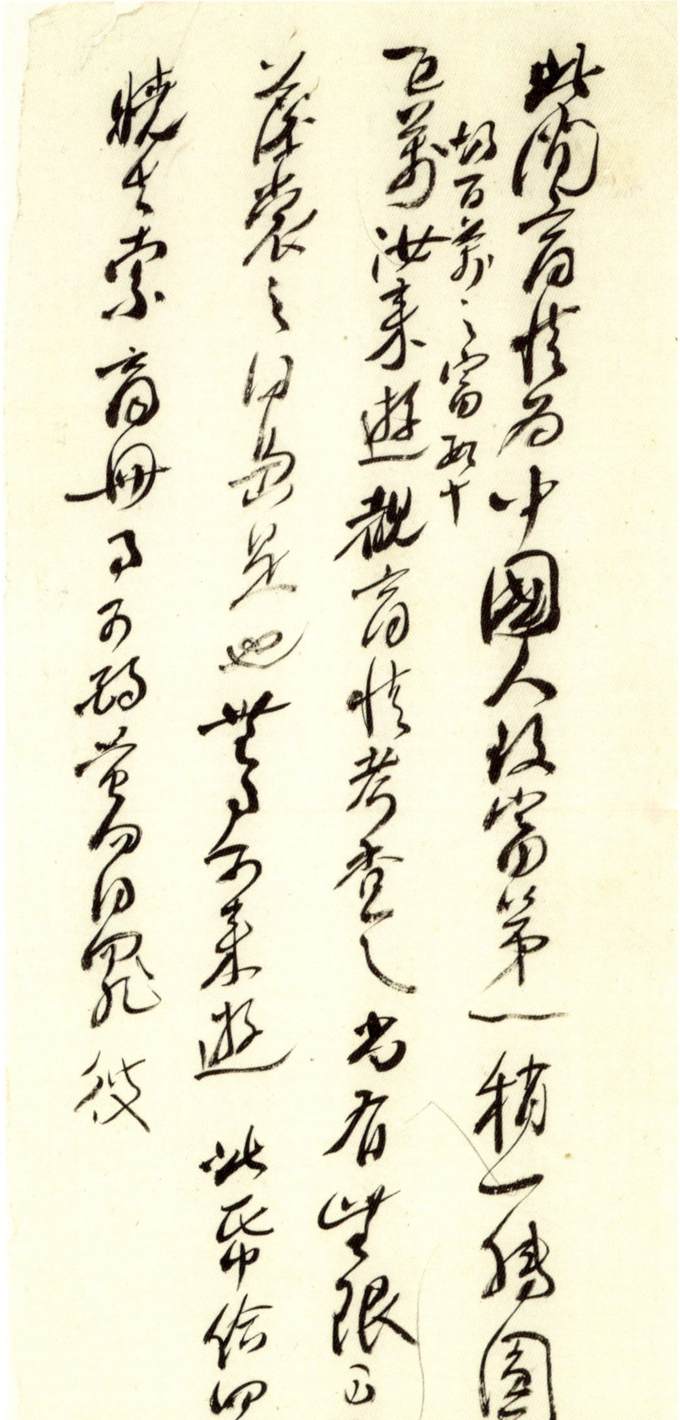

第二页（释文）

此间商情为中国人致富第一，稍一转圆，辙致巨万（故百万之富数十），汝来游览商情，考查之。尚有无限事，出（）藻裳之得岛是也。无事可来游。此纸给四叔。晓知索商册，事可酌办，切勿得罪彼。

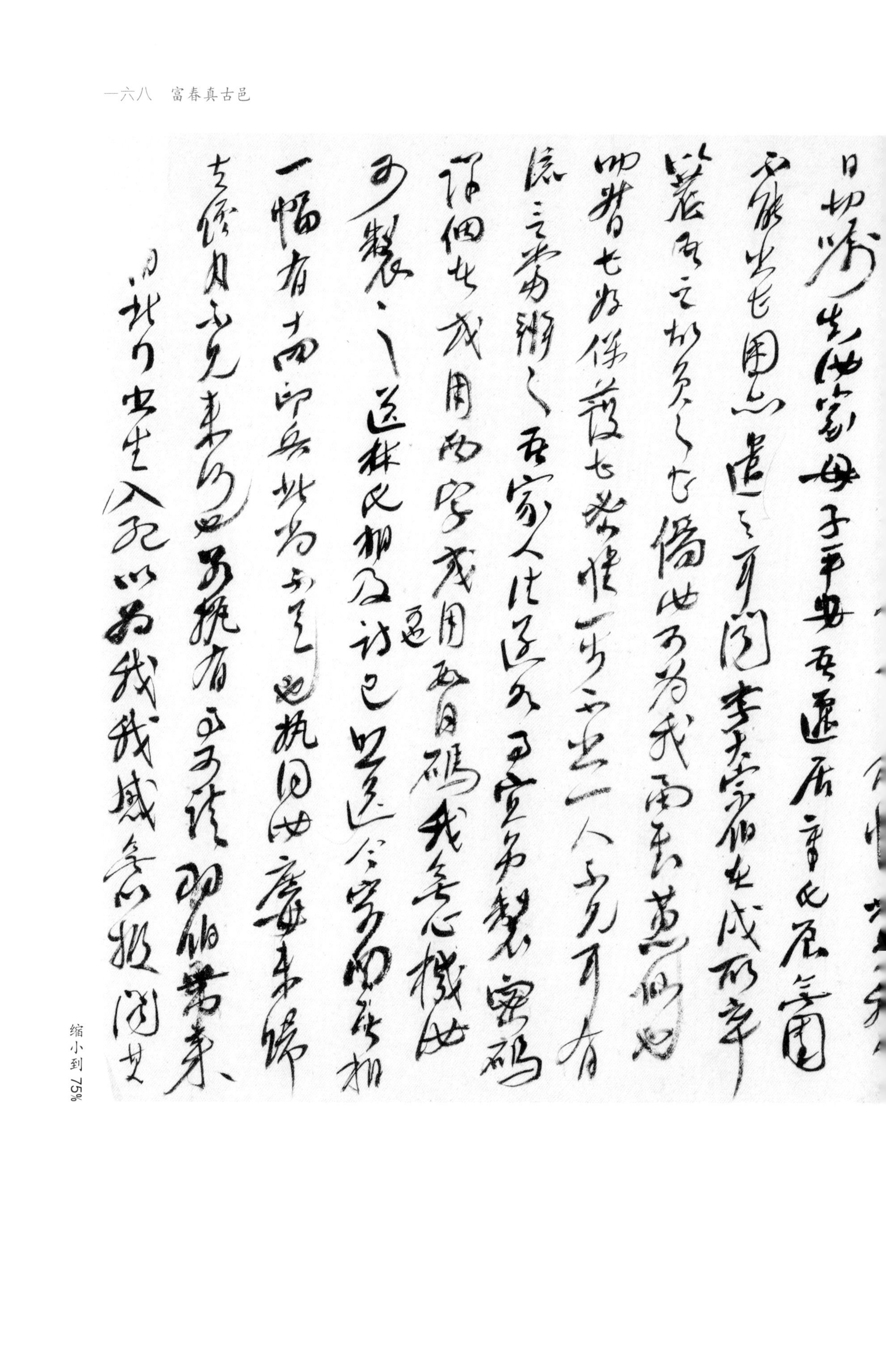

缩小到 75%

第三页（释文）

廿四日乃得前月廿八日函，何迟迟也，后此有书，可自写丙字寄信馆，（直寄恒春可矣，现邱极好，与前不同），不必托他人寄。知祖母安省，且愿出游为慰。

吾不孝累老人，老人七十矣，吾不能侍奉，爱日者惧，时萦于心怀，汝等默体吾意，代吾承欢，此是我今日切嘱。知汝家母子平安，吾迁居章化，屋无园，不能出，甚困，亦遣之耳。闻李大宗伯在戍所卒，以荐吾之故负之，甚伤。汝可为我函封蕙仙也。（力督）甚好，保护甚密，惟一步不出，一人不见耳。有流言当辨之。吾家人往还各事，宜另制密码。详细者，或用西字，或用数目码。我无心机，汝可制之。送林氏相及诗，已照送。今寄函张相一幅，有十四印具，此尚不足也。执同汝庶母未归，去经月不见来，何也。若执有事，可请羽伯带来，（撕去）北行，出生入死以为我。我感，无以报国，闻其

簇落之状久之也倘世可为我再画兰也
仰首七次保護七次惟一世上一人可有
源之尝为解之吾家人依这又可宜弟制密码
译個也成用两字成用两日码我恳您機械也
而制之送林氏柳如讨已以送今宵阅相
一幅有十面印象此为本色也執回世廣東来信
在信日本见来的也而执有君之请明白告孝
明此行出生入死以为我我感受此极阅世

帶內前日廿三日西司過之也後此者去之
日寫此字安信館直安收者之是隨即按好
不見托它人寄去
與少府不日
祖母安吉眼出獄為念無小差異
老人七十餘矣無不能付來憂日者悄時樂
于心惟世華眼無忘代無承恨此矣我之
日切恭惟先世寄母子平安無還居青氏居寄國

放大到 110%

送吾年元白　羽年伯並以世世（諸共入居也）宦禮其向
石先羽伯以母予修門（家父告來）為我入北又運善乃
盛也。而先王名後此有優急來告當
典欽拜之實之也　云云北與
嶽讓
文予
頓首

原大

第四页（释文）

北返甚困，曾入屋借款，汝母未之应，何也？凡有功之人，虽素常亦厚待之。后此羽伯有缓急皆宜应之。遇其自远还，尤宜体贴送款，吾等非小人家，处处皆与国事相关，规模当宏大，待人当有恩义。此极要事，接信后可送五十元与羽文伯。并以汝母意（请其入屋坐），谓费向不知羽伯何事，今闻（家父书来），为我入北，又运墓事，感甚。不知所欲，后此有缓急来告，当典钗、珥亦应之也。切切。此与薇读，父示。四月廿七日。

缩小到 70%

第五页（释文）

得四月廿五日书，知祖母安且欢，甚得大慰，并知汝母子姐妹安好，荷想好，儿如何。三婶在城否？闻二姑出来，是否，四姑有书，书说苏村无人住，三婆欲避地。最好令迁象冈，我拨款养之，可将前款照办。若三婆不愿到象冈，则斟酌于花地或港澳间，此是祖父之人，我少年曾受其照料，今以我累之，大不可。汝母可拨款妥办，勿令八十老人太失所也。晓生事大奇，已令铁君写信，知其殇子已久，致书慰问矣。

合同据铁言，尽我家及季雨、镇南三处（更无他人）。彼已函问镇南，然可细检吾家（铁谓多在吾家），否则镇南、季雨而已。

汝等写信，乃四月内，无一书，奇甚，又如执既糊涂，乃久不写信报我，或另托羽伯，何也？不可解。（如李唐本共来，后不来，应寄一书，则我复一电，百事办矣。何至后来之支离多费。

如此办事不断笋，为大误也。我起居无定，身世飘零，凡有一事，皆数日立办，迟则乃变。

如一去新金山，则非我不能入境矣。）

汝等省寄一书，乃令我费无限电费。至执谓归一日，而归月余，此等人极不可靠，尚何待之也。区区小事，自正月至今四个月，费人费信费钱，种种支离贻误，真可怪也。现接电，责执迟误。羽伯愿来，何不托

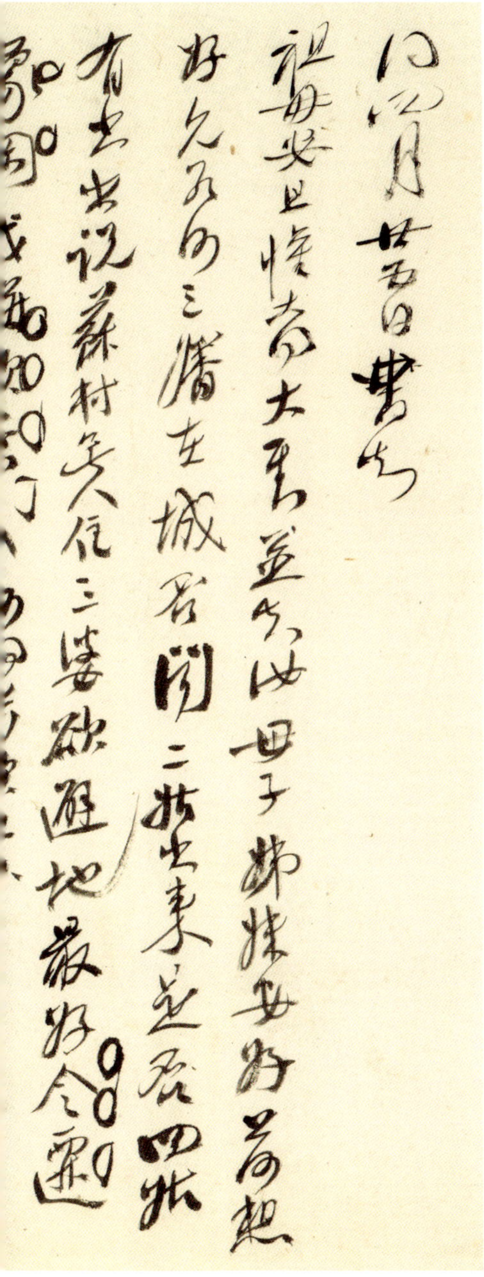

至何年、今日接鐵之之書，我家及季南鐵南之所、更無他人，我已函何鐵南於可捨其家（鐵現尚在吾家），否則鐵南季南而已。此等寫信不肯負氣去，毒毛又更執此糊塗，乃久之寫信撥、我常託羽仍何也，不可解，此等有家一書，乃今我黃季即電黃人王執誤嫁一日而（為李覆東姓、以來後不來，然寫之去，則我復電百日亦矣，何以後來之文錢矣），歸月作此等人，在不可先而何付之也，逼之如（如此亦可不關節，乃大誤也。我起居無定，身世飄零，凡有一日此日，且如延則可（於一去，兆余則既我不能入境矣）。自己月至今不月黃人黃代黃錢種種之文錢……誤矣可怪也，況接電黃執延誤何……

10月廿五日書於

祖母安：此信前大兒並收此母子姊妹安好，勿念。想

好兄弟可三嬸在城居留二姑出來並居四姑

有出來說蘇村笑人住三姑安欲避地最好令還○○○

鄉間○○我擬○○○○了方可將前頭錢收再三嬸安又願

到鄉間收割稻手花地或淡溪閒地是

祖父之人我少年有變其出料不以我累之

太石可世母可擬○○○○錢無收何食八十老人太出所也

放大到 110%

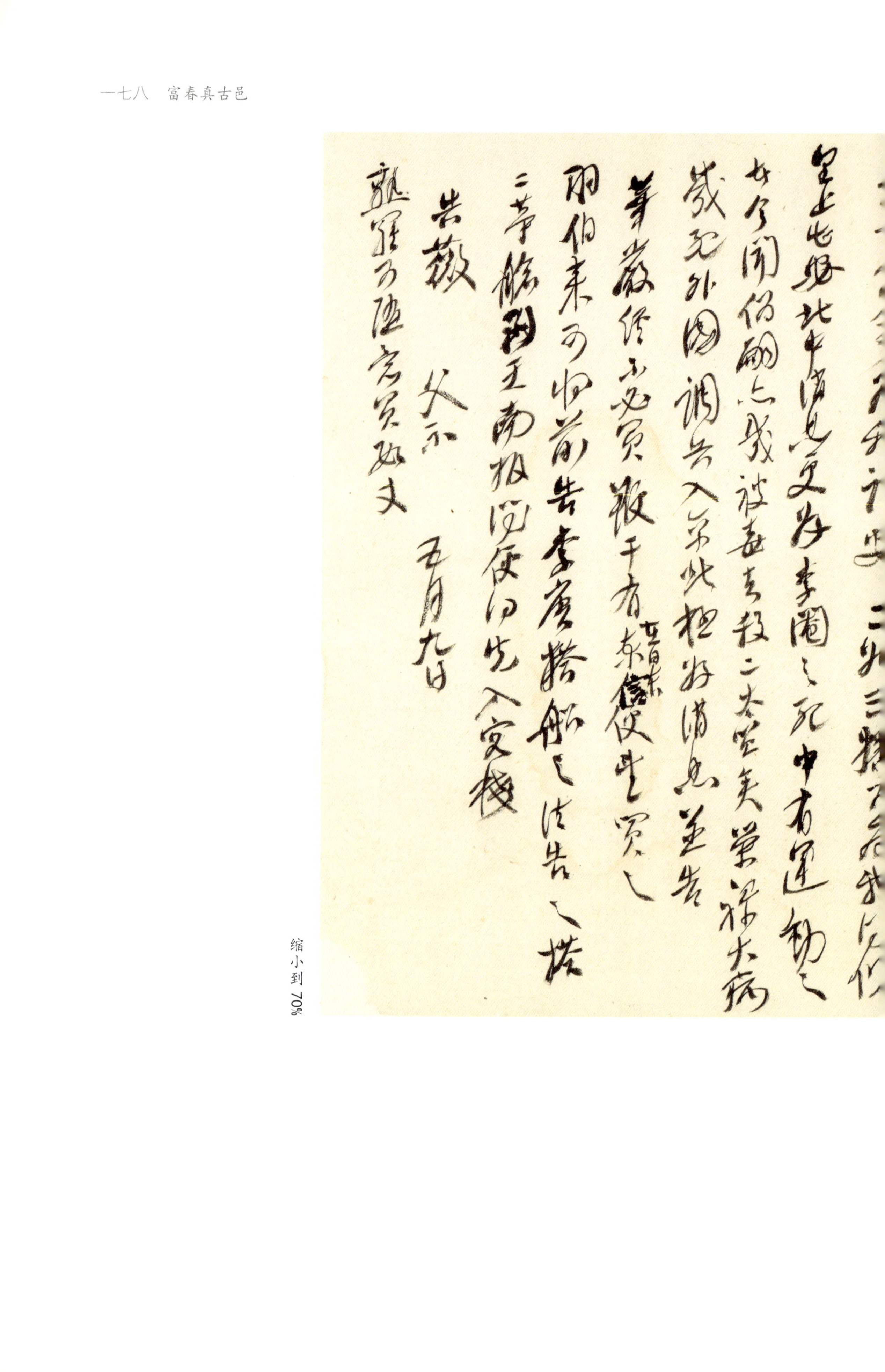

缩小到70%

第六页（释文）

之，而待，一至误事，大谬之，何执耶？不可解。昨又一电，嘱勿待执，请羽伯或私带来（若无人，则电来，伊另派人来），想收，照办。后此寄书，切勿待人带。且邮政局禁人带书。手密书不得不然耳。且有书当直寄信局，且可查信期，不然半月乃不能寄一书，辗转返误甚，误事且伤盼望也。顷坡督再添巡捕来，可为极致。若住得久安，或可移家也。

祖母前可为我请安。二姑三婶可为我问候。

皇上甚安，北中消息更好，李阉之死中有运动之者。今闻伪嗣亦几被毒，知杀二太监矣。荣禄大病几死，外国调兵入京，此极好消息。并告《华严经》不必买，鞭干有东信（在日本），便望买之。羽伯来，可将前告李唐搭船之法告之，搭二等舱，到天南报问，便得先入客栈。告薇，父示。五月九日。（熟罗可随意买数丈）

望也姨北中諸邑要為李閣之死中有運動之

女今聞伍爾之戕被毒殺二太守矣營務大病

歲兒外間謂其入京此想將消息並告

華嶽經不必買微干有東信此之買之

羽伯來可收前告李廣搭船之法告之搭

二弟條到王南板河便河先入安樓

告嶽

父示

五月九日

龍羅可隨宜買如文

放大到 110%

之向符一言誤入大誤之所執耶又不解照又
一毫明白付執諸（其字人則當來伊第於人來）羽俗我秋毫來想收照亦
後其字出切白付人常上動路為禁人常出
手客出而白不能了上有出當其字作為
之可查作期無能求因人不能字一好底結道
誤七誤至易明可也後世哉其滿以捕來
可為極設其作白久安式可移家也

缩小到70%

来，省数百金，省闲话，省人事，省岁月，今尚幸我无他变耳）。汝等后此遇有命办之事，可谨之。汝言区区小事，何多生周折，夫周折，故人事之常（如同门等预之类），而不善办事，以致生周折，则汝等可戒也。今尚未到，未知如何。可妥速办之（计信到必已行矣），无得再误。知祖母安为慰。老人七十，吾不能事，念之凄然。祖母应用之人，可极小心，或好用一婆妈，或（应）好甚麽，汝等可曲体先意承志代我爱日也。

先愤事已悉。李合肥能如此已了。此与薇读，父示。五月廿七日。（外论有传，上弑者，想假也）

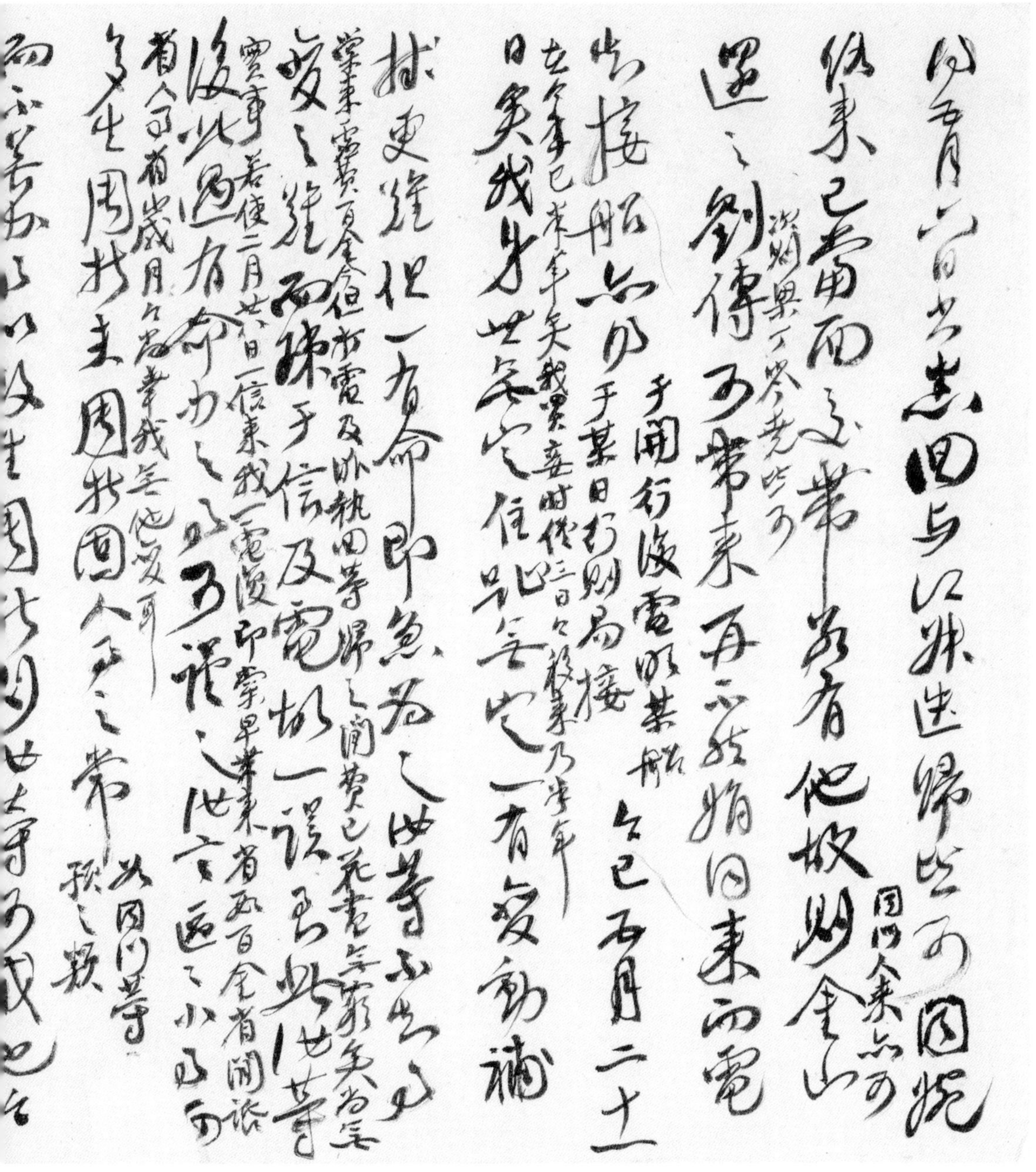

第七、八页（释文）

得五月六日书悉。回与江叔迭归皆可，同婉络来，已当面交带，若有他故（同门人来亦可），则金山还之。刘傅可带来（次则梁丁、岑尧皆可），再不然，娟同来而电知，接船亦得（于开行后，电明某船，于某日行，则易接）。今已五月二十一日矣（在今年已半年矣，我买妾时仅三日，今移来乃半年），我身世无定、住址无定，一有变动，补救更难。但一有命，即急为之。汝等不知事变之难，而疏于信及电，故一误到此。（棠来虚费百金，今但打电及昨执回等归之，闲费已花尽无穷矣。尚无实事。若使二月廿八日一信来，我一电复。即棠早带

肯可安心。现仍回居柳州，位于西七安

令好机会，毛多善于欵、而无可何奈、

江苏之来者，就要叫彼锯来，长彼来也

如月借支二元耳。今柴粮家累气支难

家用可支两元为之。依为挂支不必楼

自己也时与 薇谈 又不闻 月 十分省

温中长困 了又歌 而闻信则可示而和七十元乙

不知矣

只歌

第九页（释文）

累寄书想收，久不得家书，念甚。想祖母平安，二、四姑及汝母子安好也。

闻港督不理粤督文书，想在港各亲眷可安心。现仍同居，抑别住乎？

吾甚安。今好机会甚多，苦于款不足耳，可勿念。

江叔之来，本非吾叫，彼强来者。彼来此数月，仅支二元耳，今渠接家书，乞支些家用，可支五元与之，作为结支，不必按月也。

此与薇读。父示。闰八月十七日

（港中公款甚困，若各亲不同住，则可不必租七十元之屋矣）

放大到 110%

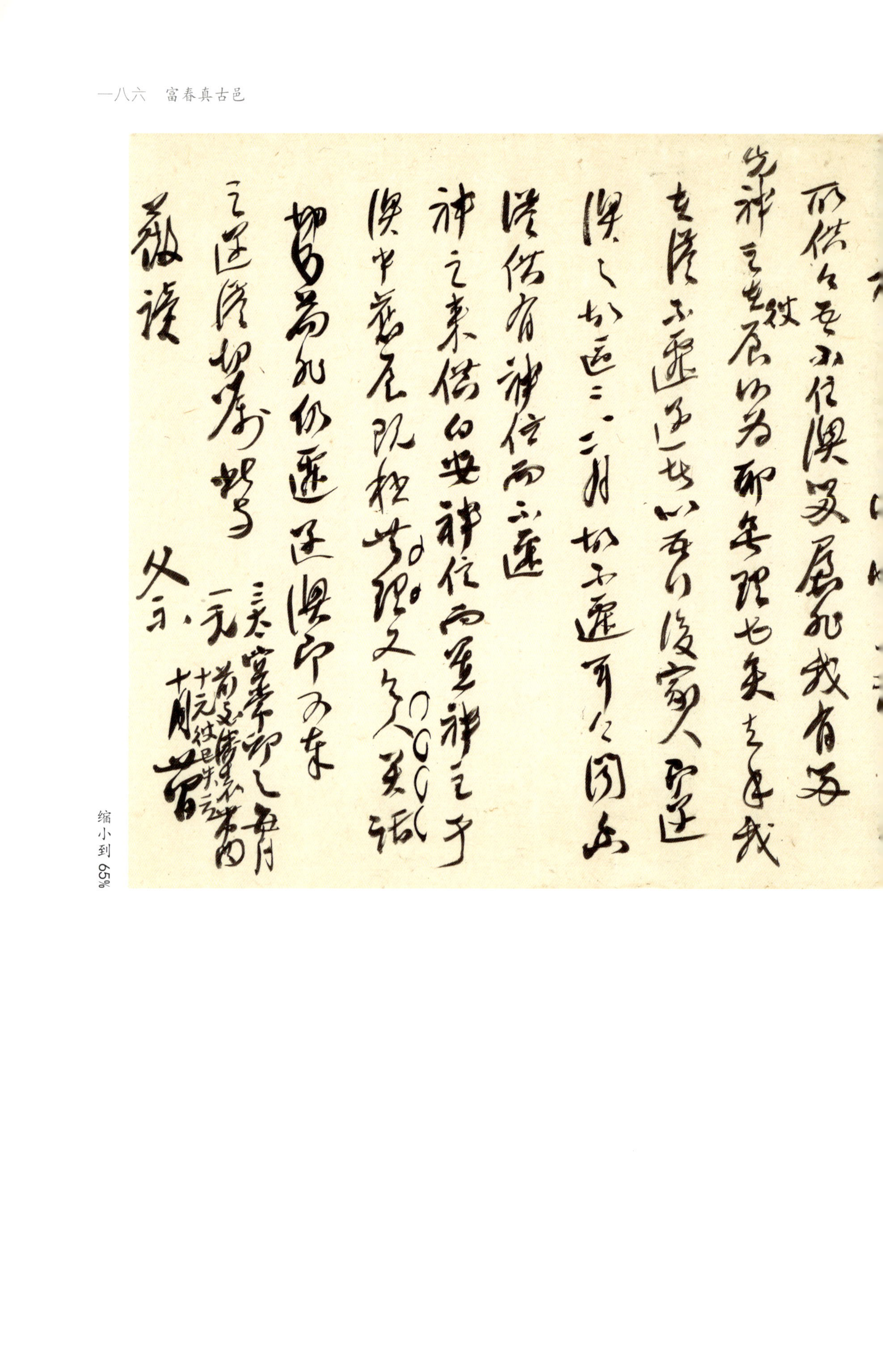

缩小到 65%

第十页（释文）

家中人想平安，祖母（二姑想安）汝母及汝姐妹母子、荷母子想安好，吾甚思母，可想法请一来见。

联军入河南追行在，上必复避，不远矣。今寄归一文，阅毕交众人阅之。

闻（中国）澳门屋留有先人神主，言之惨伤，夫神主者，子孙所供，令吾不往澳，留屋非我有，留先神主在彼屋，何为耶？无理甚矣。去年我在港不迁还者，以吾行后家人即还澳之故，区区一二月，故不迁耳。今闻（中国）香港供有神位，而不迁神主来供，白安神位，而置神主于澳中旧屋，既极无理，又令人笑话。苟非仍迁还澳，即可奉之还港。切嘱。此与

薇读，父示

三太宜常叩之，每月一元，前交（潘表）带回十元，彼已失云。十月廿四日

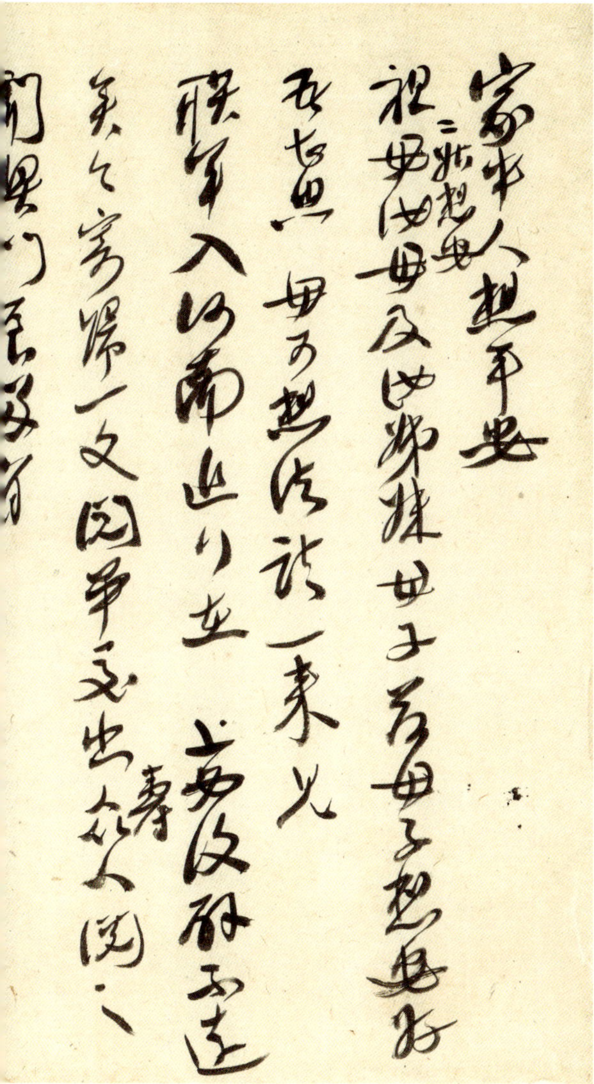

所作之不作陰之屈者有矣

皆神之伸彼屈以為鬼集理也集之遂哉

去後不遠送也以再須復窮人理送

與之相適二二月相不遠可化同去

終倍有神信而不遠

神之來倍白安神位而置神主于

與中莊屈既極其理又多人莫語

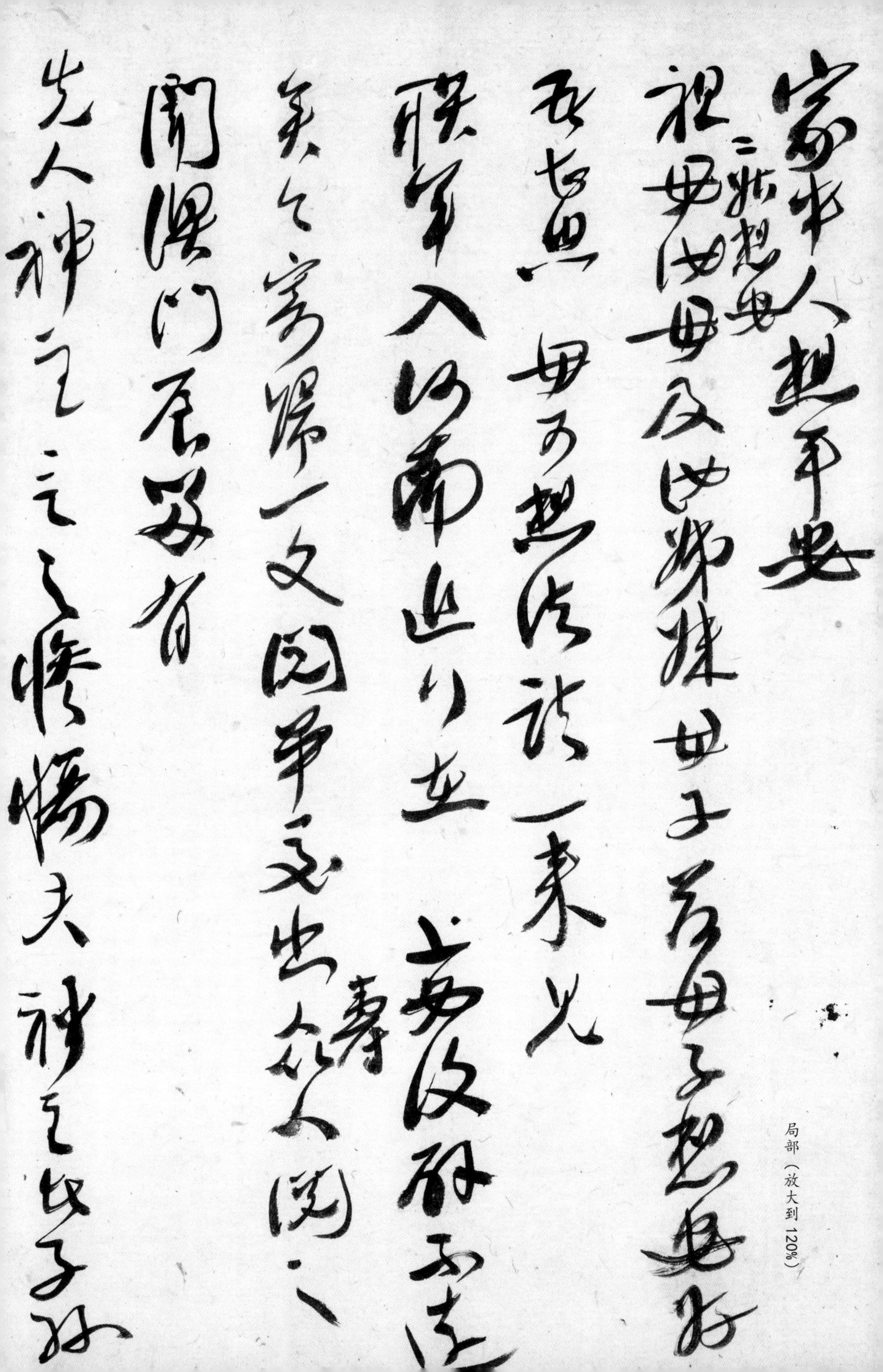

局部（放大到 120%）

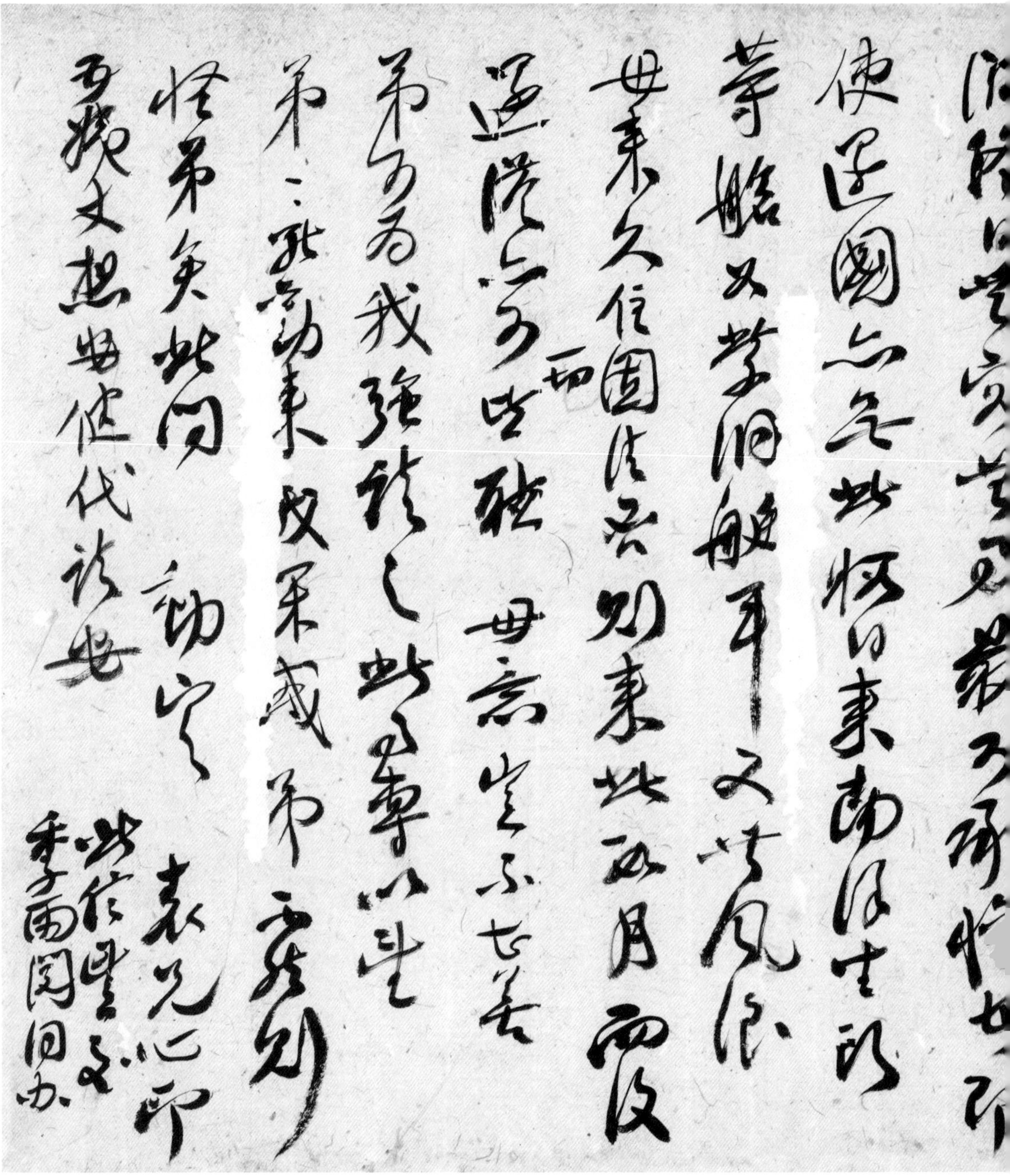

又无风浪。母来久住固佳，否则来此数月而后还港，亦可。一切皆听母意，岂不甚善？弟可为我强请之，此事专以望弟。弟能劝来，我深感弟，不然则怪弟矣。此问，动定。五姨丈想安健，代请安。表兄作叩，此信望交季雨阅，同办。

缩小到 80%

第十一页（释文）

子节仁弟，弟之纯孝至矣，闻日日必到吾母处，吾兄弟不在，有弟承欢，弟即吾之胞弟也，吾事忙，无暇多致书与弟，怀弟之孝友，吾深感之、念之。弟当知之。吾母老矣，七十矣，今年未能一见，又计今年必不能还港，故思之甚至。且吾母最好闲谈，而吾向无暇。今在外，最闲，终日无客无事，最可承欢者，即使还国，亦无此暇日。来南洋坐头等舱，如紫洞艇耳，

之於送從歸思之也已上死
毋蒙孫而設而我得悵乞在吳最
問終日無安善乃嚴乃承慢也即
使送閣亦無城恨日東南得之聽
簿輸及攀泊艇年又無風依
毋東不久往圖清雲所東城西月雨後
而

局部（放大到125%）

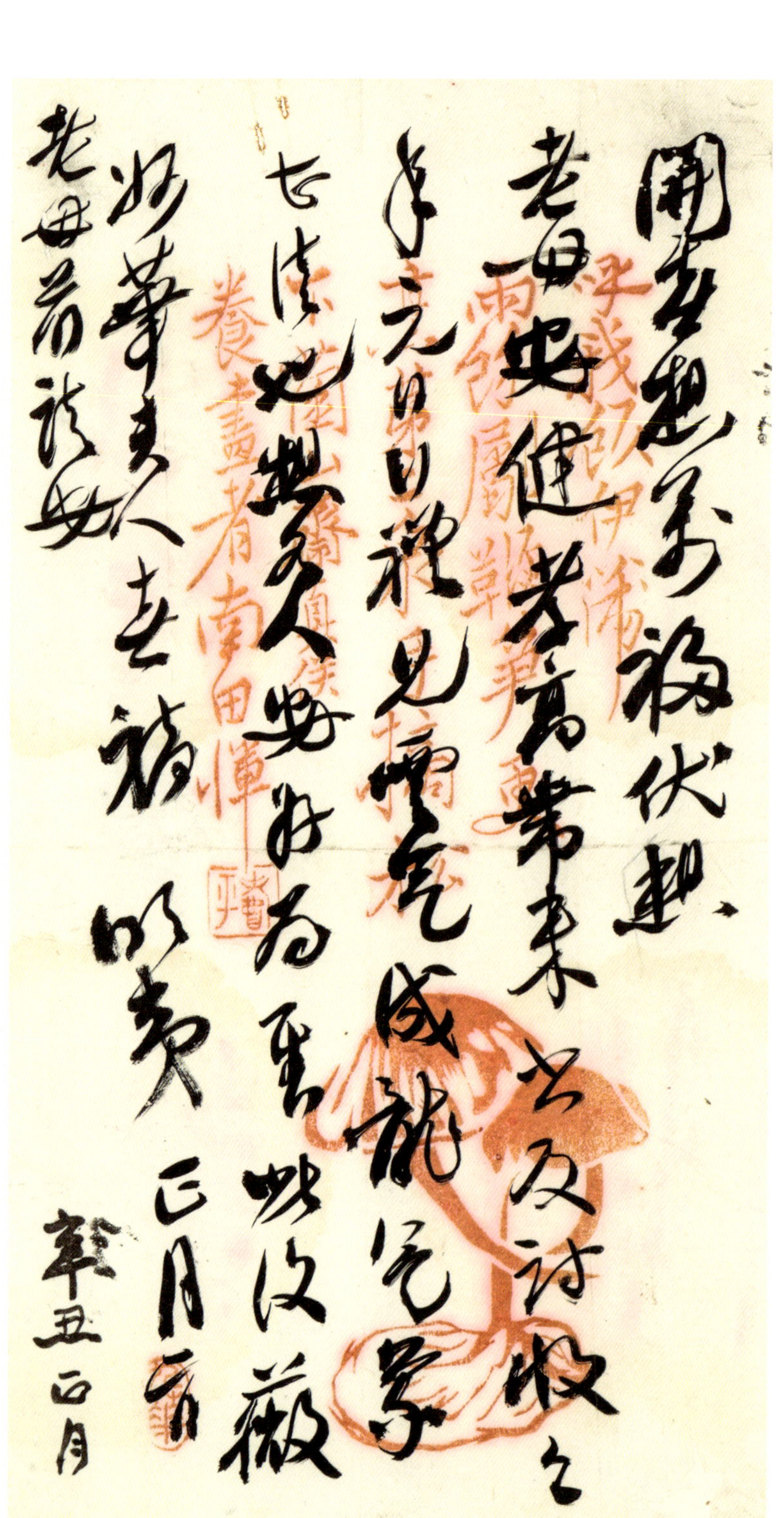

第十二页（释文）

开春想万福，伏想老母安健，孝高带来书及诗，收。今年元日行礼，见云气成龙，气象甚清也，想各人安好为慰。此复。薇。妙华夫人春福，老母前请安。明夷，正月二日，辛丑正月。

缩小到 85%

第十三页（释文）

母想安，能来不（可设法）。家人想安，有人来可将恕抄诗文带来，并折、讳书本。薇、璧。父示，九日。祖母前请安。

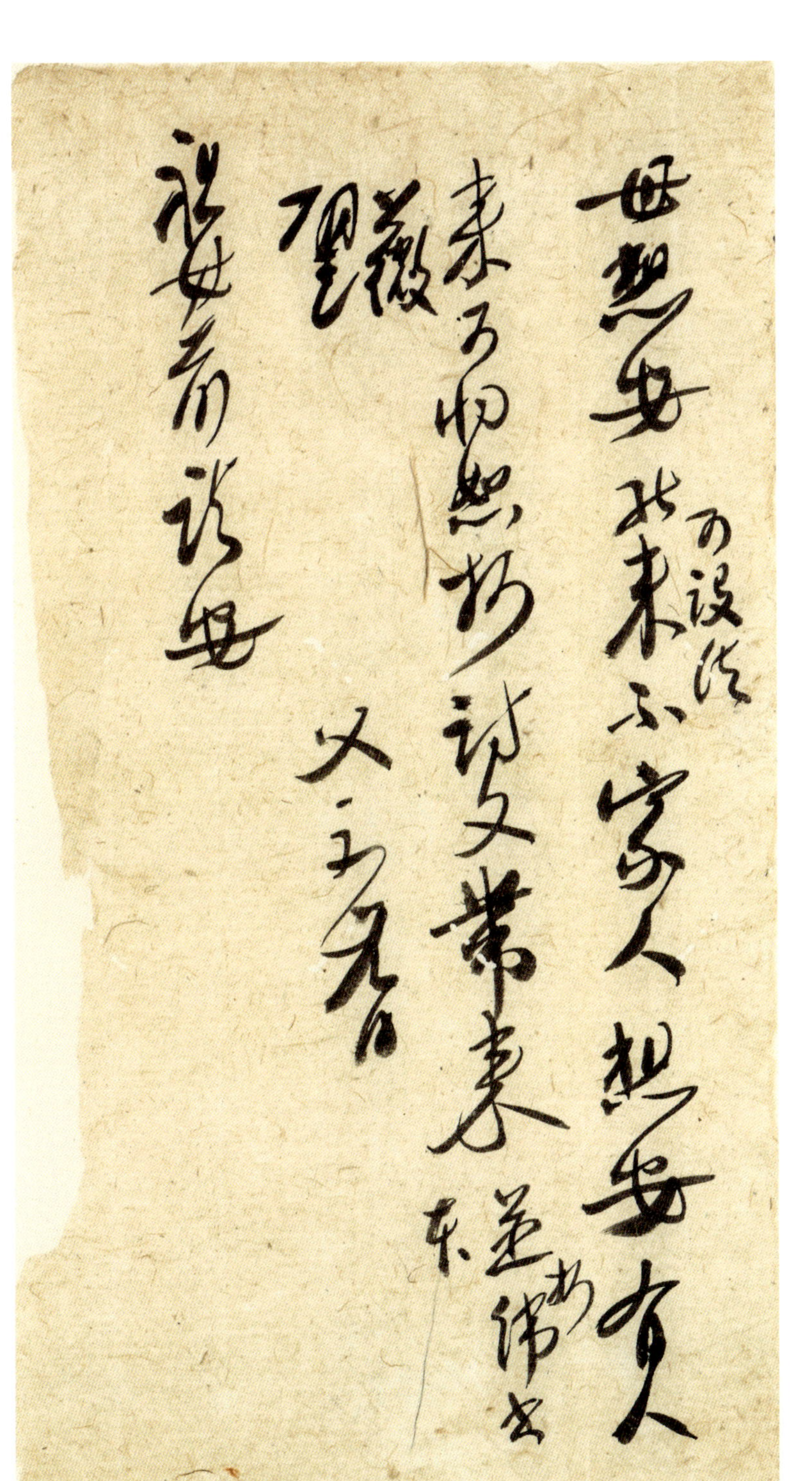

缩小到90%

第十四页（释文）

责（此处撕去一个字）书，薇可读解而责之饬。令往各人认错，然此子性恶，奈何奈何。同门各人避之迁居。卓如又来，尹亦骂之。今我开罪于人，呜呼，有（此处撕去一个字）如此，令人怒不可遏。若彼不听话，则令还其兄铺，但出备金，教之可也。父示。

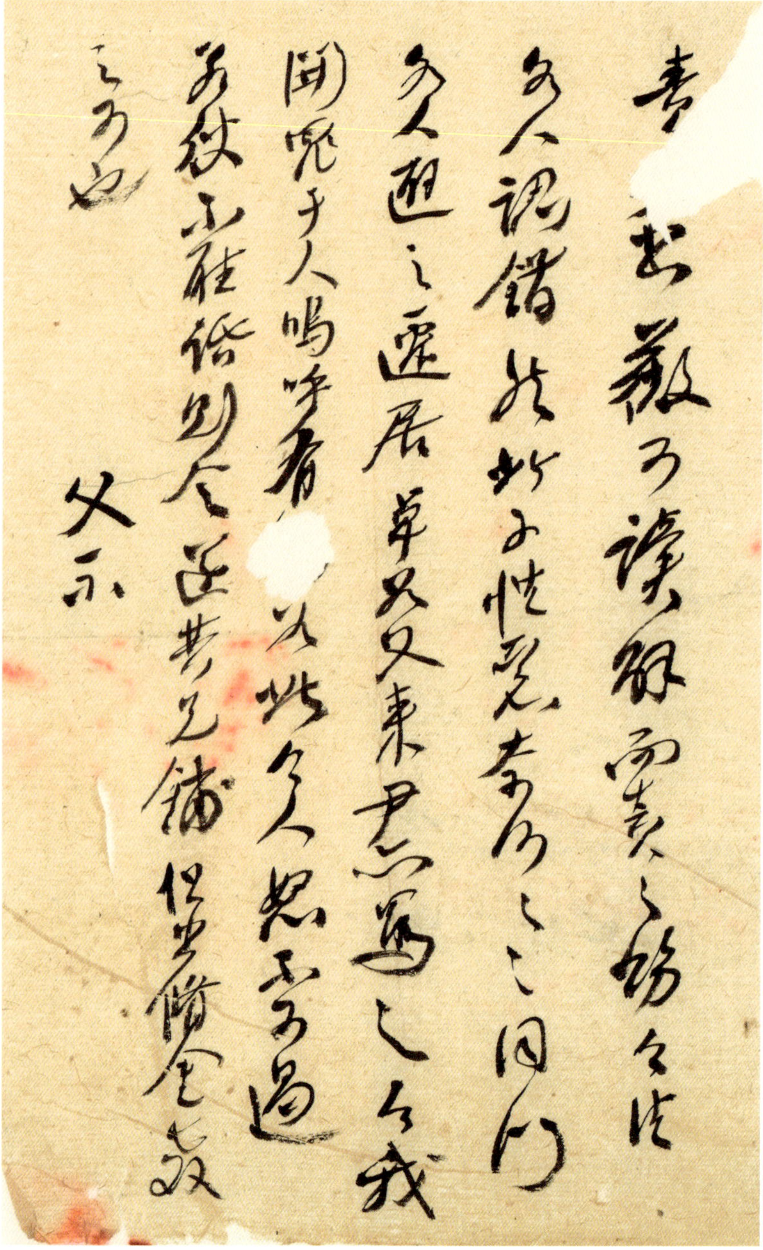

缩小到75%

第十五页（释文）

老人极好觅人言语说笑，汝等观《红楼梦》贾母，可见。吾今得省老母影像，念甚。祖母今年七十矣，吾不能事左右，每念心酸，汝等侍左右，务以暇觅笑话承欢，如《太平广记》《笑林》等书，购一二部，每人看数条，说与老人听，亦好。薇、璧虽习西文，亦应以一二时拨出承欢。

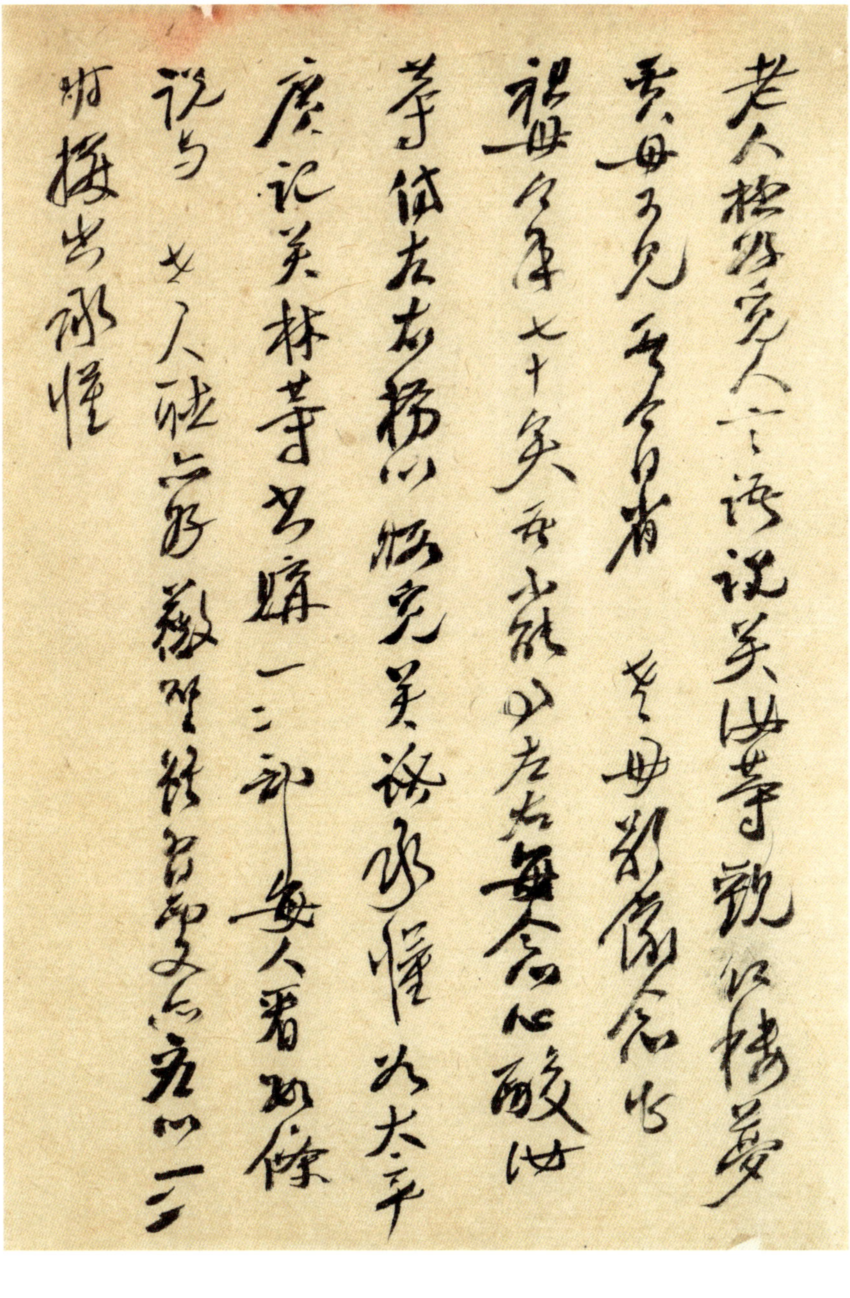

缩小到75%

因昔乞弟与吴兴寓山

居小陆庆堂客来恐不能拒使生烦扰

辞也　四郎上岸来即归

二　过此可告季雨因无有

夏秋季雨屡发又恐有大不安处别难

此欲子过之然又可留之过此兑视矣徒供

诟易作之唯嘲耳当以为以抛弃之手迹

使大州过此尽告以不谓而后损此贼资邪三

放大到 110%

第十六页（释文）

屋小，陈庆笙家来，恐不能接，徒生嫌（因其兄弟与梁鼎芬密），可婉辞之。四姑亦出来耶，何故（此处撕去四个字）还？此事可告季雨，因吾有白金存季雨处，若必有大小不妥处，则提此款还之。然天下滔滔，还此无谓矣，徒供诸劣绅之咀嚼耳。何如易以救天下乎。德大帅过此，吾告以不认西后，捉诸贼，复避三。

第二编：雅集诗词

庆春泽慢

词 / 李旭东

历乱诸花，经尘宿雨，那时头白谁分。莎草斜阳，相逢莫说良辰。西泠水色千年碧，问如何，挽住乾坤。著行舟，几盏醇醪，都是闲人。

雷峰灵隐依然在，只何年何代，拘我形神。拨雪梅根，已看多少烟云。自忘一片孤山影，把红笺，小字须温。鹤亭边，容与湖天，来笑浓春。

清平乐·题富春山居图

词 / 杜澎

昔游虞山，曾谒子久先生墓，今社课拟为题，故有感焉。

闲云未绾，流浪孤篷远。小渚烟横峰影乱，绿浸一江春满。屏居雨笠纶竿，醉依绛浅红残。莫道人痴梦短，坐忘最是虞山。

越调《换巢鸾凤·舟舣秋雪庵》

词／文森

舟漾云衢。背双峰渐远，错认蒿庐。残梅三径落，风雨一天疏。西溪深处似西湖。绿圻杂花，红尘钓徒。寻相问，指壁瓦、岸头停住。

何处？秋雪渚。飞鸟点波，回影山河楚。柳下禅林，望中墙阙，千古词人魂聚。无奈归鹃太多愁，断肠啼尽兴亡路。情声声，撼吾心，梦幻飞絮。

黄钟宫《南浦·钱塘潮遐想》

词／文森

万顷浪排空，似冻云粘碧，翻成狂雨。疑是雪花飞，荒滩上，飘洒玉兰无数。回风引蝶，翩翩穿过莺栖处。遥看红螺千树伞，绝似西天净土。

年年唤鹤鸥边，把胸襟涤荡，销魂宁许。每忆别河阳，伤心事，难付暮烟芳浦。痴情最苦，梦回还记蓬莱路。弱水盈盈沉羽后，依旧亟思前去。

梦过余杭

文 / 廖晋文

省识丹青韵味长，因风吹梦过余杭。
半篙碧涨春溪雨，十顷红匀菡萏裳。
别有木樨清到枕，岂无梅萼冷如霜。
他年云外重回首，更忆江南续一章。

齐天乐

词 / 陈舸

水沙浮湿凌云翠，凭阑几朝春富。桐影千庐，菑香一国，迷断兰溪烟树。晴催野渡。问芳迹无分，物华为许。小峡屏深，更留清绝独寻处。

风流难拟淹久，怕尘颜易老，等闲时序。灵洞惊眠，青山梦钓，重拾开天新句。沉浮问古。料有意重来，忘名归去。百里帆扬，趁潮音叠鼓。

望海潮·谒杭州岳王墓有感

词 / 中国的香港人

栖霞忠墓，临安坛庙，斜阳相对吁嗟。冤刻狱亭，魂牵失地，京畿遍吻狼牙。毅魄觅长车。壮怀掩尘土，关塞喧笳。啸吒成飙，贺兰山缺净胡沙。

英灵不返天家。佑关河社稷，疆域无涯。风骑雁兵，松兄竹弟，神驰万里清嘉。热泪沃桑麻。篱畔狐踪灭，洋祸萌芽。隐约硝烟气味，传警惕中华。

梦江南

词 / 王少轩

江南梦，梦已入杭州。细雨听湖留倦客，暖风垂阁见温柔。谁更倚阑愁。

双双燕

词／白衣卿相

嫩梢掠水，便平镜生波，漾春心眼。蛮腰引曳，招手燕莺啼唤。应趁凉烟薄卷，且依约，新妆梳绾。修容领略东风，问取花前能见。

消散。晴窗梦短。叹径草幽深，系舟人换。绝来踪迹，剩有石桥题遍。循转红尘看倦。只飞絮，伤怀难免。何况久伫离亭，早把弱枝折断。

水调歌头·神游富春江

词／南鱼北溟

殷勤催客梦，缥缈出奚囊。夏深深处烟渚，探足试清凉。乍雨重峦叠翠，忽霁轻云薄水，鱼浪溅衣裳。擦耳盟鸥问，廿载一何长？

拦不住，东流去，且倾觞。莫来屈指，三尺雪任两肩扛。坐效严陵垂饵，抬望黄公皴笔，甚处寄行藏？击棹层波渺，欸乃富春江！

破阵子·观钱江大潮

词／南鱼北溟

吴越曾经气度，钱塘自古峥嵘。柱杖山头花色好，下步江堤水势平。以为虚此行。

初似灵鼋濡沫，旋疑哪吒骑鲸。一壁潮来三万尺，两耳雷追六百声。浪高吞半城。

品西湖龙井［七绝］

文／雕刻西风

西子波成烟雨匀，潜香凝露几清晨。
我今唤取寻常火，来受人间第一春。

题富春山

文 / 王超群

山人醉了有谁扶？碧卷青推入画图。
石叠金波真汉子，云分玉树好功夫。
指尖风送琴三弄，江上春存酒一壶。
我已倦游归小隐，太平时节句全无。

无题

文 / 李昌

江南花影韵生痕，往事流连叠梦魂。
一纸芳情随意染，此番心绪复谁论。

惜黄花慢·金陵

词／风轻扣

虎踞龙蟠。教尝谙世味，肆染纷繁。危楼筲宇，酒旗竖矗，乌衣巷窄，秦水舟蹒。暮潮翻滚人潮急，自担得、灯火阑珊。恍惚间、诸多印迹，倾满城垣。

何教万古评鉴。纵六朝更替，炽烈斑斓。楚江频涌，翠峰紧簇，凭高眺对，掬尽波澜。而今旧事休重省，惜流景、缔造新颜。只等闲、此番相续辕轩。

浣溪沙

词／石蝶

暗敛青晖锁玉函，攒些新梦扮江南。苏堤柳系太湖衫。

一念梨花虚若旧，三分月色淡如凡。卿卿当可告何堪。

添字虞美人，凭吊小隐山谢绛

词 / 阿宋

阶前长夜原霜杳，春水撕天晓。故园尤是怯黄昏，离乡不等夏桐深，半秋心。

残炉何必埋香草，弹泪东风老。欲辞人役任飘零，空余幽怨事难成，恨无凭。

金缕曲·苏堤柳

词 / 片云闲客

着意留谁住？听啼鹃，几番春信，几番吩咐。撩乱殷勤成千缕，掩了六桥归路。更撩动，一汀心绪。不系画船犹未歇，正徘徊，举棹来相顾。甚梦境，偏迟暮。沾衣又被东风误。怕凭栏，凭栏难对，捧心无语。倾向云烟添杯醉，醉里水仙何处。忘前约，千年孤负。漫逐遗踪分春色，倚苏堤，做尽扬花主。生别泪，总难数。

金缕曲·忆杭州

词 / 片云馆主

梦向临安驻。柳烟深，解舟桥畔，殷勤吩咐。兹去烟波迢迢矣，记得竹林归路。夕阳下、两襟离绪。去岸禅钟敲渐远，黯春城，无计堪回顾。花港静，青芝坞。

欢颜还共良辰误。过春深，晚香生笼，燕归无语。时季深心徒零落，月落平湖幽处。枕边字，经年辜负。拟探灵源香雪杳，怕梅魂，一样开无主。谁又共，孤山暮。

西湖同韵二首

文 / 苏炜

夕照西湖动水湄，苏堤金柳拂霞飞。
雷峰塔影吹丝送，梅鹤知音悄步随。
细雨芳飘初月露，残荷叶聚旧时辉。
最怜怯浪乌篷艇，烟渡思归焉未归？
江南未雨众贤归，醉步山围又水围。
每自酩酊常忆错，屡当醒醒问心违。
新晴岳庙见虚静，宿雨禅庵论是非。
万里倦还谁似我，更留荒妄作诗碑。

二〇一一年十一月二六日，记于杭州玉皇山庄“二十一世纪的人文与美育高端论坛”会后一周内两返国中。

少年游·过眉州

词／净源

竹园帘外解乡愁，人远意难休。钱塘关心，岭南有梦，千里问眉州。

漫说平生沉浮事，功业已千秋。诗情未减，世间可谅，身似水云舟。

忆江南三阕

词／张燕

西湖闲步

寻吟处，石径碧苔花。九曲荷风萦岳庙，一帘烟雨笼苏家。历历起长嗟。

谒张苍水墓遇骤雨

山色好，怎得太腥膻？！一问锥心惊海内，孤坟埋恨隐湖边。泪雨洗长天。

谒林和靖墓

林处士，魂梦绕孤山。鹤子仙踪虽渺渺，梅妻疏影尚翩翩。雅趣更谁怜。

第三编：雅集书法

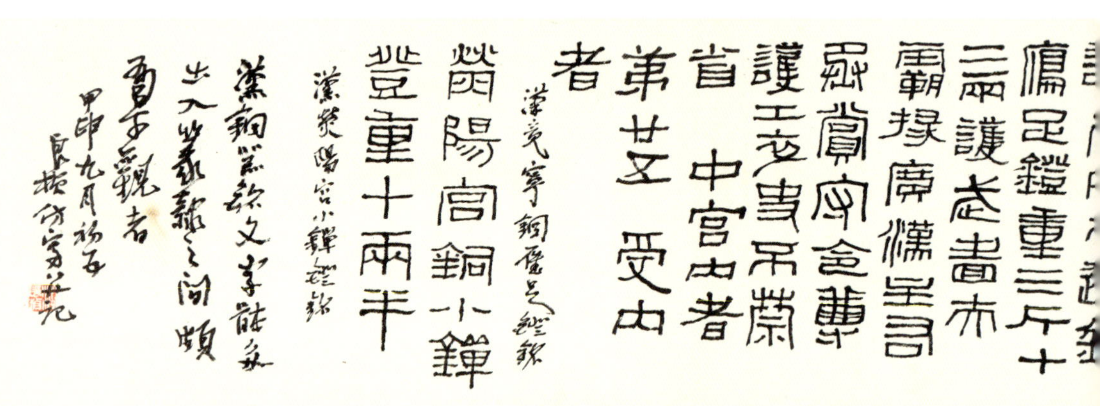

潘良桢　《临金文》

池陽宮銅行鐙重二斤六兩甘露四年工廣德造守屬陽徵[illegible][illegible]聖佐博臨

漢池陽宮銅行鐙銘

長楊共鼎容一斗

漢長楊共鼎銘

上林十湅銅鼎容一斗并重十斤陽朔元年六月庚辰工夏博造四百合第百一十七

漢上林鼎銘

謁湿王冠里

佐博嗣

漢中陽宮銅行鐙銘

長楊共鼎

容一什

汧陽宮銅行
鐙重二斤六兩
甘露四年工
高德造守屬

漢銅器款文字誠無出入篆隸之間頗有可觀者

甲申九月初五良楷仿寫并記

者

漢夢亭銅匜足銘

萯陽宮銅小鐘

登重十兩半

漢萯陽宮小鐘銘

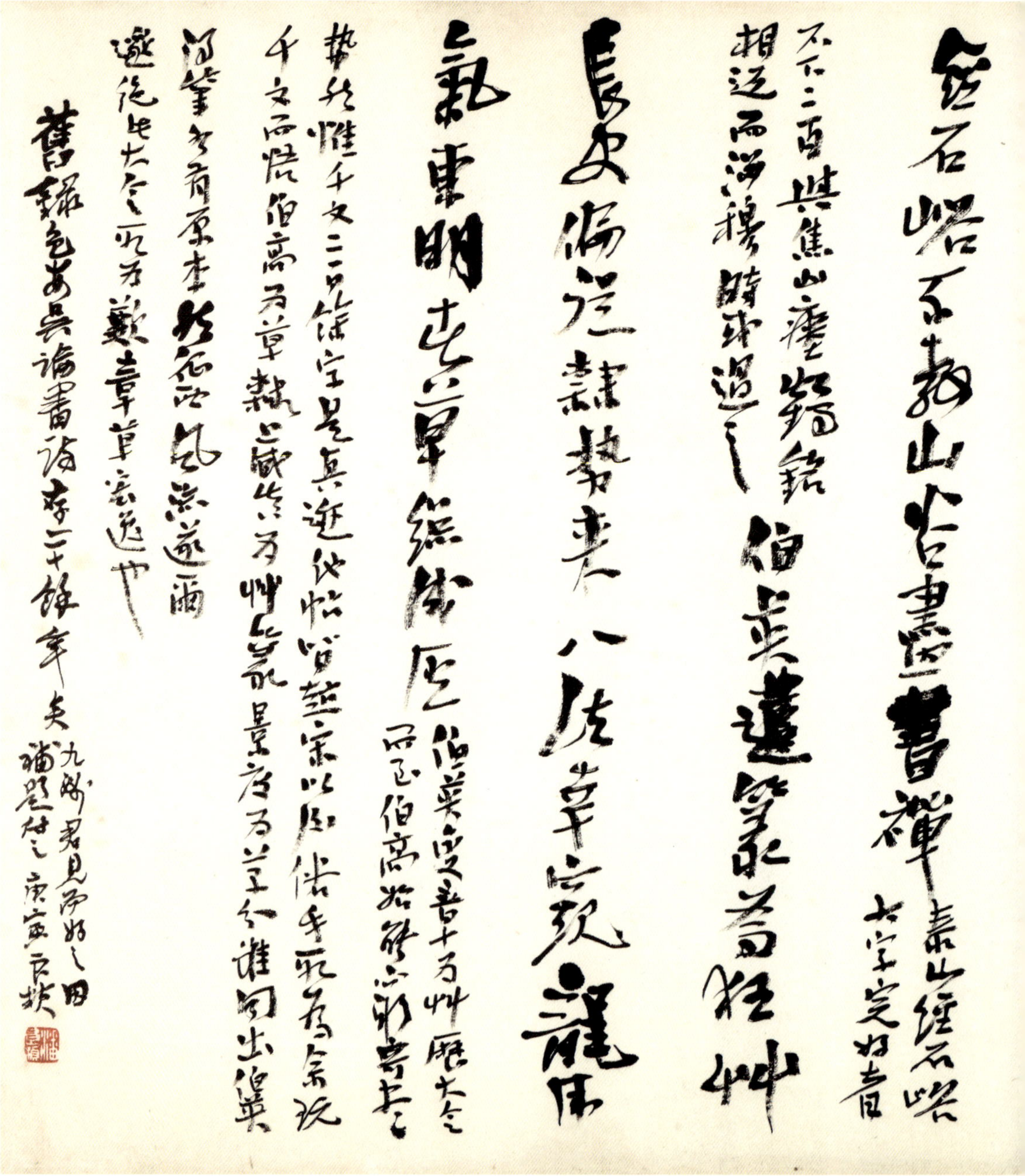

潘良桢　　《包世臣论书诗》

程隸原因李篆生蔡分應是始

縱橫[illegible]飛分勢生今隸不離其源

漢[illegible]盟 說詳《[illegible]譚》自具款 名刹石古人筆法始矣 中郎派別有

鍾梁義寓雅疆正隸行 衣事千

古詩祖法 趙叔分隸之意參商 鍾之乙瑛 梁之孔羨

北朝隸石惕守兩宗飛隸不求分帖不求篆也

[illegible]先生[illegible]千文並自題[illegible]也

從來大字

李跃林　　《日记选·三页》

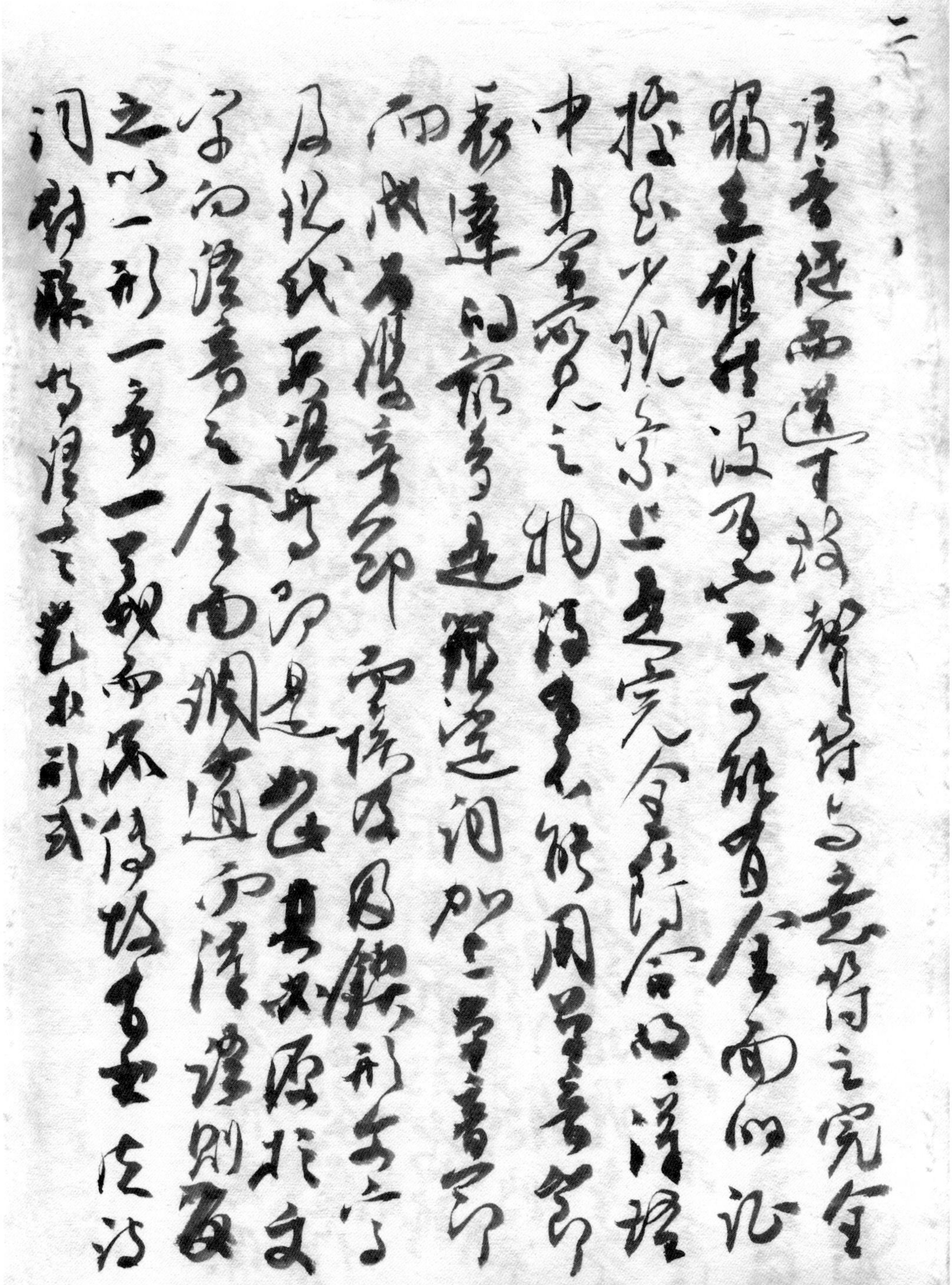

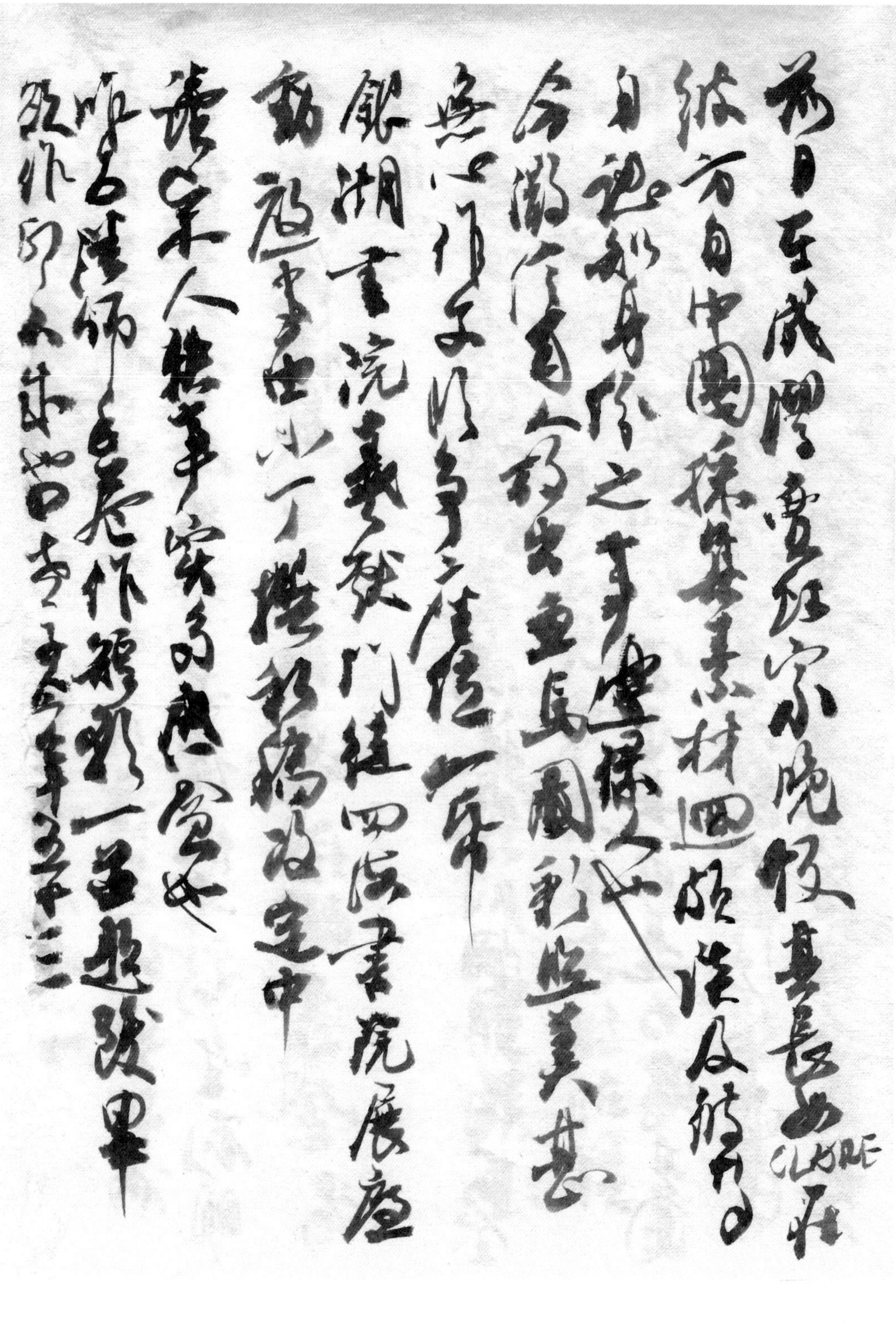

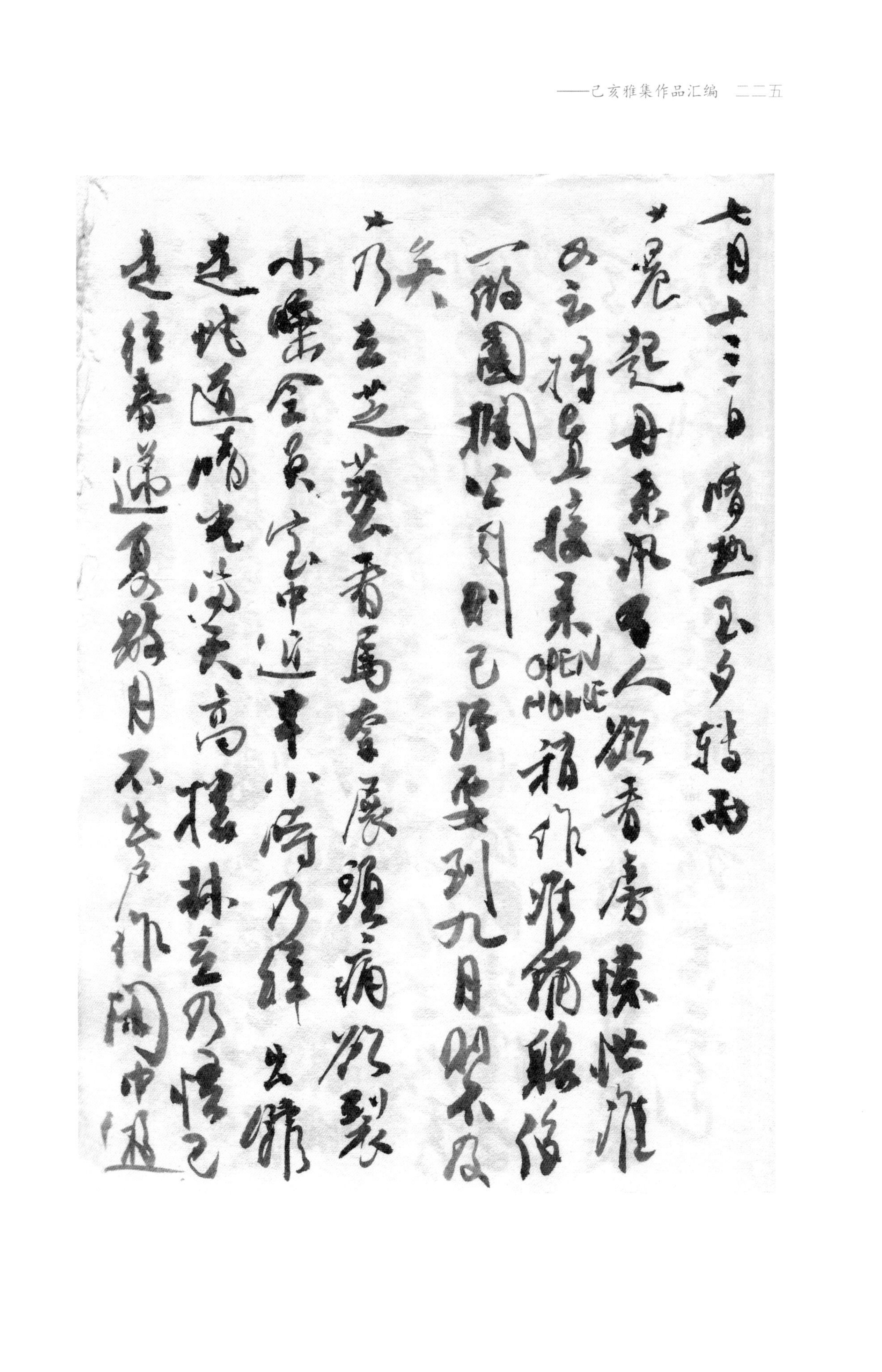

七月十三日　晴热　至夕转雨

[illegible]

OPEN HOUSE

[illegible]

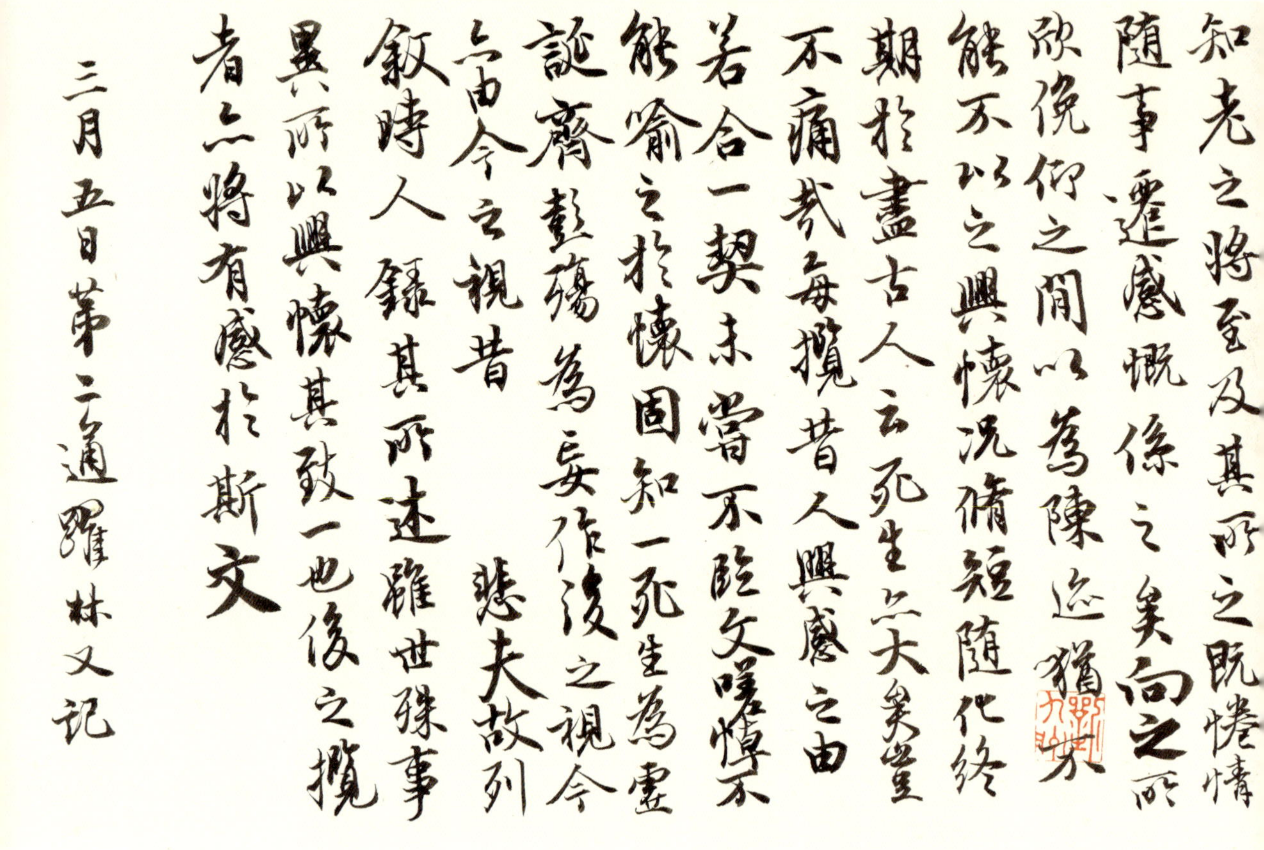
知老之將至及其所之既惓情
隨事遷感慨係之矣向之所
欣俛仰之間以為陳迹猶不
能不以之興懷況脩短隨化終
期於盡古人云死生亦大矣豈
不痛哉每攬昔人興感之由
若合一契未嘗不臨文嗟悼不
能喻之於懷固知一死生為虛
誕齊彭殤為妄作後之視今
亦由今之視昔　悲夫故列
敘時人錄其所述雖世殊事
異所以興懷其致一也後之攬
者亦將有感於斯文
三月五日第二通躍林又記

李跃林　　《临神龙兰亭》

永和九年歲在癸丑暮春之初會
于會稽山陰之蘭亭脩禊事
也羣賢畢至少長咸集此地
有崚領茂林脩竹又有清流激
湍暎帶左右引以為流觴曲水
列坐其次雖無絲竹管絃之
盛一觴一詠亦足以暢敘幽情
是日也天朗氣清惠風和暢仰
觀宇宙之大俯察品類之盛
所以遊目騁懷足以極視聽之
娛信可樂也夫人之相與俯仰
一世或取諸懷抱悟言一室之內
或因寄所託放浪形骸之外雖
趣舍萬殊靜躁不同當其欣

是日也天朗氣清惠風和暢仰
觀宇宙之大俯察品類之盛
所以遊目騁懷足以極視聽之
娛信可樂也夫人之相與俯仰
一世或取諸懷抱悟言一室之內
或因寄所託放浪形骸之外雖
趣舍萬殊靜躁不同當其欣
於所遇暫得於己快然自足不

永和九年歲在癸丑暮春之初會
于會稽山陰之蘭亭脩禊事
也羣賢畢至少長咸集此地
有峻領茂林脩竹又有清流激
湍暎帶左右引以為流觴曲水
列坐其次雖無絲竹管弦之
盛一觴一詠亦足以暢敘幽情

[illegible]
誕齊彭殤為妄作後之視今
亦由今之視昔　悲夫故列
敘時人錄其所述雖世殊事
異所以興懷其致一也後之攬
者亦將有感於斯文

三月五日第二通羅林又記

於所遇輒得於己快然自足不
知老之將至及其所之既倦情
隨事遷感慨係之矣向之所
欣俛仰之間以為陳迹猶不
能不以之興懷況脩短隨化終
期於盡古人云死生亦大矣豈
不痛哉每攬昔人興感之由
若合一契未嘗不臨文嗟悼不

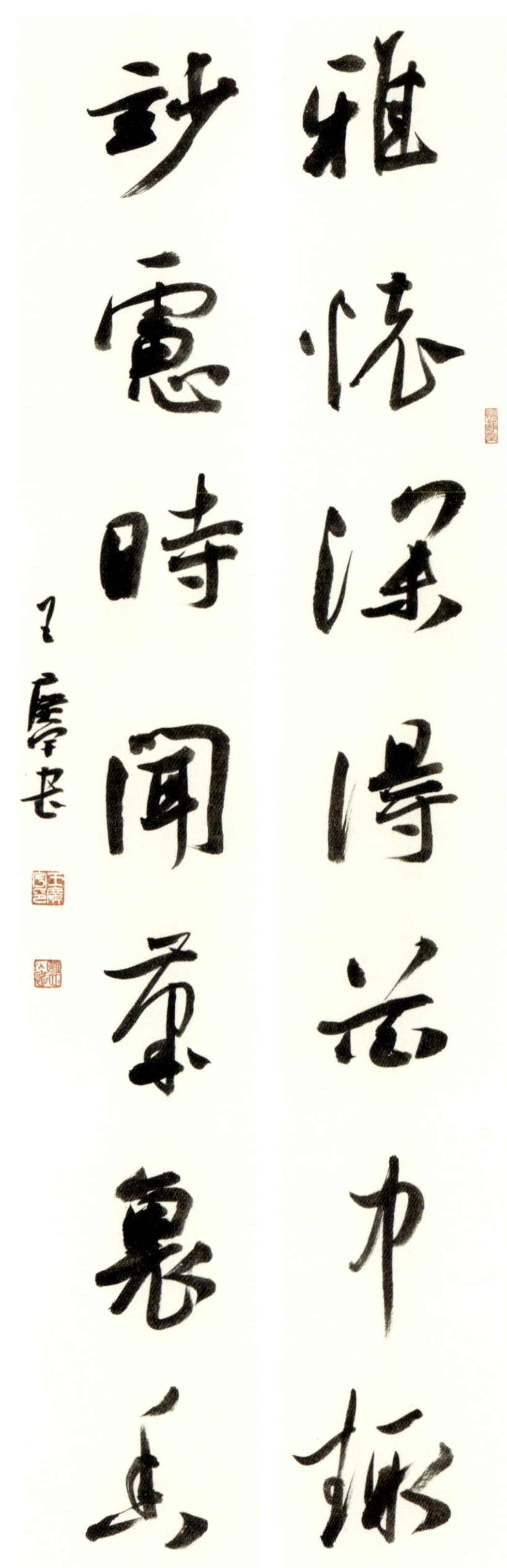

王广宇　　《行书对联》

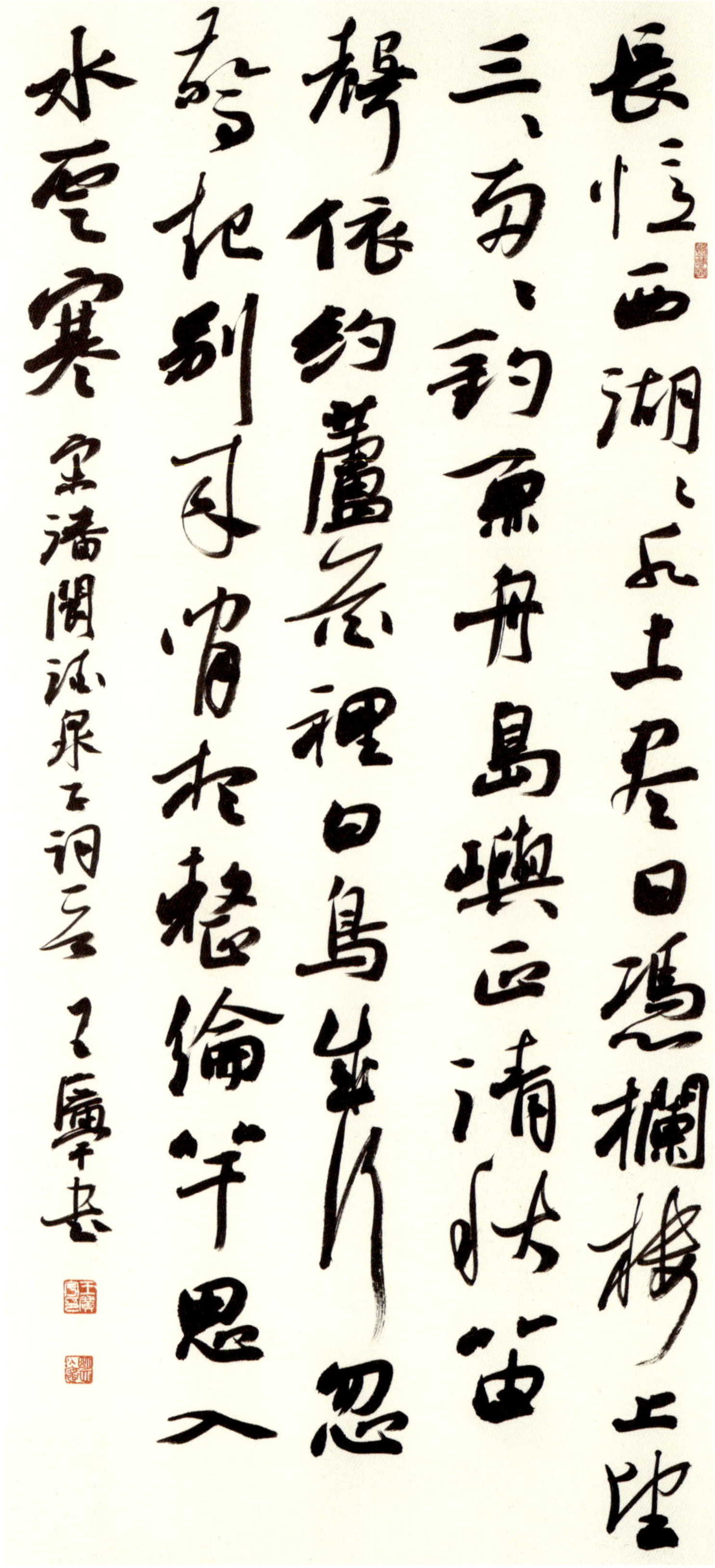

王广宇　《行书北宋潘阆酒泉子词》

三两钓鱼舟
醒依约芦花
起把别时中

陈迎庆　　《楷书宋剑雄添字虞美人词》　　释文见本书二一〇页

階前長夜原霜杳春水撕天曉
故園尤是怙黃昏離鄉不等
夏桐深半秋心殘燼何必埋香草
彈淚東風老欲辭人役任飄零
空餘幽怨事難成恨無憑

宋劍雄作添字虞美人　迺慶恭錄

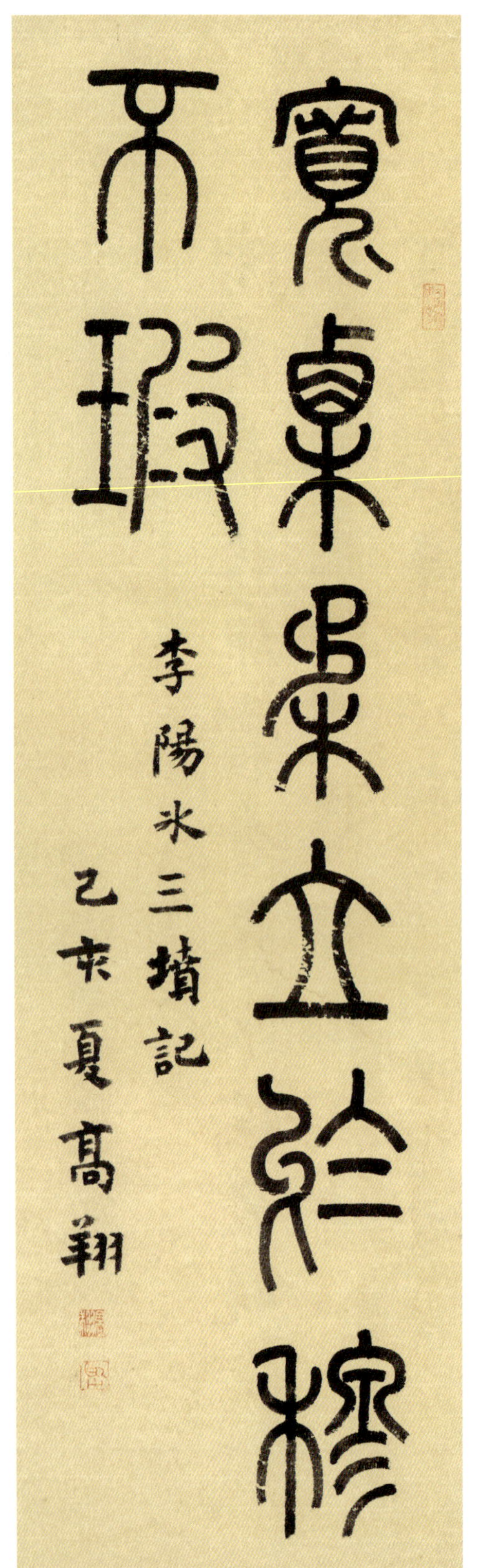

高　翔　　《临李阳冰三坟记》

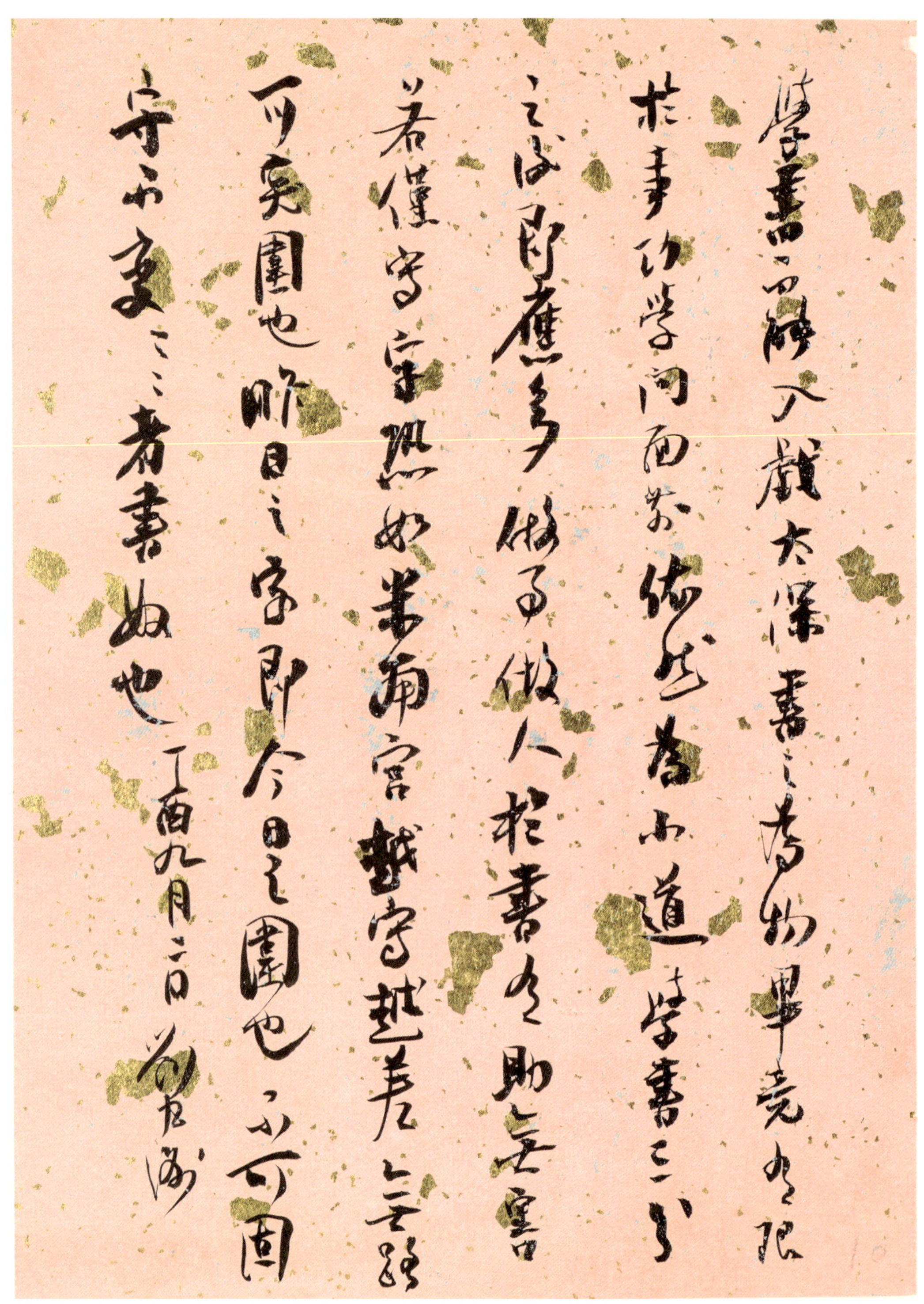

刘九洲　《行书论书二则》

學書之人當自小楷入手因大楷筆法極難決非初學者所能停小楷之中又當以寫經入手寫經學書宜從學大名家而小楷之中大名家字太少且含义太深初學者不易領會故當以比較極簡之寫經入手或能事半而功倍也

在書雖一門

九月二日　劉尤洲

六月廿八日

一夜寻黄居寀龙不获方悟半月前是曹光州借去摹搨更须一两月方取得恐王君疑是翻悔且告子细说与才取得即纳去也却寄团茶一饼与之旌其好事也轼白　季常　廿三日

李介一　　《临苏轼尺牍》

軾啟近者經由獲見為幸過辱
遣人賜書得聞起居佳勝
感慰兼極忝命出於餘芘重
承流喻益深愧畏再會未緣
萬萬以時自重人還冗中不宜
軾再拜　長官董侯閣下

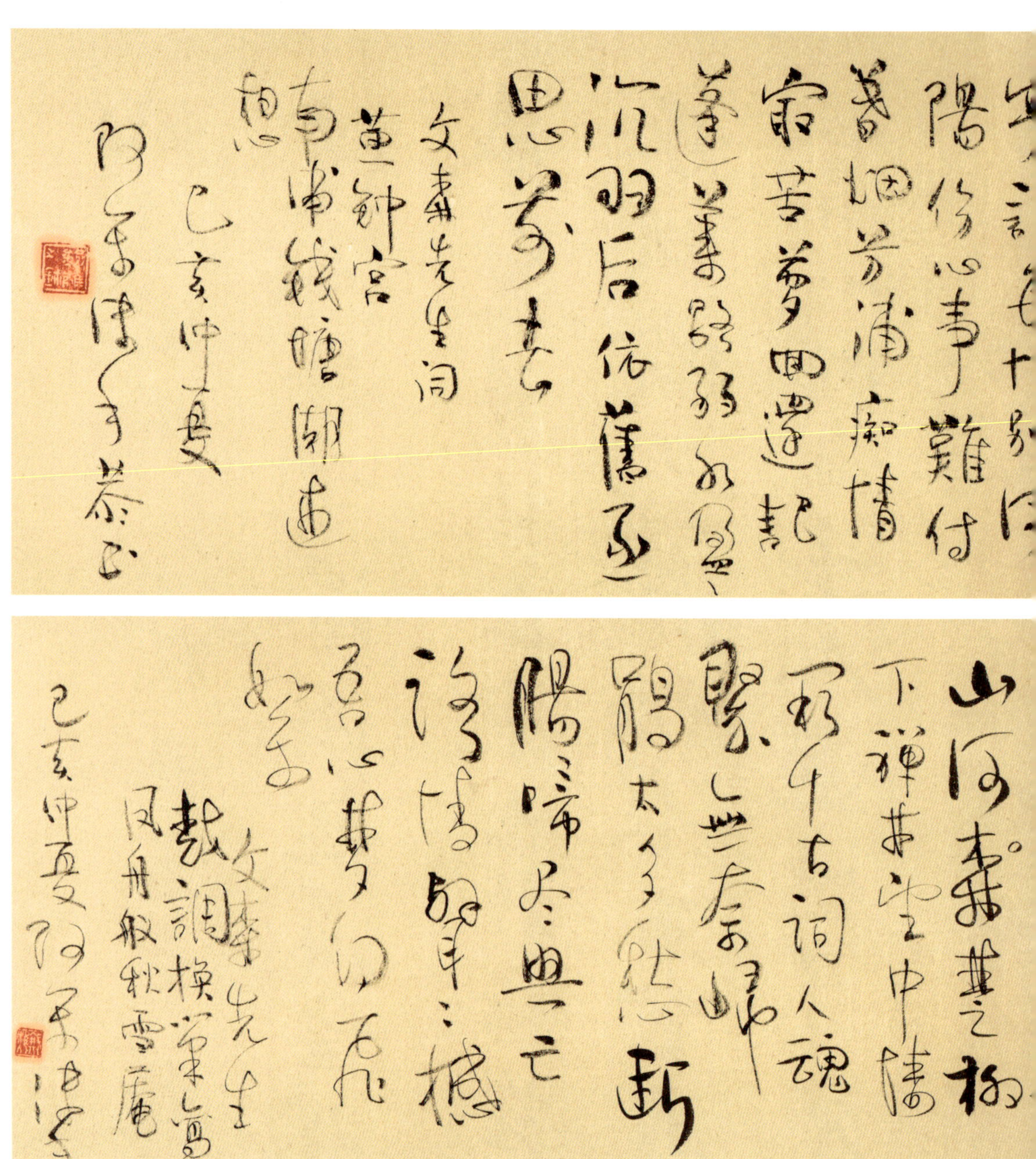

宋剑雄　《草书文森词二首》　释文见本书二〇三页

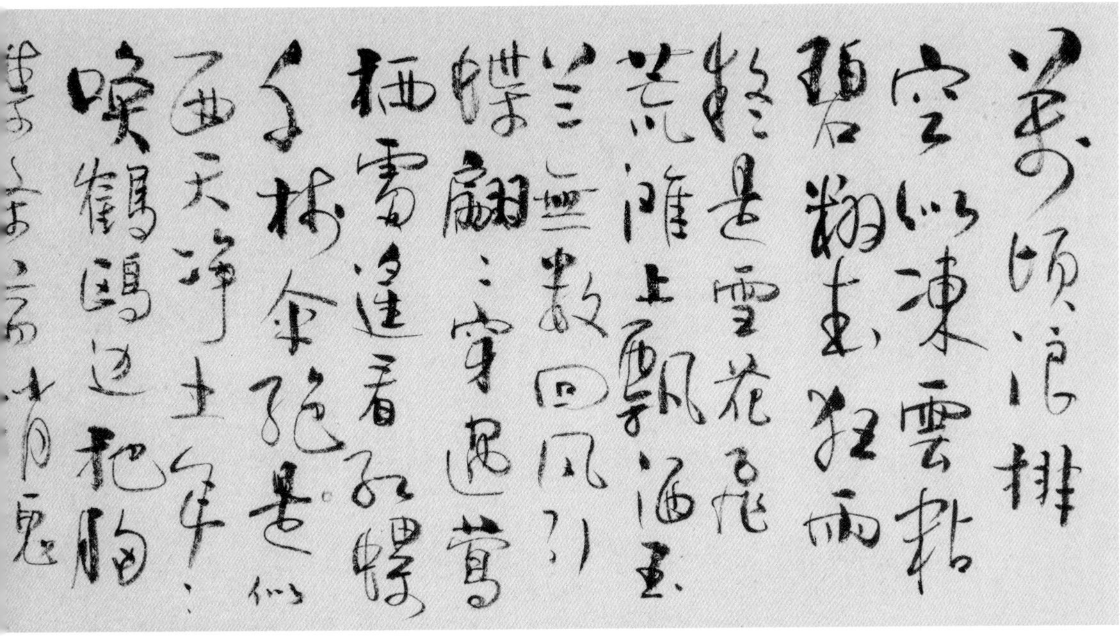

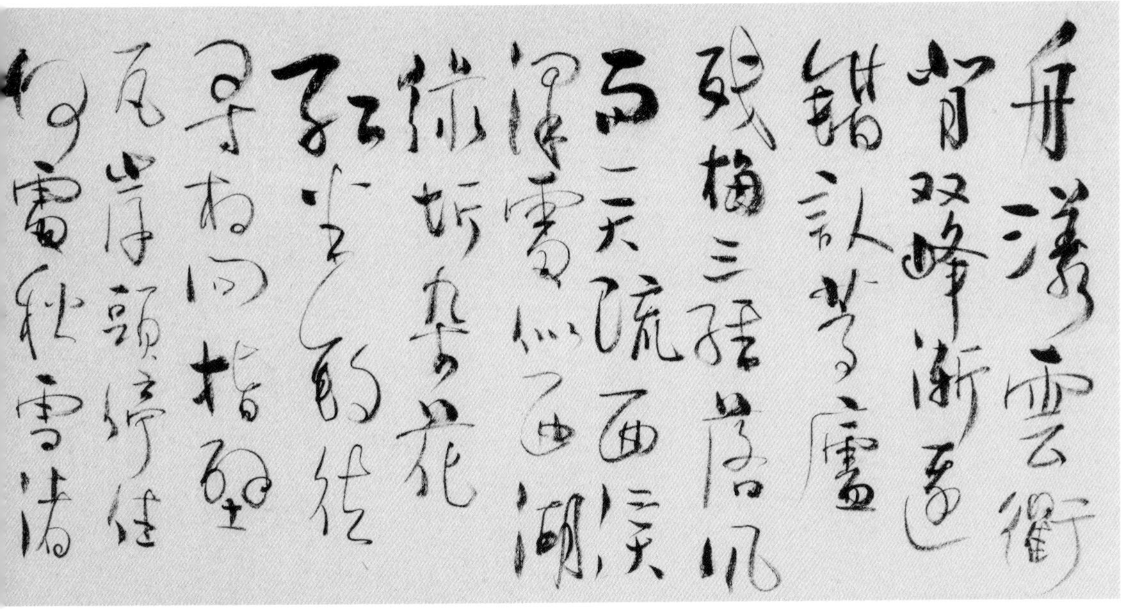

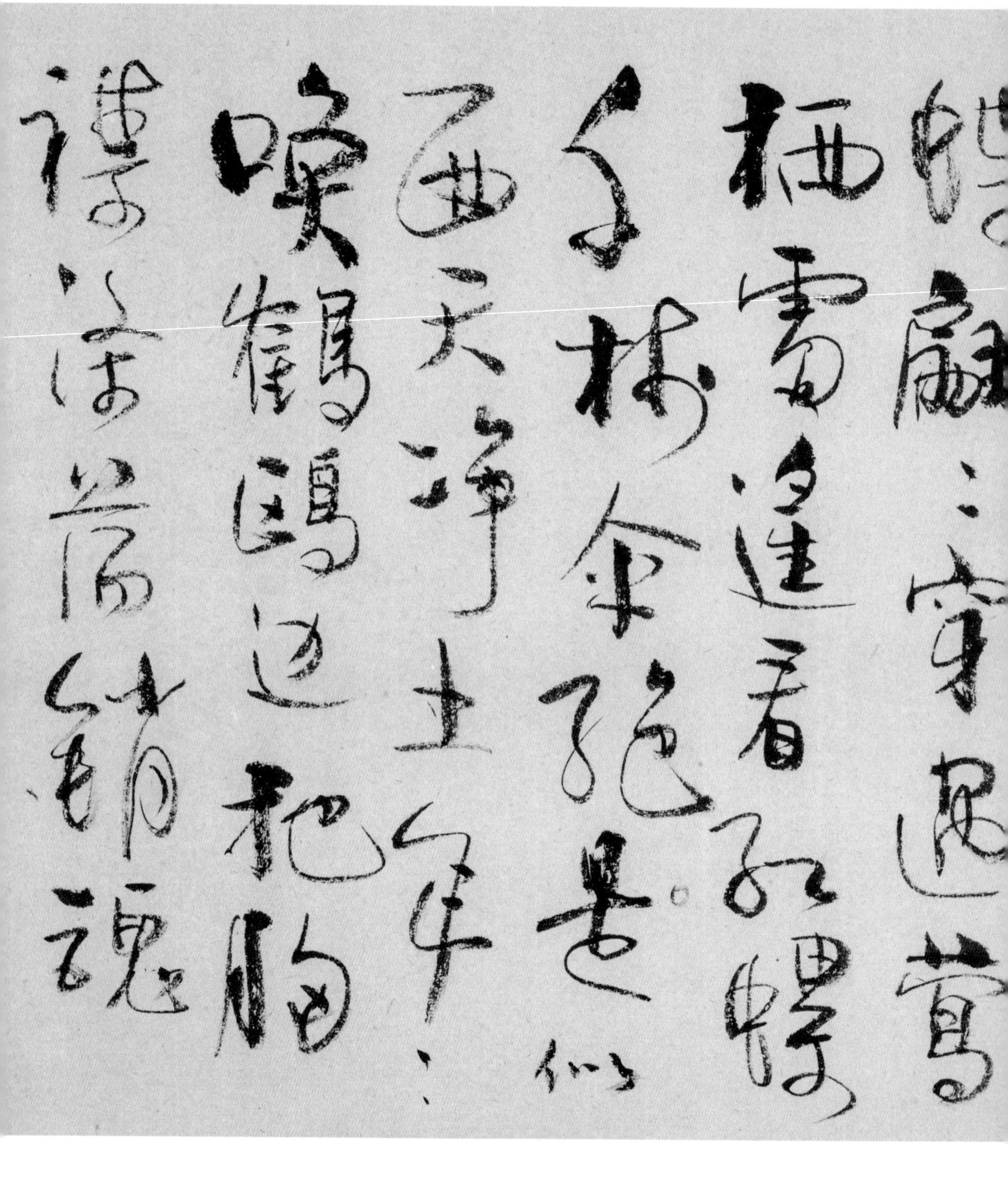

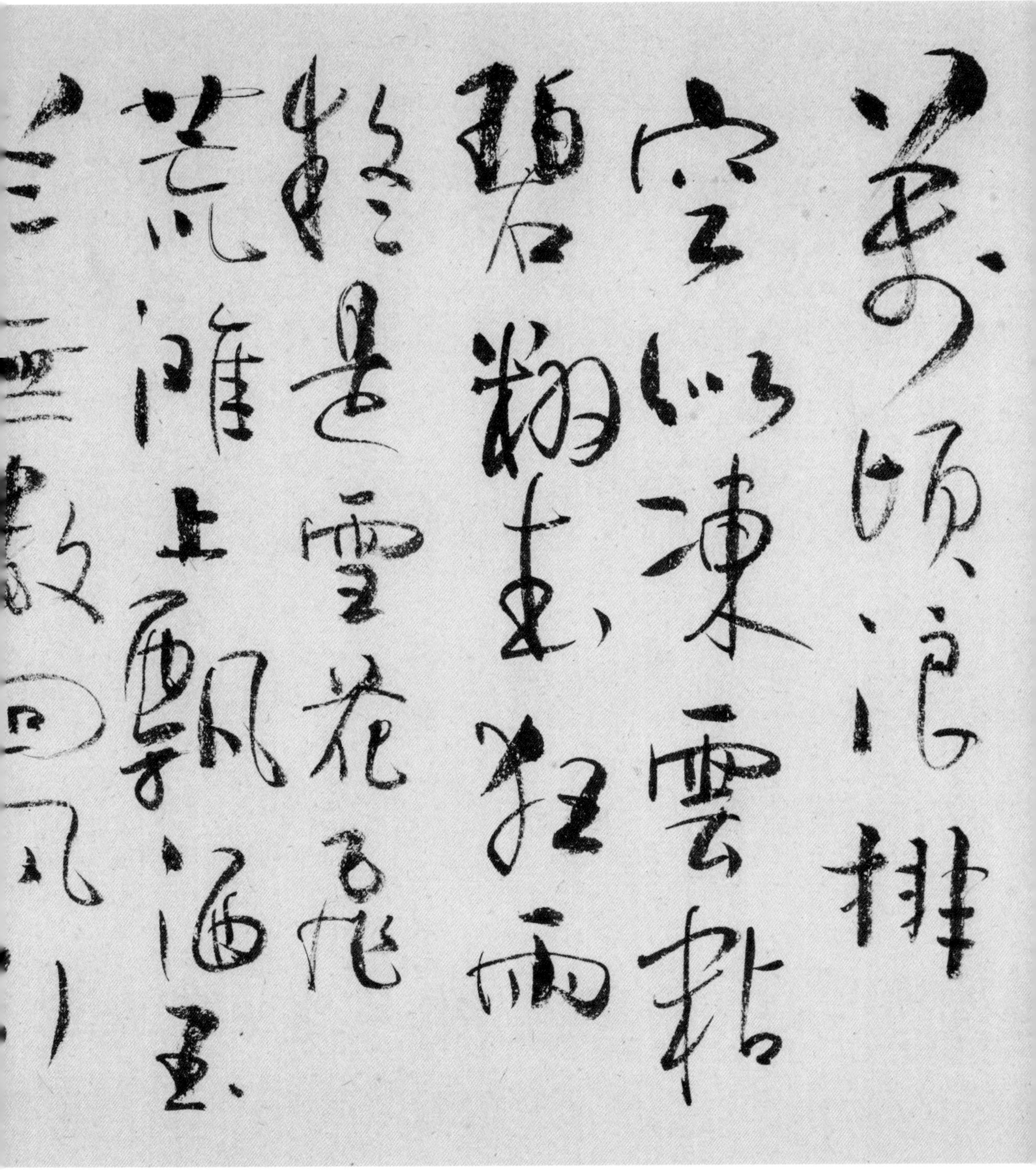

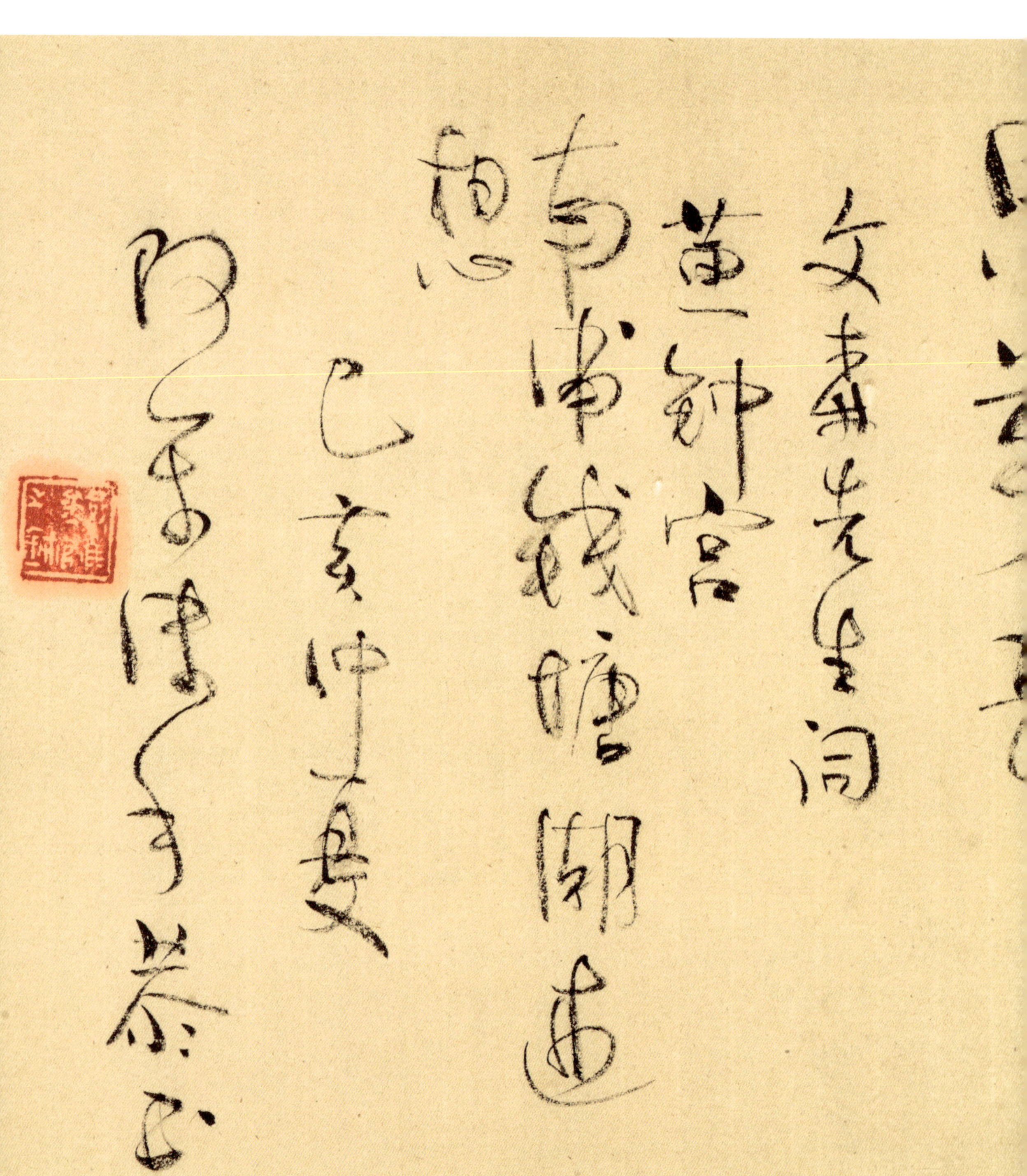

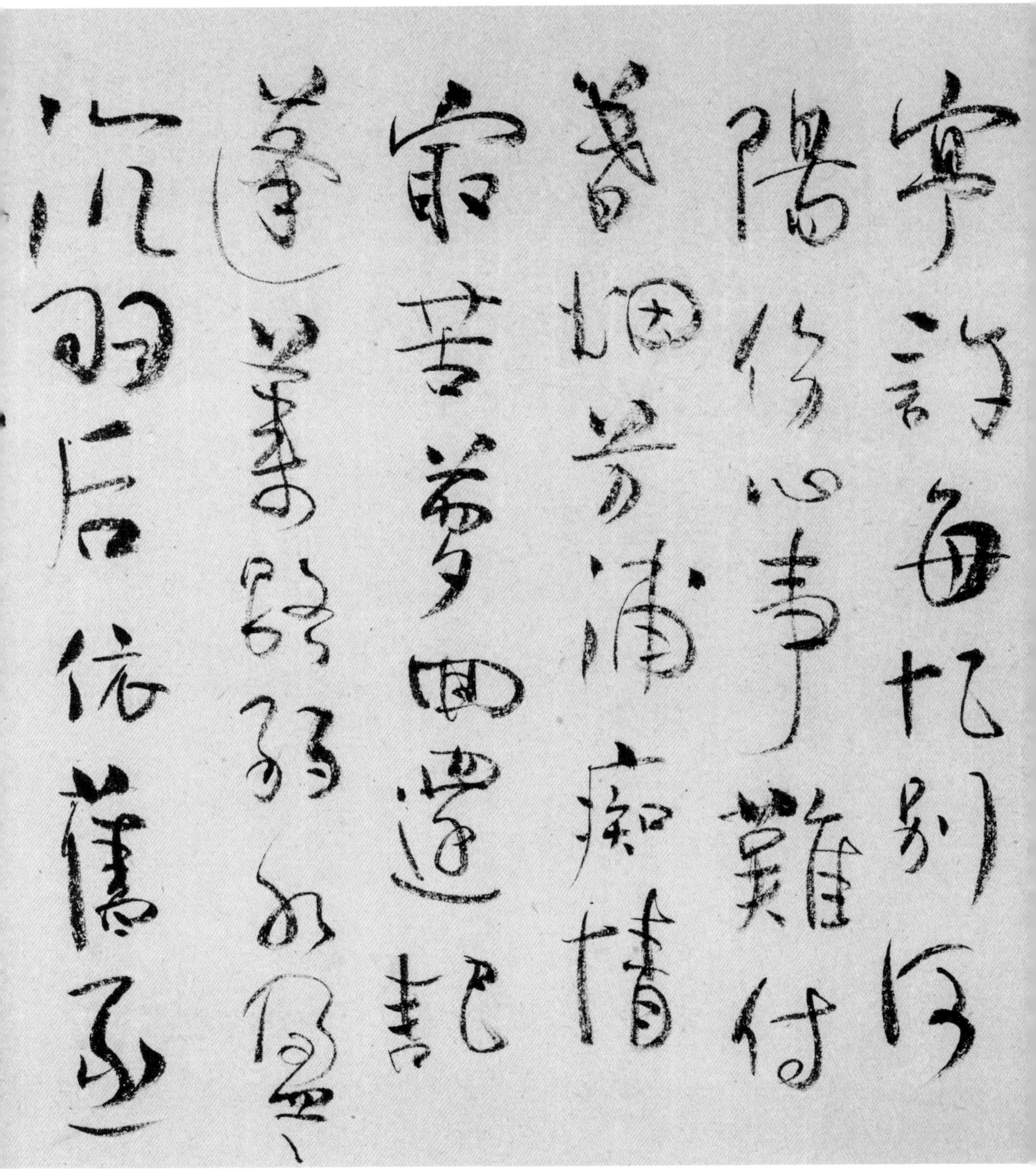

黄　茶　　《书少年游一首》

飛紅萬點對門開淮海灌愁来閒客哪
知清明過後唯百載蒼苔寫辭煉句今生
事情字最難排誰人悲秋此般春恨縷縷
入余懷

少年游一首　己亥夏黄苓

神拔雪梅根已看多少煙
雲自息一片孤山影把红
牋小字須温鶴亭邊容
与湖下来笑濃春
錄李旭東詞慶春澤漫
乙亥夏陳勇

陈　勇　《书李旭东词一首》　释文见本书二〇二页

曆亂諸花經塵宿雨那
時頭白誰分莎草斜陽
相逢莫說良辰西泠水
色千年碧四如何挽住乾
坤著何舟幾盞醇醪
都是閑人雷峰雲隱依

梁　坚　　《书王超群诗一首》

释文见本书二〇八页

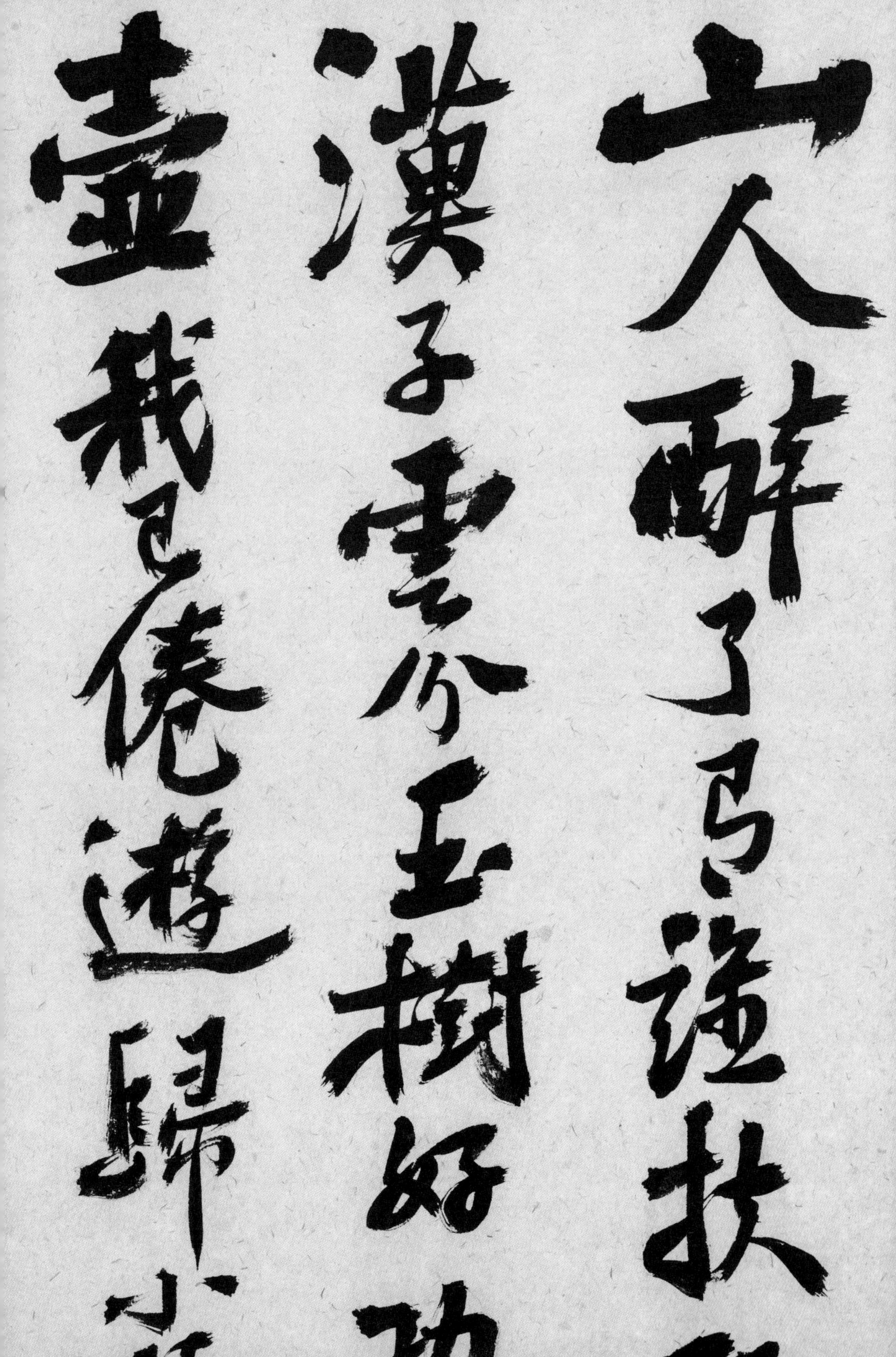

南　风　　《书金缕曲二首》　　释文见本书二一〇页

金缕曲　片云馆主

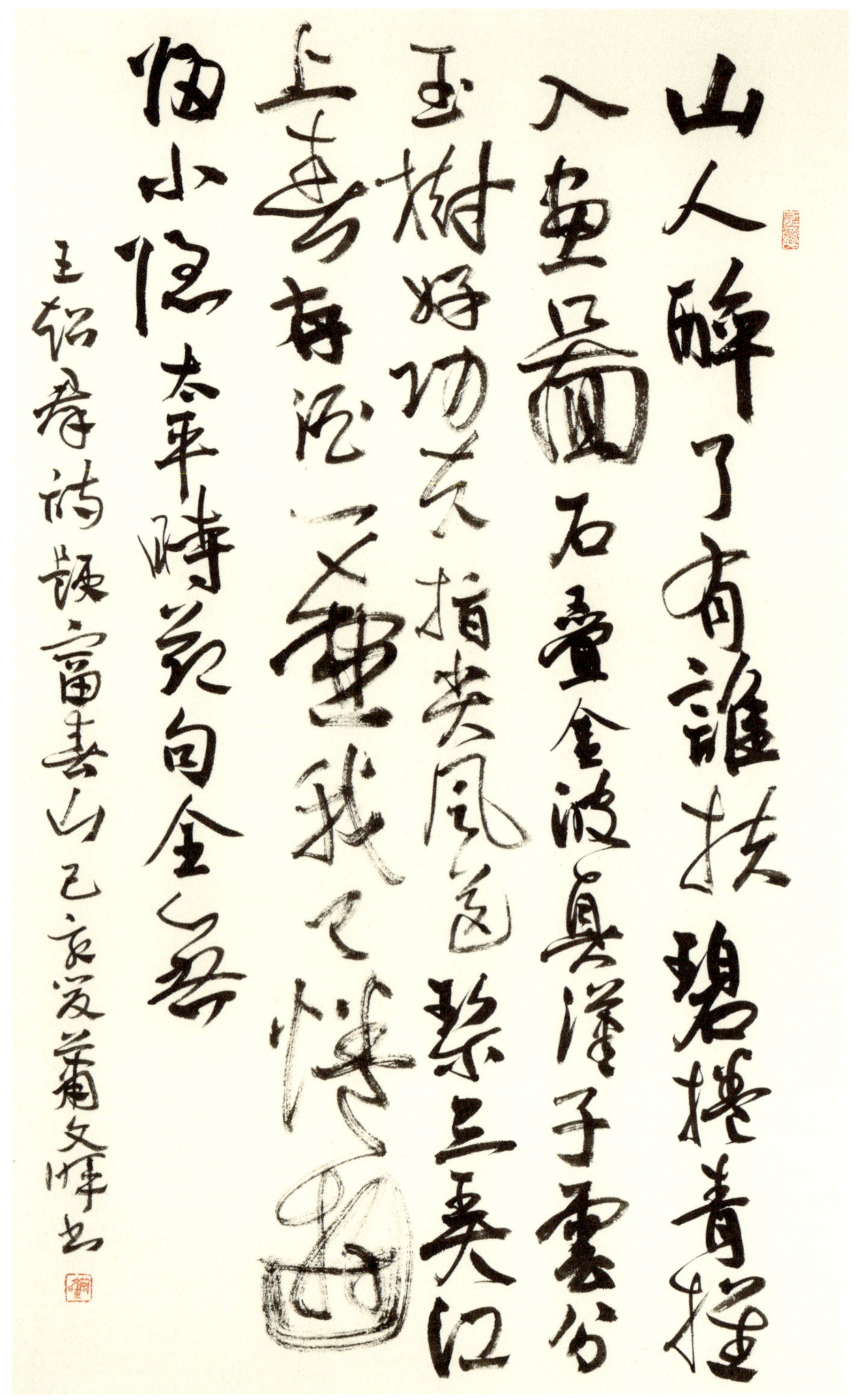

肖文晖　　《书王超群诗一首》　　释文见本书二〇八页

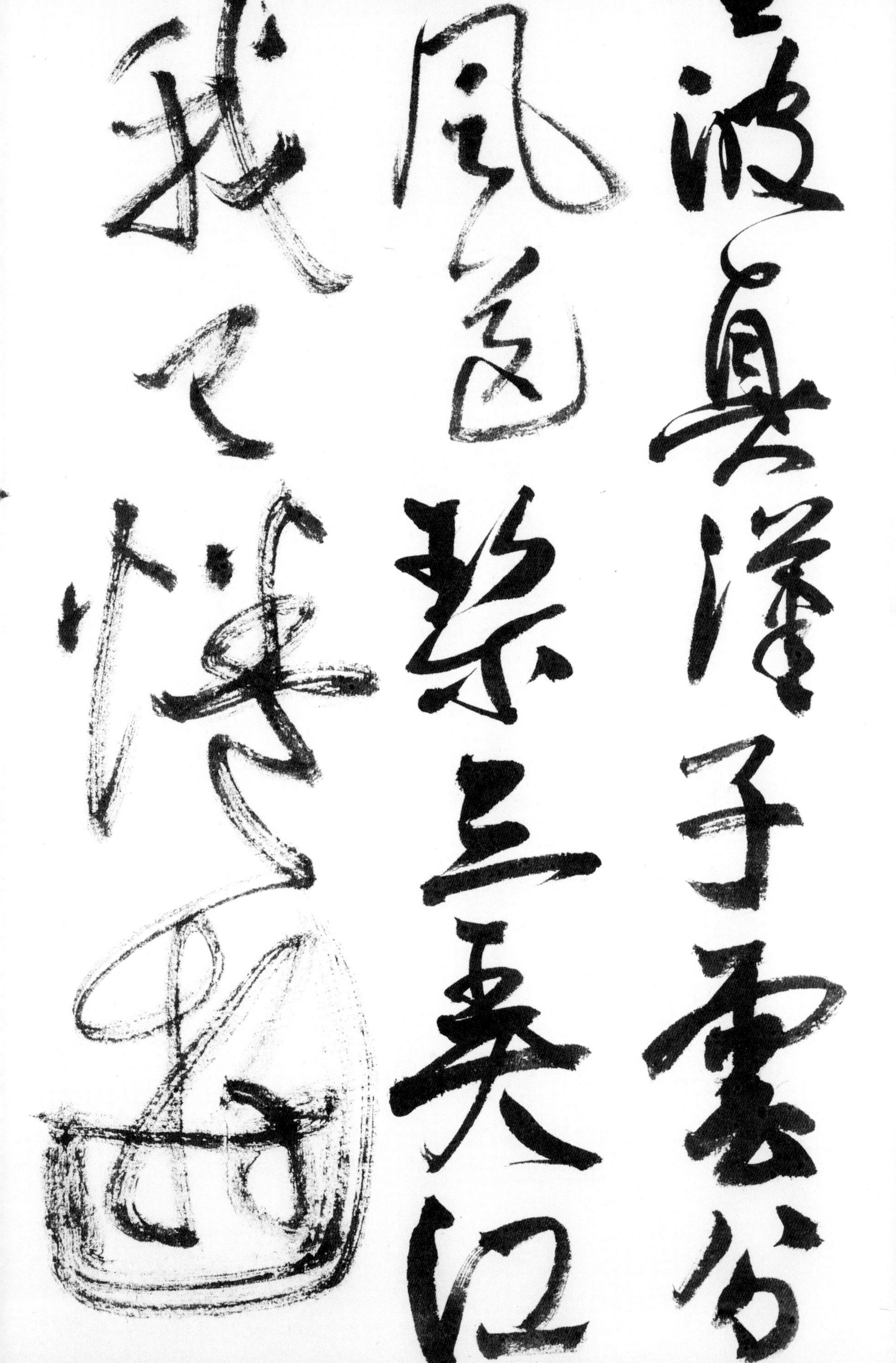

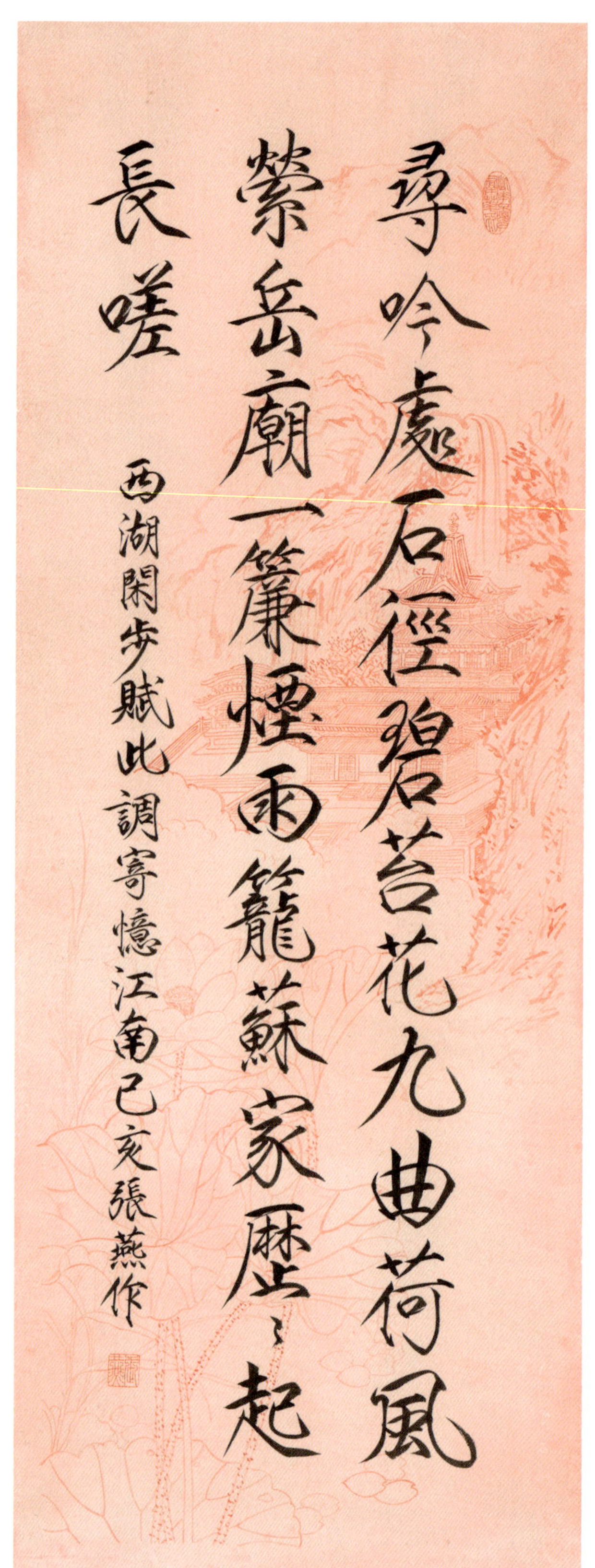

张　燕　　《自书诗一首》

释文见本书二一二页

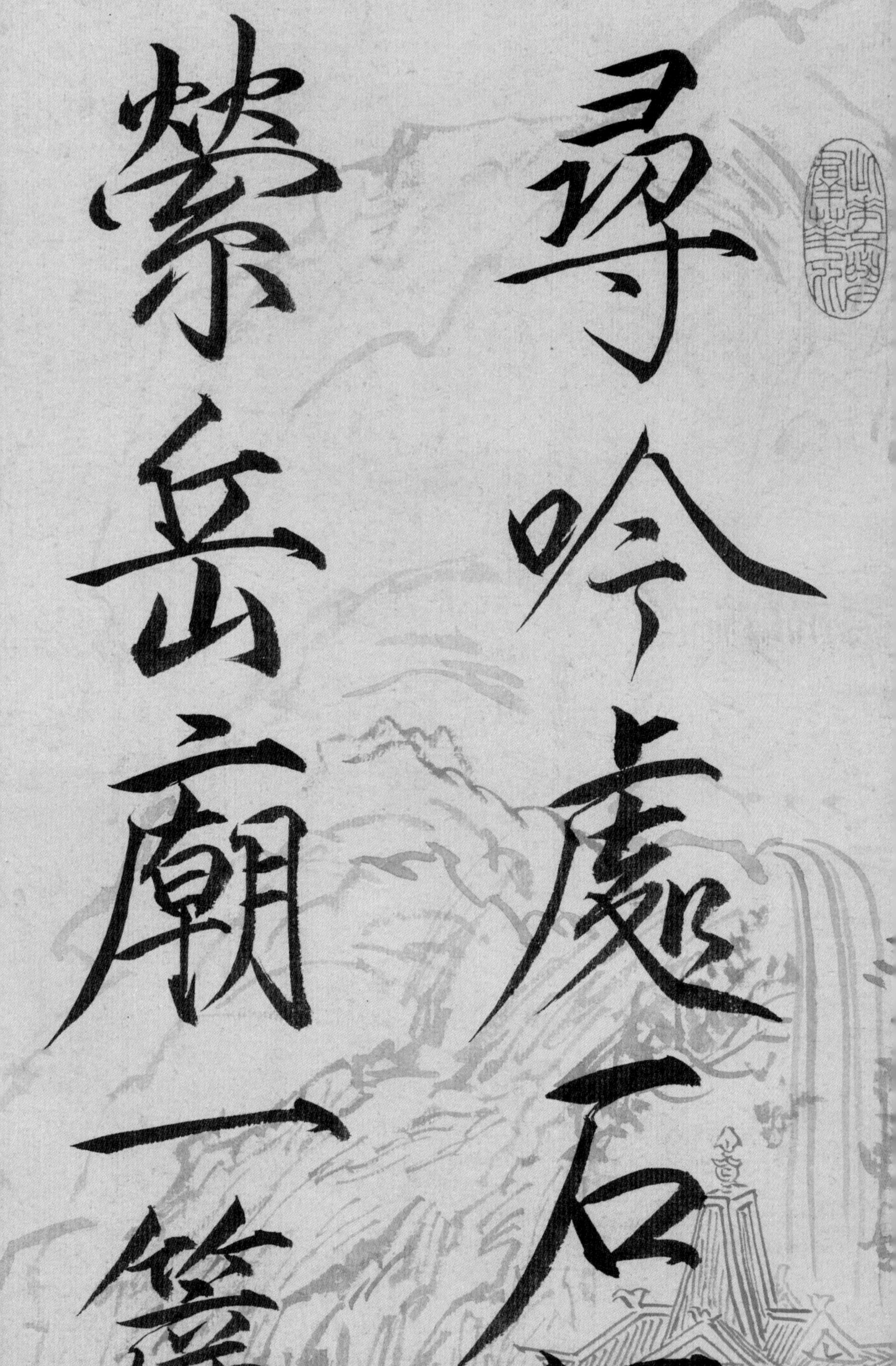
尋吟處石
紫岳廟一

王健林　《书杜澎词一首》　释文见本书二〇二页

省識丹青韻味長臼風吹夢過
餘杭半籬碧漲春溪雨十頃紅
勻菡萏裳別有木樨清到枕豈
無梅萼冷如霜他年雲外重聚
首更憶江南續一章
己亥夏錄
廖晉文兄詩夢過餘杭一首
藍霖書

蓝　霖　《书廖晋文诗一首》　释文见本书二〇四页

長回風吹夢過
春溪雨十頃紅
木樨清到枕豈
他年雲外重聚

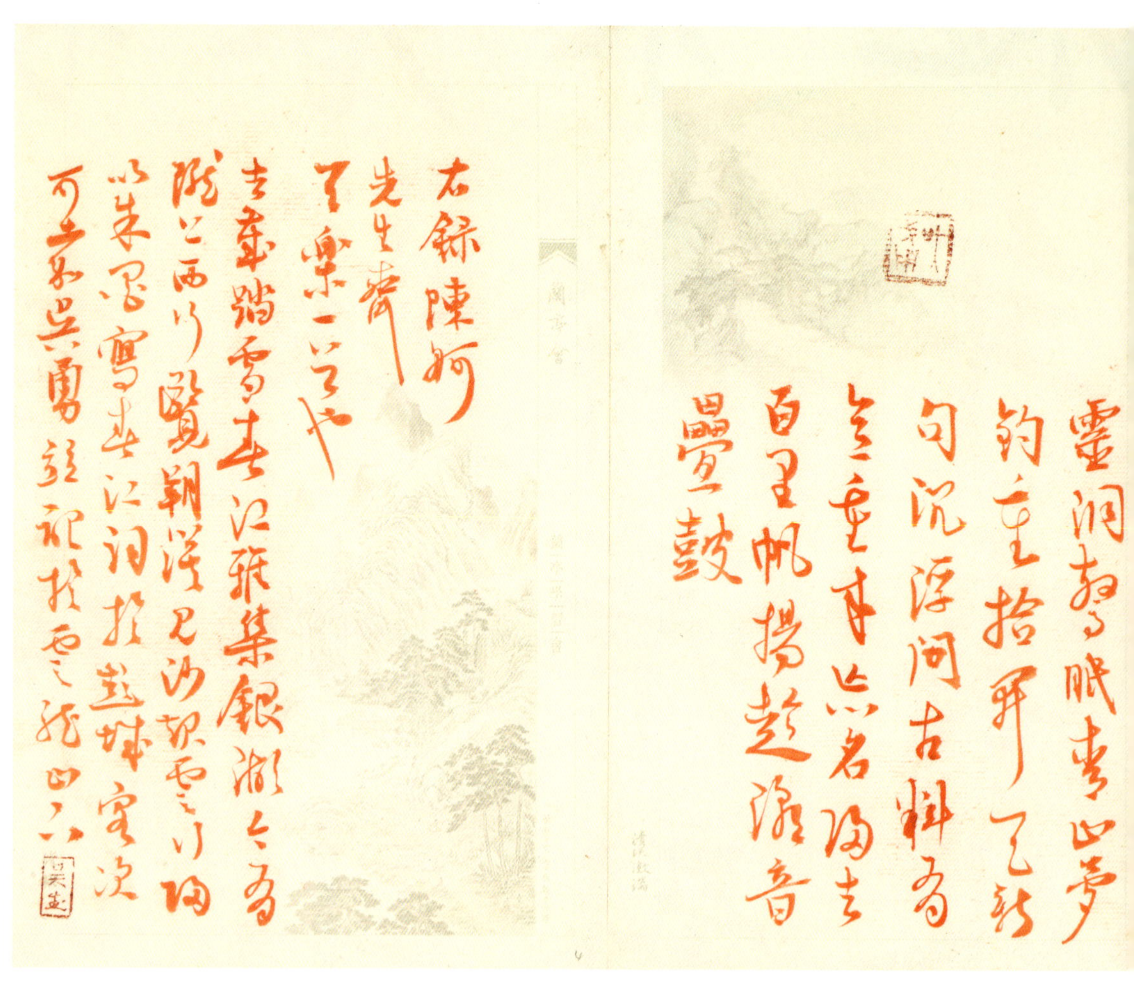

吴　勇　　《书陈舸齐天乐词一首》　　释文见本书二〇四页

水沙浮湿浅云翠凭阑望
朝来高桐影千层苗系一国
迷与草溪烟树

晴烟暖渡同芳沐无分
拍华序评小峰厚
深更蜀清绿独目得雯
风流难撒湿久怕虐
颜易老等闲时序

白衣卿相雙雙燕詞一首

己亥夏蔣良良

蒋良良　　《书双双燕一首》　　释文见本书二〇六页

嫩梢掠水便平鏡生波漾春
心眼蠻腰引曳招手燕鶯啼
喚應趁涼煙薄卷且依約新
妝梳綰倚容領略東風間取
花前能見消散晴總夢短歎
徑草幽深係舟人換絕来蹤
迹剩有石橋題遍循轉紅塵
看卷只飛絮傷懷難免何況

徐铭壐　　《书水调歌头·神游富春江一首》

释文见本书二〇六页

殷勤僮家憂縹緲
落水画張湖衣裳
雲從安肩扛坐發山
江
南画小溪水調歌

仲夏季節暑熱難熬然
清晨涼意猶存窗外梢頭
露珠滴瀝園內草蟲爭
鳴老人太極街舞精神抖
擻孩童追逐戲耍此情景
景令人興致頓生遂錄破
陣子觀錢江大潮　蕭榮年

萧荣年　《书破阵子·观钱江大潮》　释文见本书二〇七页

吴越曾經氣度錢塘自
古崢嶸柱杖山頭花色好
下步江堤水勢平以為
壺此行初似靈龜濡沫
旋疑哪吒騎鰒一壁潮來
三萬尺兩耳雷追六百觳

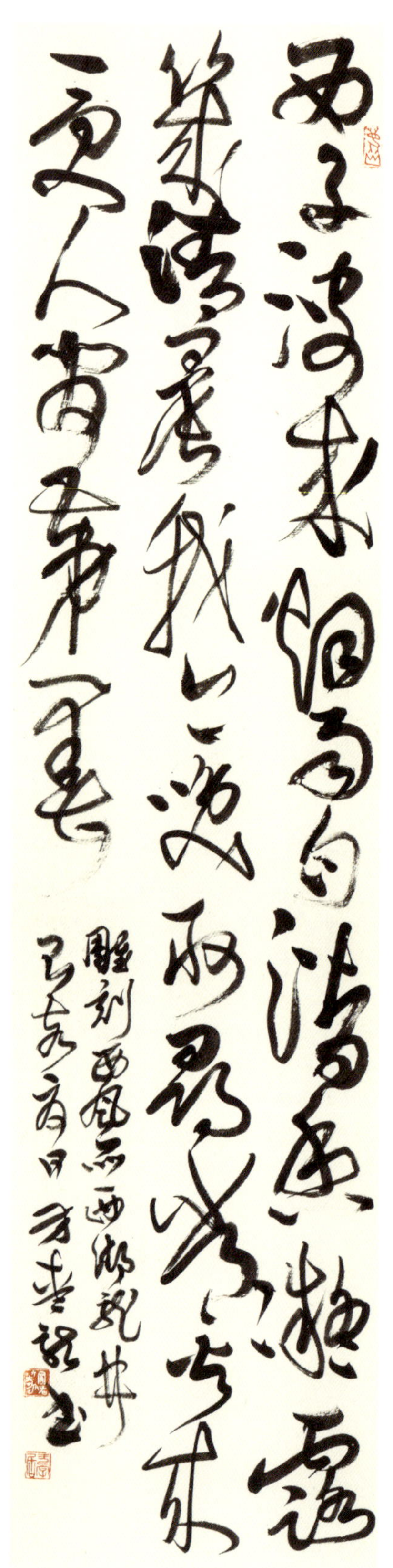

方爱龙　　《书雕刻西风诗一首》

释文见本书二〇七页

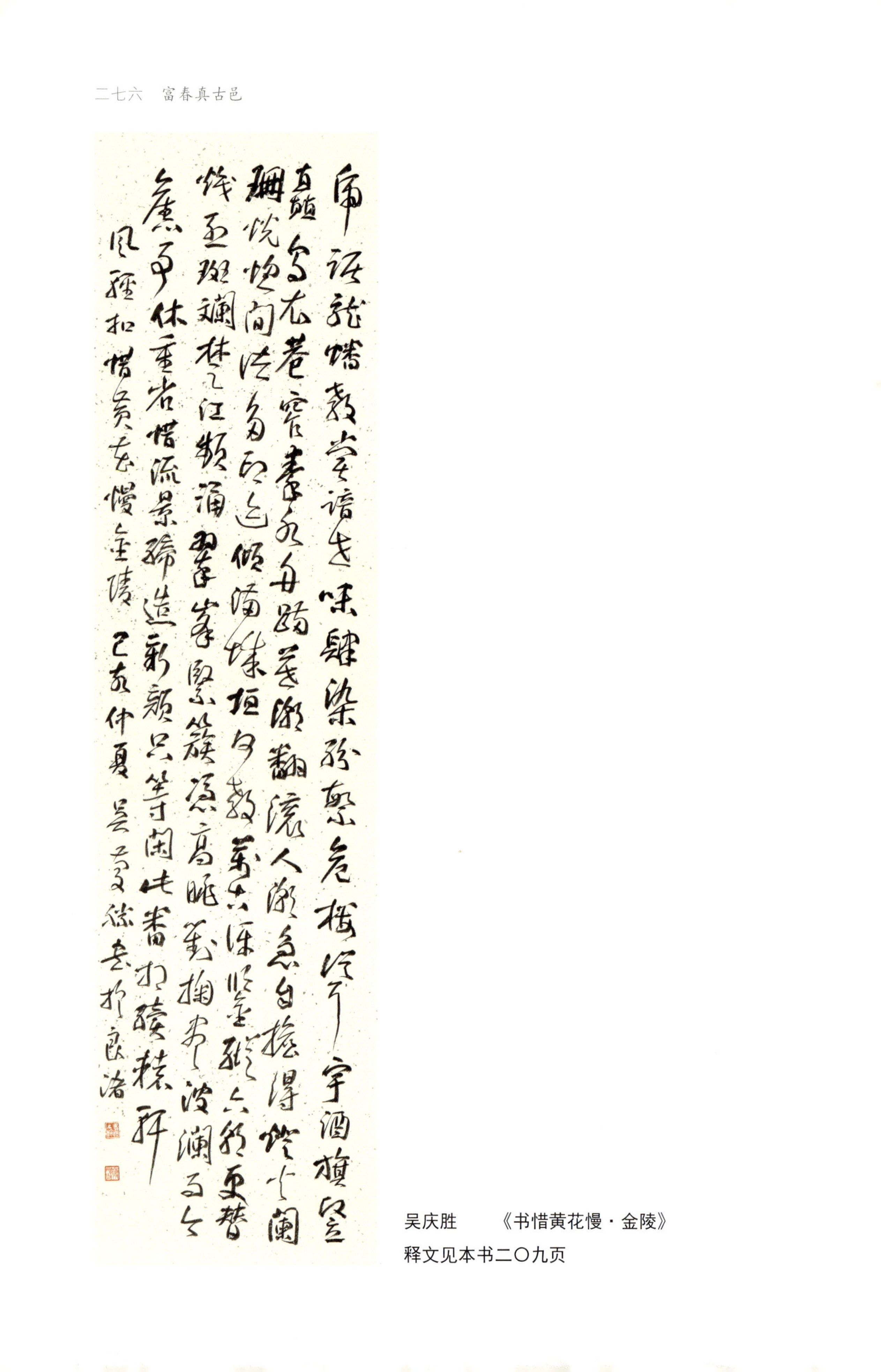

吴庆胜　　《书惜黄花慢·金陵》

释文见本书二〇九页

数堂清长味肆染孙荷
空官春风每踏花激翻
句为取之佩酒妹恒句也
江数涌碧岚岁风露
看惜流景孙造新头只
岳负七忆慢全陵 己亥仲夏

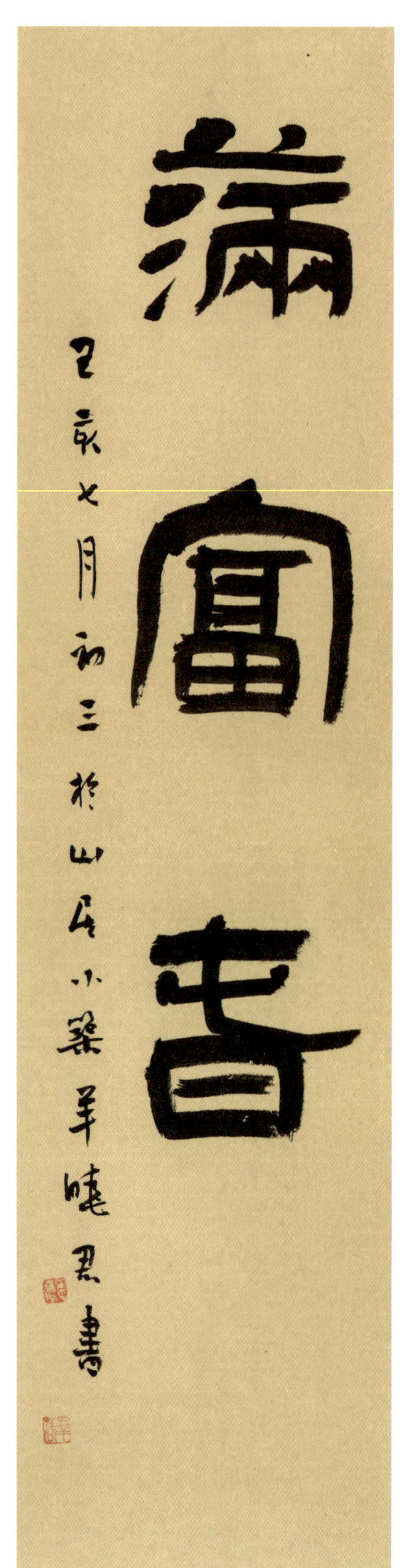

羊晓君　　《隶书满富春》

滿

梁　梅　　《书王自中酹江月·题钓台》

扁舟夜泛鄉子陵臺
新吐細酌清泉痛洗
腸卧煙渚還念古法
四海從此故人何許到
漢浩然予獨高舉

漢庭來見一羊裘閔默還歸舊釣舟
迹佀磻溪應有待世無西伯豈能留
崎嶇馮衍才終廢寂寞桓譚道被尤
回視蒼生終不遇脫身江海更何求

己亥仲夏七月茂僑書王介甫釣臺於杭州

何茂侨　《书王安石诗》

漢庭来見一
迹侶磻溪應
崎嶇憑行才
回視蒼生終

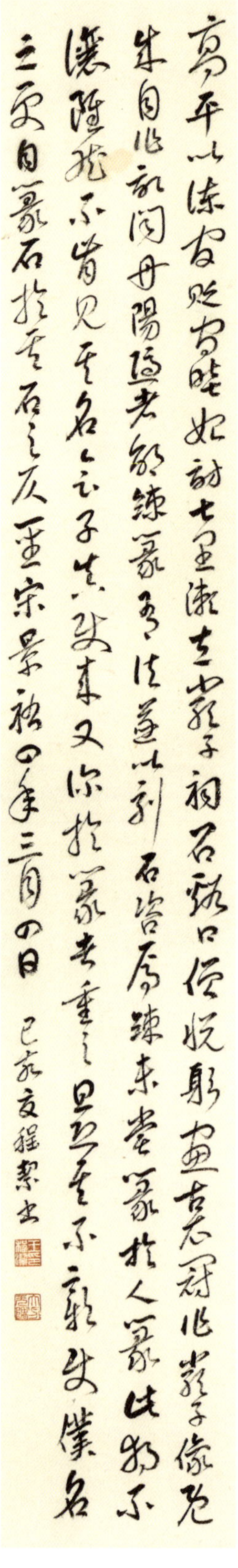

王程洁　　《节录严陵集》

方平此信有貽宗
達自此訊問母陽
遂隨發不復見在
三子自最石於在

黄　贺　　《书谢灵运诗》

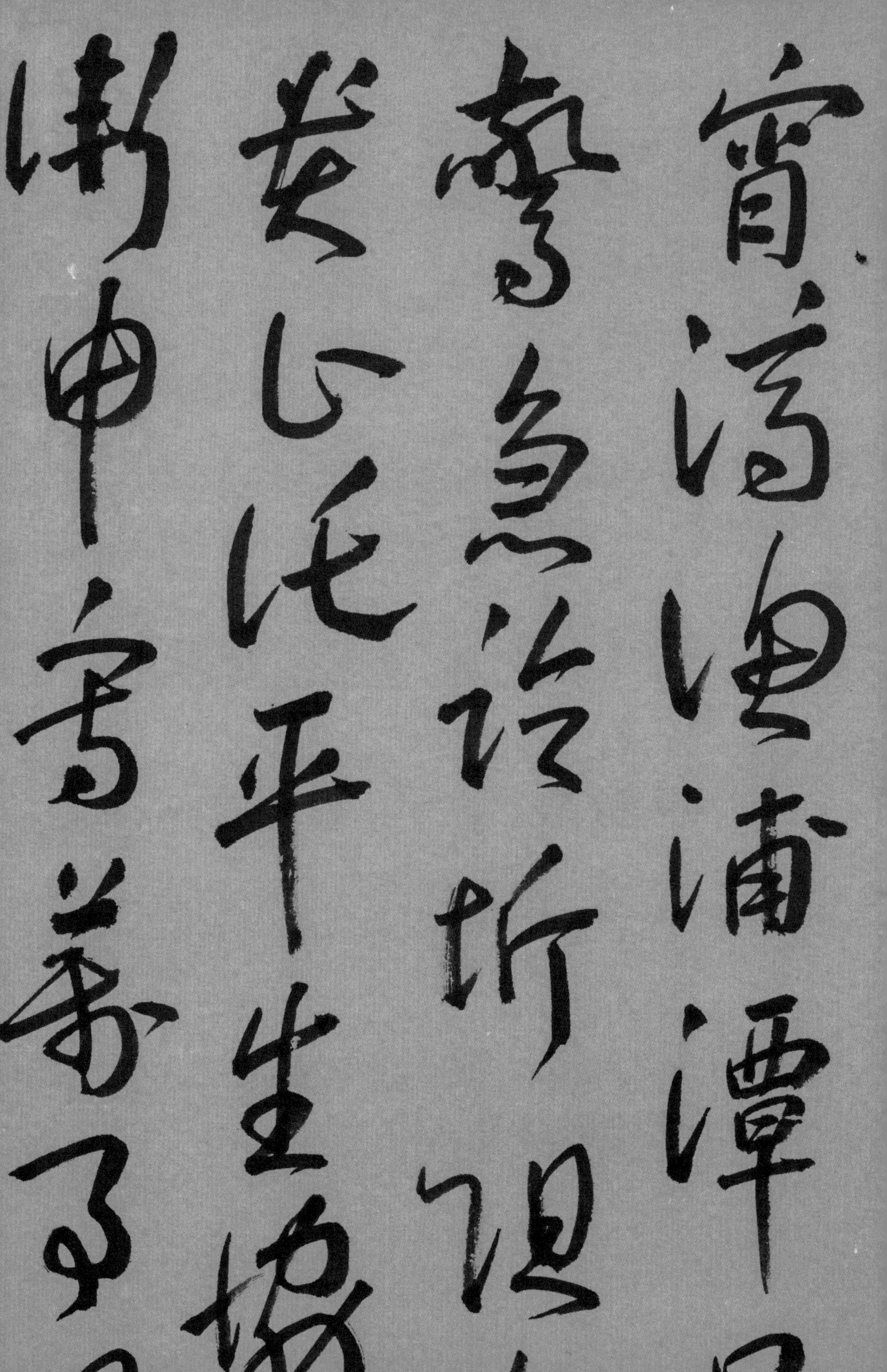

靈芝產遐方威鳳駕重霄嚴公何耿
潔託志肩夷巢漢后雖則貴子陵不
知高糠粃當世道長揖夔龍朝掃門
彼何人升陵不朝捨舟遂長往山谷
多清飈

己亥夏鈔唐顧況嚴公釣台作瑞清於杭

朱瑞清　《书顾况诗严公钓台》

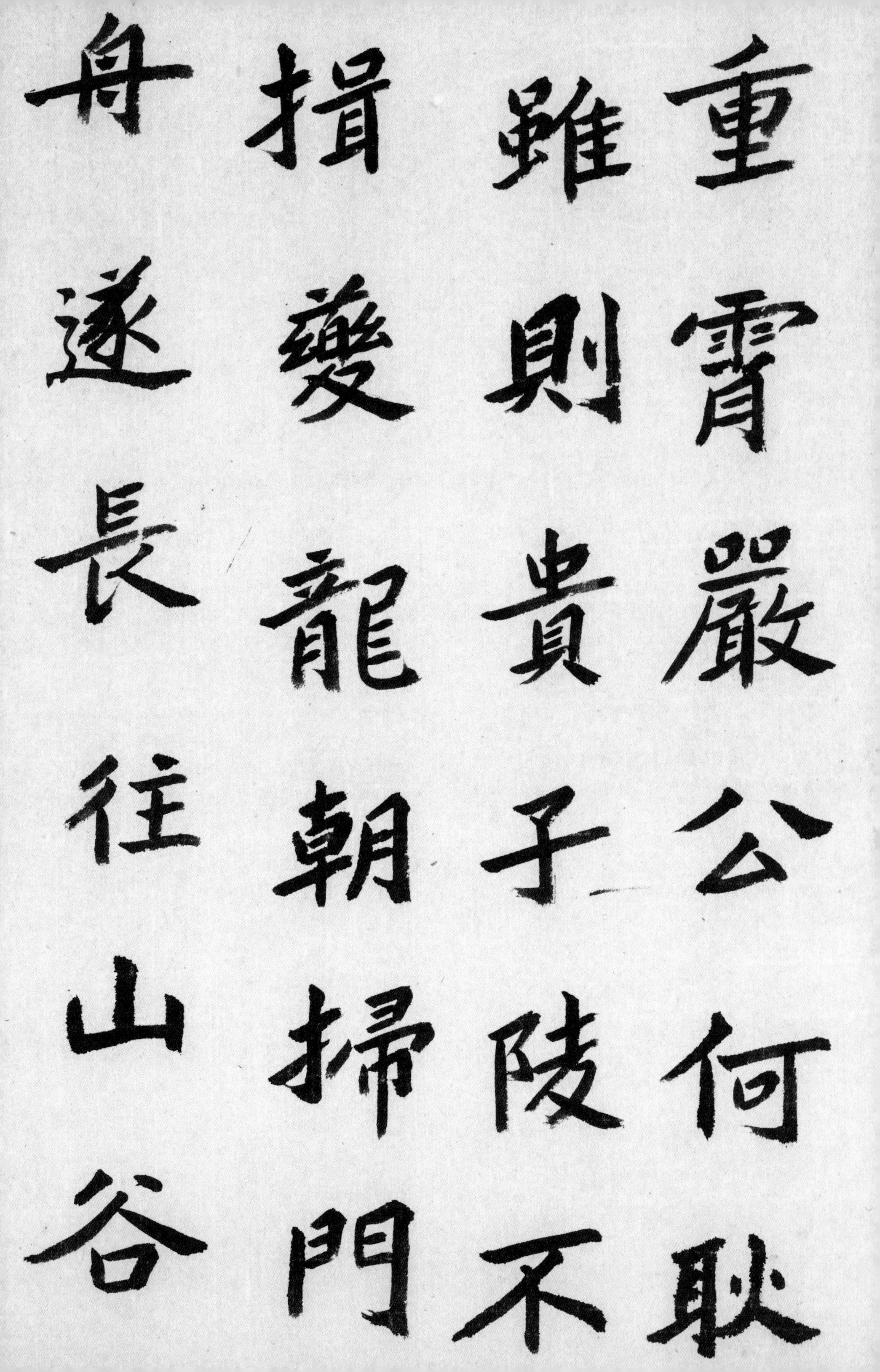

重霄嚴公何耻
雖則貴子陵不
揖夔龍朝掃門
舟遂長往山谷

雙崖屹立幾千仞下有一葉之孤舟繁星亂垂光曄曄長藤古木風颼颼荒祠幽黑山鬼集怪石如人水邊立錦峯繡嶺雲氣深萬壑千巖露華滴山僧對語夜未央不知風露滿衣裳喚船振錫渡江去林黑無由歸上方高寒宇宙無人語亂石灘聲灑飛雨欲從嚴子借羊裘坐待船頭山吐月

己亥仲夏櫟元鈔

夜泊釣臺

栎　元　　《书夜泊钓台诗》

雙崖屹立幾千仞下
古木風颼颼荒祠幽
雲氣深萬壑千巖露
賞唤船振錫渡江去
石灘聲灩飛雨欲從

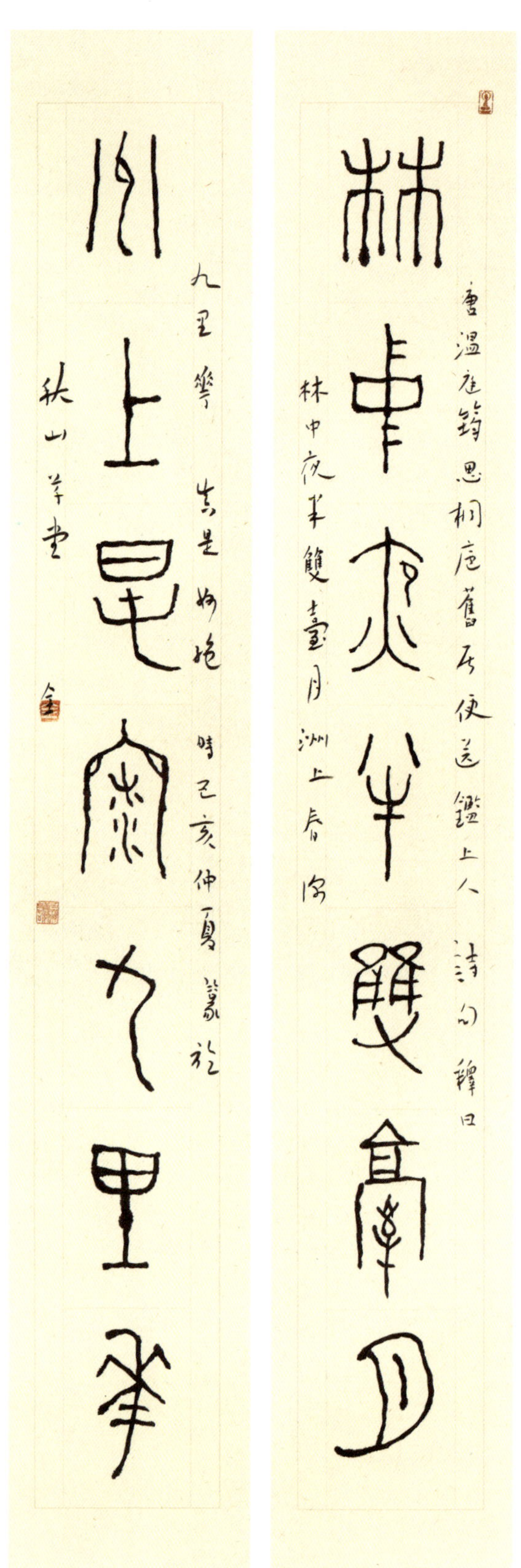

邱灶全　　《篆书对联》

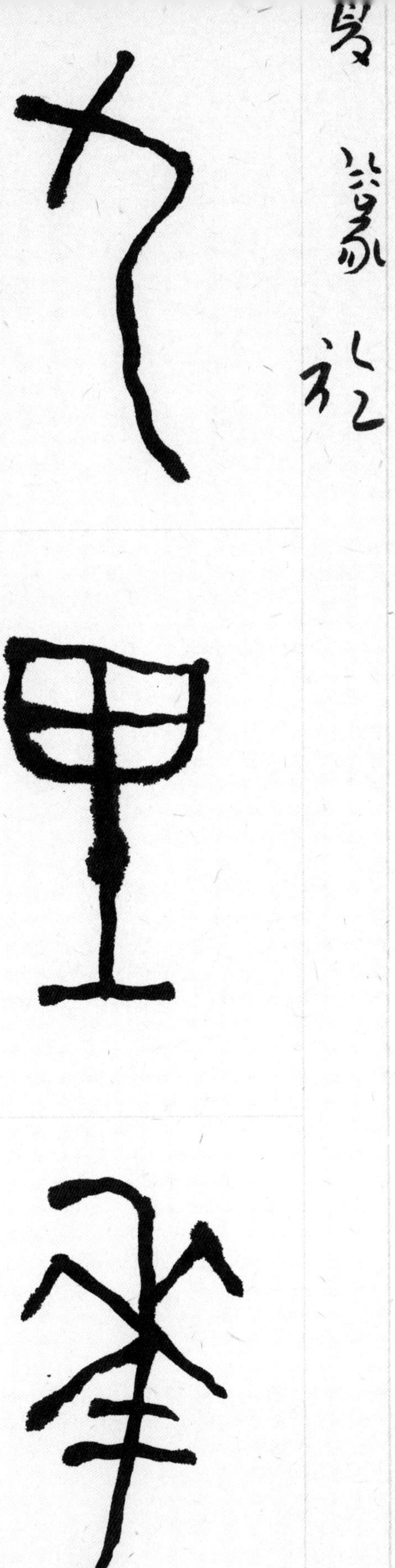

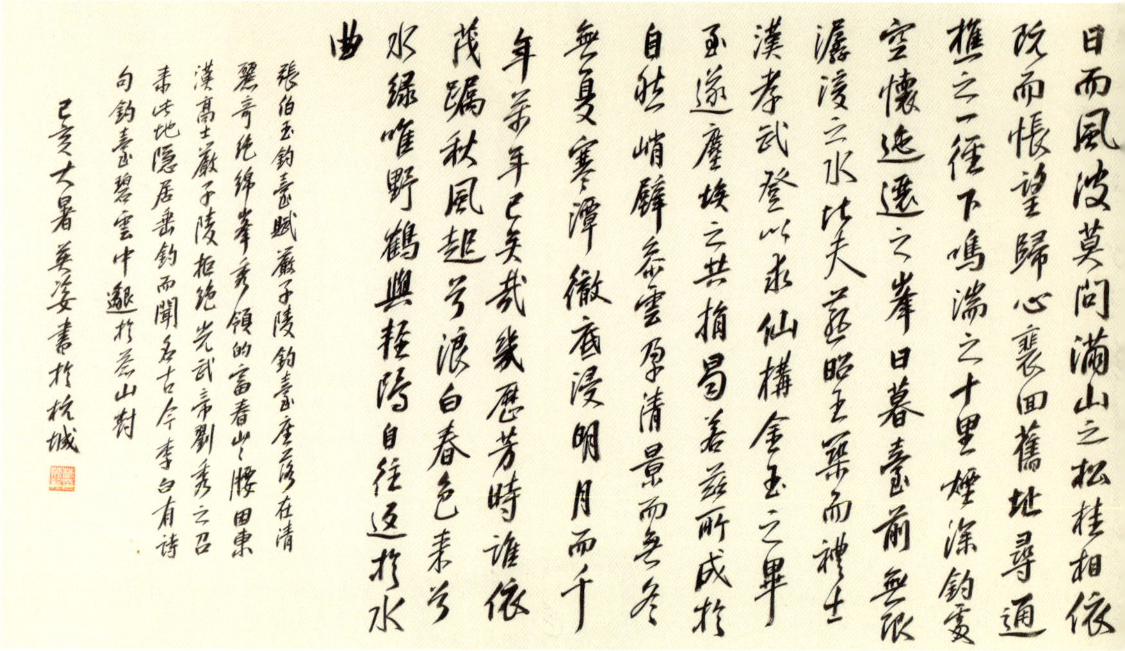

林英姿　　《书张伯玉钓台赋》

山水縈回煙霞次開不見浦客
空留釣臺地迥而清風不古情傷
而往事俱來得魚之處猶聞嶠
嶢古砌壘土之功未沒重疊春苔
伊昔子陵貪幽自遂辭光武之好
壽樂富之勝地雖無晦跡之勞尔
有垂綸之事持竿一去長為避
世之人疊石九層以盡平生之志
尔乃憑高易感攬舊多傷塵事
與清波不返紅蘋同白芷徒芳相
逢投餌之時寒流[illegible]々始及臨川
之日遠岫蒼々今古堪悲躋攀盡
趣潮平昔日之岸風動當時之樹
石上少留人間多故遊絲亂舉初
同觸目之疑野竹隨伍忽有沈釣
之懼跡是人非蕭條晚暉萬
里之碧石嶂如畫幾許之白雲不歸

長嚮新郊話故園四時清峭似山源
春潮撼動鶯岩郭秋雨閑藏砧杵都
市井多通諸國貨鄉音自是一方言
此中別有無邊計唯把歸心付酒尊

方干懷桐江舊居　己亥夏　陳麗珍書

陈丽珍　　《书方干怀桐江旧居诗》

清峭似山源
閑藏砧杵部
自是一方言
歸心付酒尊

人篆此獸不讓雖然
不宜見其名會子真
来又深於篆者重之
且恐其不彰使僕名
之更自篆石於其石之
及聖宋景祐四年三月
四日富陽謝絳
己亥季夏
潘丕秀書

潘丕秀　《节录严陵集》

高平以諫官貶守睦
始訪七里瀨立巖子
色谿口僧悅躬画古
衣冠作巖子像既成
自作記聞丹陽隱者
邵竦篆有法遂以刻

漢庭来見一羊裘默〻俄歸舊釣舟跡似
磻溪應有待世無西伯可能留崎嶇馮衍
才終廢索寞桓譚道不謀勺水果非
鱣鮪地放身滄海亦何求
乙亥季夏錄王介甫嚴陵祠堂詩瑩彤

温莹彤　《书王安石严陵祠堂诗》

漢庭來見一羊裘
磻溪應有待世
才終後索寞
鱣鮪地放身滄海

宵濟漁浦潭旦及富春郭定山緬雲霧赤亭無淹薄
溯流觸驚急臨圻阻參錯亮乏伯昏分險過呂梁壑
洊至宜便習兼山貴止託平生協幽期淪躓困微弱
久露干祿請始果遠游諾宿心漸申寫萬事俱零落
懷抱既昭曠外物徒龍蠖

錄謝靈運富春渚己亥季夏汪伊虹

汪伊虹　《书谢灵运富春诗》

宵濟漁浦潭旦及
溯流觸驚急臨圻
洊至宜便習兼山
久露干祿請始果
懷抱既昭曠外物

第四编：古代书法欣赏

董其昌行书《雪赋》　相关介绍见本书一四七页

山峙於西域峻冒葱

嶺於春見嫣清中影

於黃竹曹風以麻衣

賦之相如於是避席
起逡巡而揖曰臣
聞雪宮建於東國雪

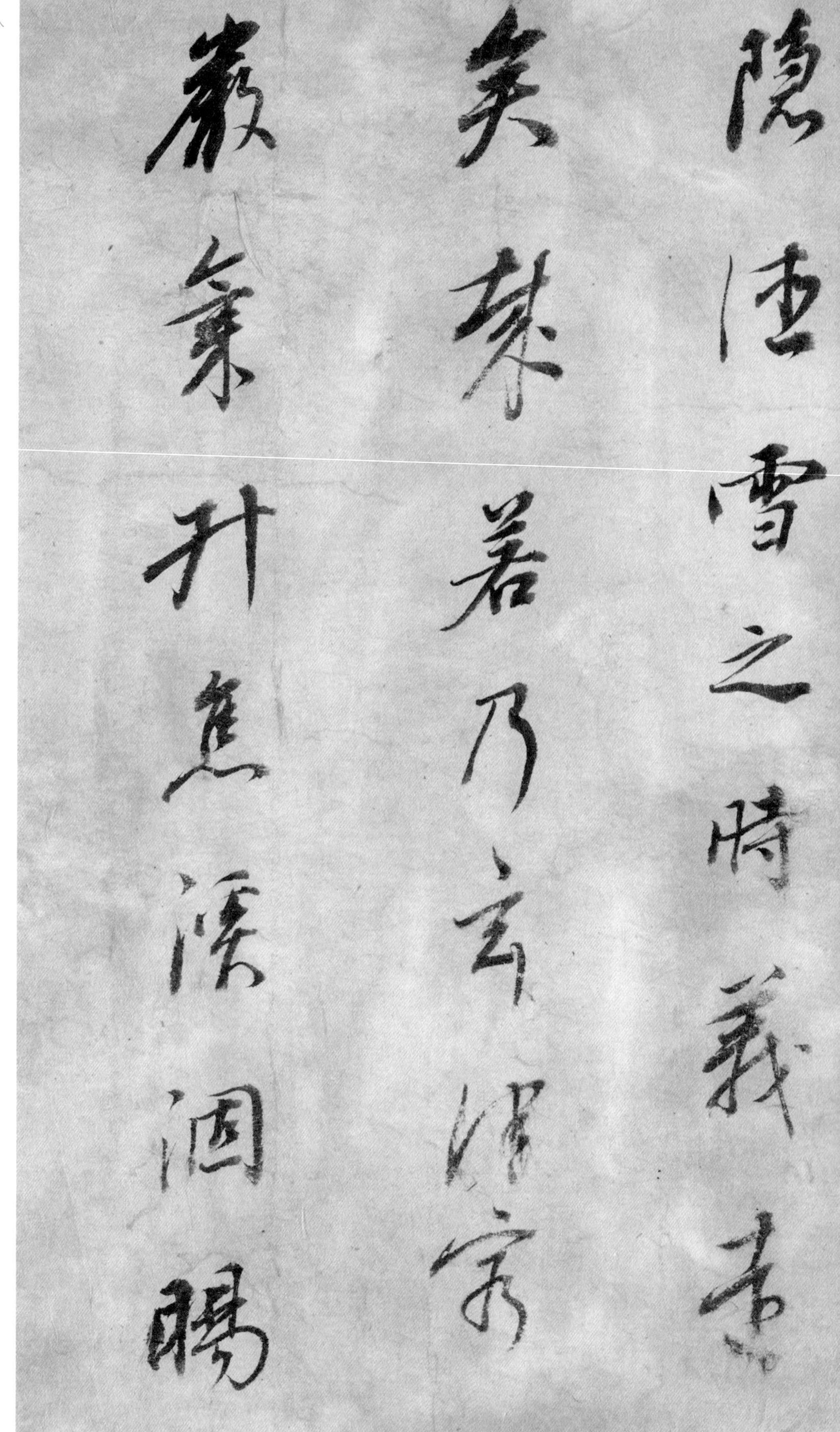

比色楚謠以幽蘭儷
曲盈尺則呈瑞於豐
年袤丈則表沴於

境界縱橫是河境
生雲朔漠飛沙迷氣
黑雷捲日黏靂霰淅

谷凝火井滅温泉
冰沸潭無湧炎風
不興北戶墐扉裸

霭霭浮浮瀌瀌奕奕
聯翩飛灑徘徊委
積始緣甍而冒棟

瀝而先集雪紛糅而
遂多其為狀也散
漫交錯氛氳蕭索

而為陸子遠圖而
來歷群羅罔萬頃
閱緒騰山則子藏

終開簾而入隙初
便娟於墀廡末縈
盈於帷席既因方

鮮白鷴失素紈袖

慙冶玉顏掩姱若

乃積素未虧白日

俱白於是臺如重
璧逵似連璐庭列瑤
階林挺瓊樹皓鶴奪

隅粲兮若焉夷剖
蚌列明珠星夫縝
綷繁鷺之欽勝汗

朝鲜烂兮若烛龙

衔耀照昆山尔其

流滴垂水缘霤映

嗟雅得而備知若申候數之奏已報廷郡而南懷風觸楹

皎潔之儀回散縈

積之勢飛聚凝曜

之奇固展轉而無窮

荆庭鸎〻復舞晴

雲鴈〻孤飛叢霄

雪〻未積慊枝棲

而轉響月承幌而

通輝酌湘吳之醇

酎御狐狢之兼衣

人腹是情好昭家
樓朮曲樯是乃作
覽枕腺脈限枝棘

之相違馳遙思於千里願接手而同歸鄒陽聞之懣然

茲雪雨時与減亦陰燈不昧于際太陽耀不固其岸、豈

起而為亂、曰白羽
雖白質以輕兮白玉
雖白空守貞兮未若

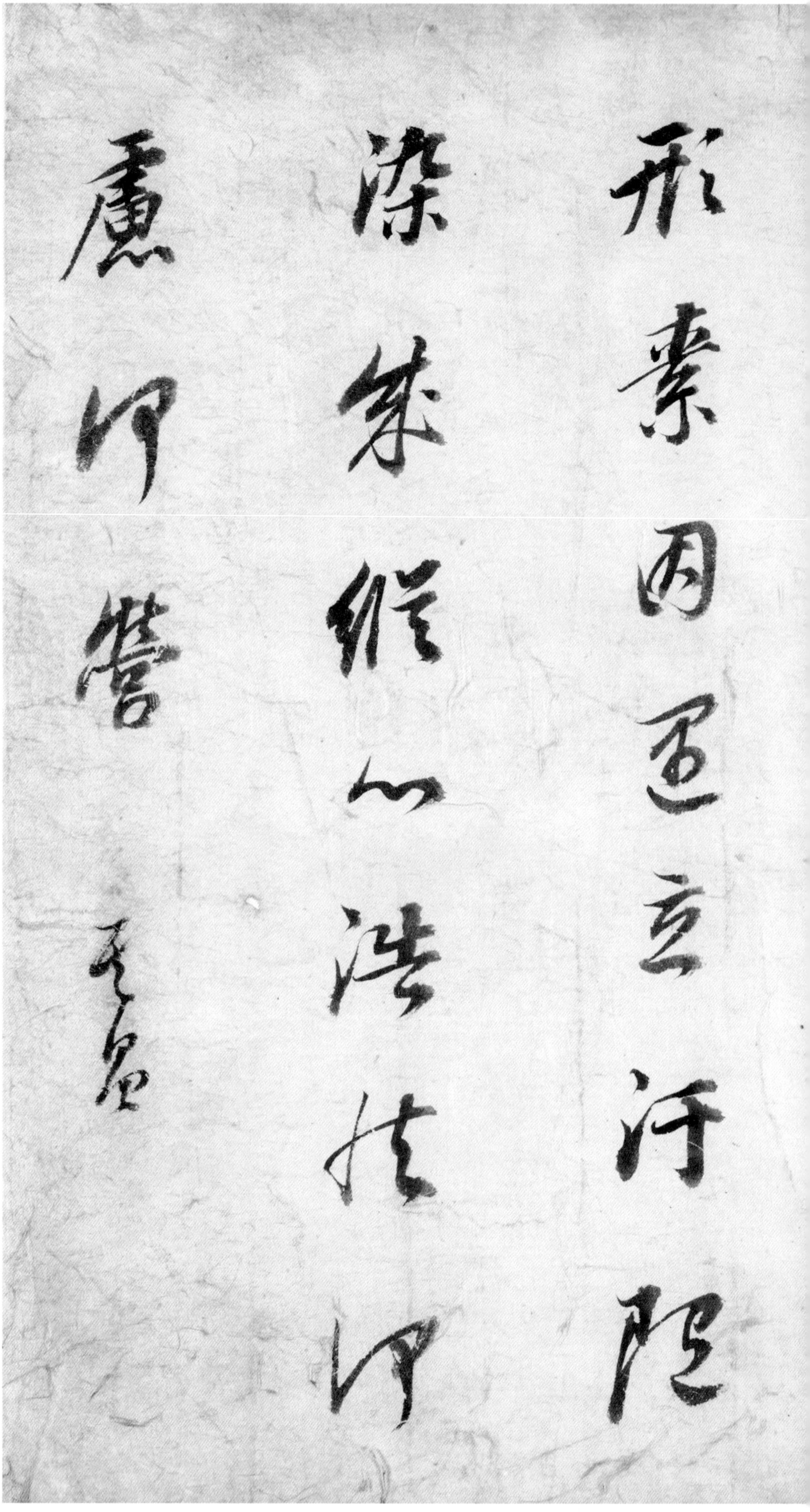

我名潔豈我貞憑
雲升降從風飄零
值物賦象任地班

此董其昌行書橫卷係余家祖傳物，五十年代初期，曾請張宗祥、沙孟海、朱家濟諸前輩鑒定過，認為確係董氏手書真跡。文革期間，余將其秘藏於廚房磚洞內，始得幸存下來，然少有污損，現請裱畫師余玉琴女士重裱之，以期世代傳留下去。

二零零一年九月十日

八十叟姜東舒

责任编辑：倪上胜
特邀编辑：李介一
责任校对：杨轩飞
责任印制：张荣胜

图书在版编目（CIP）数据

富春真古邑：己亥雅集作品汇编 / 刘九洲主编． —
杭州：中国美术学院出版社，2020.1
ISBN 978-7-5503-2128-1

Ⅰ．①富… Ⅱ．①刘… Ⅲ．①地方文化－研究－富阳
－宋代 Ⅳ．①G127.554

中国版本图书馆CIP数据核字(2019)第270669号

富春真古邑——己亥雅集作品汇编
刘九洲　主编

出 品 人：祝平凡
出版发行：中国美术学院出版社
地　　址：中国·杭州南山路218号/邮政编码：310002
网　　址：http://www.caapress.com
经　　销：全国新华书店
制版印刷：浙江海虹彩色印务有限公司
版　　次：2020年1月第1版
印　　次：2020年1月第1次印刷
印　　张：21.25
开　　本：787mm×1092mm　1/16
字　　数：530千
印　　数：0001—1300
书　　号：ISBN 978-7-5503-2128-1
定　　价：158.00元